脇田 成 =著

マクロ経済学の
ナビゲーター
［第4版］

navigator of macroeconomics
4th edition

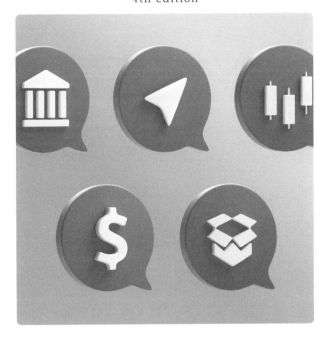

日本評論社

第4版へのはじめに

　日本経済は閉塞から停滞へ、そして長期衰退の入口に位置しています。1998年には金融危機、2008年にはリーマン危機、2020年にはコロナ禍という10年ごとの3度の大きなショックに日本経済は見舞われました。人口減少の影響もじわじわと進んでいます。このなかで人々や企業は「生き残り」に必死です。とにかく自分だけは、という考え方のもとで、社会は殺伐としてきたのではないでしょうか。

　筆者はこういった状況を大きな「合成の誤謬」——個別の立場にとって良いことが、全体にとって良いことではないこと——としてとらえています。製造業企業にとってグローバル化は不可避かもしれません。日本国内だけで自動車を作って売るわけにはいきません。だからと言って企業の海外進出を円安で促進するだけでは、国民の8割以上を占める内需関連従事者は取り残されてしまいます。多くの人々は企業の傘の下で生きています。しかし既存企業が資産を積み上げ、自己防衛を計り、言わば要塞化して守りを固めるだけで家計に所得を分配しなければ、家計消費は増大しません。少子化対策には時間と費用がかかります。しかし対策なしには、人口減少が著しい地方から日本列島は「壊死」状態が進んでいくでしょう。

　これらの事象はすべて個別の利害にとらわれ、マクロ的な最適を達成できないところに起因しています。個別の立場で考えれば、流れを受け入れ、対応策を受け身で考えることはやむを得ないことです。しかし日本経済全体ではどうでしょうか。政府や巨大組織にはやるべきこと、やれることはあるのではないでしょうか。

　閉塞の状況を、沈み行くタイタニックの上で椅子取りをすると例えられることがあります。今では我先に脱出しようとするばかりに、タイタニックの船体を壊して救命ボートを作成するような動きにまで至っているのではないでしょうか。そして船体を壊す動きは、実は何が全体最適なのか、その理解が欠けていたからではないでしょうか。

i

筆者はこれまで日本のマクロ経済の大まかな「見取り図」の必要性を痛感し、その見取り図を多くの人々に理解してもらうことを望んできました。そのためにはやはり基本的なマクロ経済学の理解が第一に必要だと考えます。そこで本書では旧版以来、以下の3つの柱を中心に説明してきました。

［a］まず理論的に大きく捉える枠組みです。

［b］マクロ経済の大体の数字を知ることです。

［c］日本経済の制度的特徴を知り、私たち自身の行動パターンを知ることです。

連立方程式で記述される経済理論は、原因と結果が複数あり、因果関係が呑み込みにくいものです。また理論の基礎概念には、貨幣や資本など古い歴史をもった難解なもの、そして国民経済計算における居住者概念など気がつきにくいものがあります。本書では具体例と例え話でもって、理解できるよう工夫しました。

第1版以来、本書では理論的な概念を実際のデータで裏付けることに力を尽くしています。驚いたことに、データを少しインターネットからダウンロードしてグラフを書くだけで、ほとんどの○○曲線が簡単な線形式で表されることがわかります。そしてそれを組み合わせてゆけば、現実経済を理解でき、おのずと解決策が絞られていくのです。

わずかなデータと簡単なマクロ経済学のロジックを知れば、日本経済の動きはわかりやすく、その動きさえ理解できれば、勤勉な日本国民にできないことはないはずです。本書は大部の書物ではありませんが、この本でマクロ経済学は全体の最適を達成するための学問であり、私たちの生活と社会のために役に立つものだ、ということをまず理解していただければ幸いです。

約4半世紀前の2000年に出版した本書の第1版は、金融危機後の不良債権処理が進まない日本経済の閉塞感のもとで執筆され、小渕内閣の政策など当時盛んであったケインズ政策万能の思考法に警鐘を鳴らすべく新古典派的な色彩が強いものでした。

2004年暮れに出版した第2版では、小泉構造改革後のポイントとして、「これまでの企業防衛を中心とした経済運営から、家計の所得を増やし、家計に選択権を与えることが正常な経済循環に不可欠であること（改訂版への「はじめに」より）」を強調しました。

リーマン危機後の2012年に出版した第3版では第2版の「見方が、日本経済の

動きを半歩先取りしたものであることを筆者としては願っていたのですが、現実はそう動かなかったようです」、そして「せっかく不良債権問題を苦しい手術をして乗り切ったのに、言わばリハビリに失敗して、立ちすくんでいる日本経済を考えると、残念でなりません」と嘆息しています。

　第4版である本書はアベノミクスとコロナ禍後の状況の変化に応じて改訂されたものですが、筆者のマクロ経済の見方はこの20年変わらないことを改めて確認できました。改訂作業を通して、何度も経済分析の基礎を考え直すという機会は、誰にも与えられるわけではありませんから、熱心な読者と日本評論社の皆さんに感謝したいと思います。なお、本書がマクロ経済理論の理解という切り口でまとめた「基礎編」ならば、2024年7月に日本評論社から出版した『日本経済の故障箇所』が「応用政策編」というべき本書の姉妹書です。失われた30年とコロナ禍後の日本経済について政策面から論じており、是非とも参照してください。

　本書の旧版は多くの大学の「マクロ経済学」の教科書として、使用されました。また副読本や自習書として、大学生のみならずビジネスマンやエコノミストなど広範囲の読者に歓迎されたことは筆者として大きな喜びです。筆者は本務校の東京都立大学における授業のみならず、一橋大学経済学部、東京大学法学部ならびに公共政策大学院、人事院、財務省、金融庁、日本経済研究センター、世田谷市民大学などでの授業・研修に教科書・参考書として、使用しました。その中で改善点を指摘された多くの熱心な受講者に感謝します。

　2024年11月

著　者

はじめに

97年11月から始まった相次ぐ金融機関の破綻は、日本経済に大きな衝撃をもたらした。もともとマクロ経済学には市場経済に信頼を寄せる新古典派的な考え方と、政府の介入が経済の安定に不可欠とするケインズ経済学的な考え方の2つの大きなとらえ方があることが知られているが、日本経済はこの2つの間を揺れ動いたと言っても過言ではない。

そして日本経済の大きな変動はこの2つの考え方の対立に決着をつけたというよりも、むしろ統合的な視点、複眼で見ることの必要性を示しているのではないだろうか。つまり、

- 金融破綻後の日本経済が、ケインズ的大型経済政策により小康状態に戻ったことも、
- バブル崩壊後、不良債権を放置したままでのマクロ経済対策が高成長軌道に戻すほどの力をもたなかったことも、

両者とも事実であり、事実は事実として認めなければならない。

ところが現在発行されている薄手の教科書は、どちらかの考え方に重点を置いたものが多く、マクロ経済政策が『機関車』のように力があると考えるか、全く無力であると考えるかどちらかである。筆者は『人力車』や『自転車』程度に有効という立場であり、ここが微妙で重要なポイントだと考えている。そこで両者の考え方をバランスよく含み、若い世代がマクロ経済現象を考える手がかりとなるよう本書は企画された。

もちろん翻訳された海外の教科書には両者の考え方を含んだ良書が少なくないが、あまりに分厚すぎ、初学者に通読できるものではない。さらに土地神話も財投もゼロ金利も取り上げられておらず、日本が直面する問題とかけ離れているのではないだろうか。そこで、日本の現実とデータをふまえた教科書が必要と考えたのも執筆の動機となった。

このように本書の目的は、第一にとにかく通読できるようにコンパクトな本に留め、日本経済とマクロ経済学を鳥瞰できるようにすること。第二にマクロ経済

学における重要な2つの考え方を共に含む分かりやすい教科書にすること、この2点である。

　本書では第Ⅰ章、第Ⅱ章で準備を行ったあと、『PART 1　基本的枠組』として

● 第Ⅲ章で新古典派のマクロ経済体系をロビンソン・クルーソーの寓話などにしたがって学び、

● 第Ⅳ章でケインジアン経済学の標準的ツールである *IS-LM* 分析などを学ぶ。PART 1 ではこのように前述した2つの考え方をある程度、大胆に単純化して相違を強調している。

　さらに『PART 2　個別需要項目』として、近年の新古典派的な経済学において発展している情報の非対称性や市場の失敗を重視する方向に留意し、

● 第Ⅴ章で家計や第Ⅵ章で企業の動学的決定の側面から、消費や投資行動を再検討し、

● 第Ⅶ・Ⅷ章では金融・財政政策の新しい分析、

● 第Ⅸ章では開放体系分析

を考察する。後で学習するように、総需要は消費＋投資＋政府支出＋純輸出に分かれるが、第Ⅴ章から第Ⅶ章までは、このような各需要項目別に再考を行うことになる。

　さらに『PART 3　マクロ経済学の発展と日本経済』として

● 第Ⅹ章では動学的マクロ分析のイントロダクションを付け加え、

● 第ⅩⅠ章では『これからの日本経済』と題して、バブルと金融破綻について分析を試みた。

　これらのトピックスを考えることは初歩の教科書としては、若干、異例ではある。しかしマクロ経済の激変に対応することは不可欠となってきたため、あえて加えることとした。

　本書の目的は特定の経済学のどこが正しいか、を学ぶことではない。むしろ単純化されすぎた議論やいきすぎたマニュアル化の危険性を学ぶことにある。もし『正しい一つの考え方』が確立しているならば、何も多くの人が経済学を学ぶ必要はない。コンピューターにでもまかせればよいのではないだろうか。

なおインターネットの爆発的な発展により、極めて資料・データ等の入手が容易になった。そこで筆者のＨＰ「マクロ経済学のナビゲーター　リンク集」（http://www.comp.metro-u.ac.jp/~wakita/mnav/manvalink.htm）を参照されたい。

　本書が成立するまでには、未定稿を読んで頂くなど、多くの方々にお世話になった。特に詳細なコメントを頂いた芹澤伸子（新潟大学）・西埜晴久（千葉大学）の両氏、さらに都立大学経済学部で行ったマクロ経済学の授業のノートを提供してくれたゼミ生の水口拓己・武田裕一・平原敬士の各氏に感謝したい。そして本書の企画・出版に尽力頂いた日本評論社編集部の斎藤博氏に感謝したい。

　2000年5月

脇田　成

目　次

第4版へのはじめに　　i

はじめに　　iv

第Ⅰ章　マクロ経済学の課題 ————————————— 1

マクロ経済学とは何か　1　　最小マクロモデルからマクロ経済を理解する
3　　クルーソーの寓話から、マクロ経済の5人の登場人物の群像劇へ　4
資本の直観的理解　6　　クルーソーモデルから企業と脇役の導入　7　　マ
クロ経済学の成り立ち　7　　ミクロ経済学とマクロ経済学　9　　マクロ経
済学の対象［1］：トレンドとサイクルで日本経済を理解する　10　　マク
ロ経済学の対象［2］：どのように「動いているのか」と「対応すべきか」
12　　マクロ経済学の対象［3］：日本経済の想定外　14

第Ⅱ章　経済データと国民経済計算 ————————————— 17

皮膚感覚とマクロ経済　17

Ⅱ-1　国民経済計算 ·· 18

マクロ経済活動水準の指標：会計的なアプローチ　18　　国内総生産GDP
とその計算　19　　注意1：付加価値と二重計算　20　　注意2：市場価格
と帰属計算　20　　注意3：「名目」と「実質」　21　　注意4：「国内」と
「国民」概念——GDPとGNI　22　　注意5：「総・粗」と「純」　24　　注
意6：「生産」か「所得」か——三面等価　25　　一人当たりのGDP　27
ストックと国民資産　28　　ショックの大きさと後始末　29

Ⅱ-2　マクロ経済で注目される諸指標1：失業率 ·························· 30

失業率の計測　30　　世界と日本の失業率　32　　企業内失業と労働保蔵行
動　34　　労働保蔵と稼働率　34　　人口減少と技術の変貌　36

Ⅱ-3　マクロ経済で注目される諸指標2：インフレ率 ··················· 36

3種類の物価指数　37　　世界と日本のインフレ率　39　　フィリップス曲
線とインフレと失業　40　　日本のフィリップス曲線　41　　一人当たりの
賃金　42

vii

Ⅱ-4 現実の景気判断 ·· 43

景気動向指数 43　鉱工業生産指数と日銀短観 45　何が生産に対して
ボトルネックか 47　ヒト・モノ・カネと経験法則 48

第1部　基本的枠組

第Ⅲ章　新古典派のマクロ経済体系 ————————————— 51

マクロ経済学の2つのとらえ方 51

Ⅲ-1 新古典派の労働市場観 ·· 54

完全雇用 54　最適労働供給 55　「限界」の選択 57　最適労働需要
58　新古典派における失業とは? 自発的失業と非自発的失業 60

Ⅲ-2 新古典派の生産物市場観 ··· 61

家計の貯蓄 63　計算で確かめる最適消費計画 64　企業の投資需要
66　マクロ経済の循環と貯蓄・投資 66

Ⅲ-3 貨幣とは何か ·· 68

貨幣の社会的機能［1］：価値尺度 70　貨幣の社会的機能［2-1］：交換
手段 物々交換経済との対比 71　貨幣の社会的機能［2-2］：交換手段 信
用との対比 72　貨幣の社会的機能［3］：価値の保蔵手段 72　貨幣
の需要動機：取引動機と投機的動機 73　貨幣の「商品券」としての直観
的説明 75

Ⅲ-4 貨幣数量説と新古典派の貨幣市場観 ··························· 76

貨幣に対する新古典派の基本的な考え方 76　ケンブリッジ方程式 78

Ⅲ-5 インフレーションと利子率 ··· 79

名目利子率と実質利子率 79　インフレーションのコスト 81　インフ
レーションの分類：需給と信用 83　ハイパーインフレーションと政府の
インフレ税 86

第Ⅳ章　*IS-LM* 分析：ケインズ的なマクロ体系 ——————— 89

3つの仮定と3つの分析手法 90

Ⅳ-1 ケインズ的な労働市場観：非自発的失業と名目賃金硬直性 ·········· 91

非自発的失業が存在する労働供給のとらえ方 91　名目賃金下方硬直性と
フィリップス曲線 92

Ⅳ-2 有効需要原理と45°線分析：ケインズ的な生産物市場観 ·················· 94

ケインズ型消費関数　94　　乗数効果の意味　97　　45°線分析と有効需要の原理　99　　減税と均衡予算乗数の定理　100　　45°線分析と財政政策の問題点：財政赤字と土木国家　101

Ⅳ-3　投資関数と *IS* 曲線の導出 ……………………………………… 102
IS-LM 分析とは何だろうか　102　　投資関数の内生化　102　　*IS* 曲線の導出　104

Ⅳ-4　*LM* 曲線とケインズ的な貨幣市場観 ………………………… 105
LM 曲線：貨幣市場の均衡　105

Ⅳ-5　*IS-LM* 分析による政策分析 ……………………………………… 108
政府支出増大と減税　109　　金融政策の図解と問題点：インフレ・バブル・超低金利　110　　水平な *LM* 曲線：流動性のわな　112

Ⅳ-6　総需要・総供給分析 …………………………………………………… 113
総需要曲線：なぜ *AD* 曲線は右下がりか　114　　総供給曲線：なぜ *AS* 曲線は右上がりか　115

Ⅳ-7　ケインズ分析のまとめ ……………………………………………… 116

第2部　個別需要項目

第Ⅴ章　家計の行動と消費関数 ——————————— 121

家計の4つの側面——消費者・労働者・資本家と再生産　121　　消費行動の現状　123

Ⅴ-1　家計消費の「現在・過去・未来」 …………………………… 124
ケインズ型消費関数の問題点　124　　説明すべき統計的事実　126

Ⅴ-2　消費関数の3大仮説 …………………………………………………… 127
3大仮説［1］：相対所得仮説と習慣形成　127　　3大仮説［2］：フリードマンの恒常所得仮説　128　　3大仮説［3］：モディリアーニのライフサイクル仮説　129

Ⅴ-3　消費関数の現代的定式化 ………………………………………… 130
ホールのランダム・ウォーク仮説　130　　恒常所得仮説の限界：流動性制約　133

Ⅴ-4　日本人の貯蓄と資産選択 ………………………………………… 134
日本の家計貯蓄率はなぜ高かったのか？　134　　世代間移転の手段と動機　135　　高齢者の予備的貯蓄　137　　日本人の資産選択：お金をどうやって貯めていくのか　137

V-5 少子高齢化と公的年金問題 139

少子高齢化の実態 *139*　日本の公的年金のあらまし：三階建ての構造
140　賦課方式と積立方式 *141*　年金改革の争点：二重負担と初期時点
143

付論1 ライフサイクル仮説から動学モデルへ 144

付論2 世代間移転とマクロ動学モデル 147

第VI章　企業と投資関数 ———————————————— 151

投資とは基本的にどのように考えればよいのか *151*　1990年代バブル後
の投資低迷 *152*　減価償却と資本減耗 *153*　海外投資の落とし穴 *156*

VI-1 加速度原理 157

さまざまな投資理論 *157*　加速度原理とマクロ・ダイナミックス *158*

VI-2 トービンのqから新古典派アプローチへ 159

トービンのq *159*　新古典派投資理論と企業規模の制約 *160*　調整費
用関数の導入 *162*　調整費用投資理論とトービンのq理論との接合 *163*
新しい投資のモデル：集計・タイミング・流動性制約 *163*

VI-3 在庫投資 166

VI-4 企業貯蓄と失われた30年 169

純投資と一進一退期 *169*　銀行危機から企業要塞化誘発 *169*　日本企
業とガバナンス問題 *173*

第VII章　政府の役割と財政政策 ——————————————— 177

政府の役割 *177*　政府の行動：収入・支出・再分配 *179*

VII-1 財政の3つの考え方と現状 180

財政政策の3つの考え方と日本の現状 *180*　財政は破綻するのか：フロ
ーの状況を表すプライマリーバランス *181*

VII-2 財政中立論の限界 185

「日本人から日本人が借金」という議論は成り立つのか？ *185*　等価定理
の限界 *189*　最適課税理論から具体的な税制へ *192*　混乱する税制の
議論 *192*　税外収入の増加を *193*

VII-3 財政問題をどう考えるか 195

人口減少対策を *197*

目　次

第Ⅷ章　中央銀行と金融政策 —————————————— 199

貨幣をめぐる2つの代表的な考え方　199

Ⅷ-1　マネーストック：銀行行動と信用創造 ·································· 202
なぜマネーストックにさまざまな種類があるのか　202　　マネタリーベースとマネーストック　203　　信用創造と万年筆マネー　205　　貨幣乗数を数式で理解する　205

Ⅷ-2　金融政策の手段 ·· 206
3つの主要な金融政策の手段　206

Ⅷ-3　非伝統的金融政策と失われた30年 ································· 208
ゼロ金利政策とは何か　209　　量的緩和の2つの意味：「量的」な調整と「緩和」の部分　209　　量的緩和の役割　211　　量的緩和の有効性の主張：時間軸効果とポートフォリオ・リバランス効果　212　　流動性危機下での量的緩和の有効性　214

Ⅷ-4　黒田日銀総裁と異次元金融緩和 ···································· 215
異次元緩和 黒田総裁就任後の具体策：資金フローのバイパス手術　215　　マイナス金利政策は非線形料金　216　　イールドカーブ・コントロールと長期金利の背景　216　　植田新総裁と金融政策正常化　218

Ⅷ-5　金融政策をとりまく環境の変化 ···································· 219
企業の黒字化という「容態」の変容　219　　設備・運転・投機資金　221　　金融政策と日本経済　221

付論　米国の金融政策とニューケインジアンモデル ···························· 222

第Ⅸ章　国際マクロ経済学の基礎 —————————————— 225

Ⅸ-1　国際収支の基礎 ··· 226
経常収支と金融収支　226　　経常収支の3つの構成要素　228　　国内総生産と国内総所得・国民総所得　228　　グローバル化の進展と開放度　229　　混乱しがちな輸出と内需の見方　231

Ⅸ-2　純輸出の3つの見方 ··· 235
取引からの利益と経常黒字　237

Ⅸ-3　為替レートはどう決まるのか ··· 237
名目為替レートと実質為替レート　237　　為替相場制度　239　　円高は得か損か　239　　2つの為替レート決定理論　240

Ⅸ-4　為替レート決定理論（1）：アセット・アプローチ ··············· 241

xi

金利平価式 241　アセット・アプローチで考える為替レートのトレンド
と実質金利均等化 242　為替レートのトレンドと実質金利均等化 243
米国のインフレの影響 243　危機時のレパトリと円安による国内回帰の
終焉 245

IX-5　為替レート決定理論（2）：購買力平価説（PPP）·····················245
フロー・アプローチ 245　購買力平価説（PPP）246　ドル円の推移を
3期に区分する 247　購買力平価説の問題点 250　商品券とポイント
で直観的に理解する為替レート 250

IX-6　開放体系の政策分析 ···253
マンデル＝フレミング・モデル 253　なぜ財政政策が無効になり、金融
政策が有効になるのか 254　数式を使ってマンデル＝フレミング・モデ
ル 256　新しい政策分析 257

第3部　マクロ経済学の発展と日本経済

第Ⅹ章　マクロ経済学の新展開と日本経済 ————259

動学的マクロ経済学学習の難しさ 259　実務家のマクロ経済学 260
政策の副作用 261

Ⅹ-1　動学的モデル：時間を通じた最適化 ·····························262
新古典派的マクロ経済学と最適成長モデルとその拡張 262

Ⅹ-2　新しい景気循環理論：新古典派とケインジアン論争の現状 ········264
リアル・ビジネス・サイクル・モデルから DSGE モデルへ 264　景気変
動を生み出す外生的なショック 266　RBC モデルの意義 267

Ⅹ-3　新ケインジアン経済学：名目価格硬直性と協調の失敗 ···············269
新ケインジアン経済学 269　新ケインジアン経済学の限界 271　遊休
設備があればケインズ政策は必要か：財政政策 271　価格変更費用があ
れば金融政策は有効か 272

Ⅹ-4　内生的成長理論 ···273
成長モデルの限界 273　ソローの非最適化成長理論と定常均衡の安定性
273　内生的成長理論の出現 276　非対称情報と動学モデル 278　日
本経済とマクロ経済学 279

マクロ経済学と日本経済：10のポイント— あとがきに代えて — 281
考えよう　略解 284
索　引 286

目　次

◆日本経済トピックス

日米景気循環の特色の違い　131　　国の債務　184

◆数学トピックス

企業の利潤最大化　59　　現在価値・等比数列と資産価格　62　　数式で考える
新古典派　69

◆上級トピックス

名目価格硬直性の理由　95　　「協調の失敗」と新ケインジアン経済学　118
セイの法則　119　　デリバティブとはどんなもの　164　　バラッサ＝サミュエ
ルソン効果　251　　ハロッド＝ドーマーの成長理論　275　　内生的成長理論の
AK モデル　277

◉第Ⅰ章◉ マクロ経済学の課題

マクロ経済学とは何か

　ここは三多摩大学の研究室、三多万蔵先生と学生の大沢みなみさんが話しています。

── 先生、マクロ経済学を勉強すればするほど混乱しちゃって、ぜんぜんわからないんですけど。

「うーん、それは困ったね。」

── だいたいマクロ経済学って、何を研究しようとする学問なんでしょう。

「おやおや、これまで習わなかったのかい。それじゃあ、まず**定義**から始めよう。

　マクロ経済学とは①経済システム全体において、②集計や平均をとった**経済指標**が、③どのように関連し、④どのように変動するかを、**連立方程式**などで考える学問だ。

　経済システムとは一国の場合もあるし、いくつかの国をまとめて考える場合もある。連立方程式だから、言葉で言いにくいこともきっちりと表すことができる。」

── それはそれでわかるんですけど、なんだか身近じゃないですよね……。

「じゃあ、身近な経済問題から考えてみることにするか。まず大沢くんは経済的にはどんなことが心配かなあ。」

── そりゃあ、就職ですよね。ちゃんと就職できるかどうか心配ですね。

「そうするとまず第一の問題は『働くか、働かないか』という労働と余暇の選択の問題だ。式で表すと

総時間＝労働時間＋余暇　　　　　　　　　　　　　　[**労働市場**]

となる。他にないかい。」

── 海外旅行に行きたくてバイトしてるんですけれど、あまりお金がたまりません。

「これは『貯蓄をするか、消費をするか。つまりお金を使ってしまうか、貯金するか』という問題だね。式で表すと

所得＝消費＋貯蓄　　　　　　　　　　　　　　　　[**生産物市場**]

という消費と貯蓄決定の問題になる。マクロ経済学では、この２つの問題に加えて、貨幣の存在というヒト・モノ・カネの３つの問題を手がかりに考えていくといい。」

── でも最初の２つの問題は、ミクロ経済学でも習ったんですけど……。

「マクロ経済学には

- ミクロ経済学に修正を加えて、マクロ経済現象を考えようとする**新古典派**と
- まったく異なった発想から始まる**ケインズ派**

の２派があり、考え方が異なっている。」

── どんなふうに違うんですか。

「最初の『働くか、働かないか』という問題は、『働き口があるか、ないか』という問題にもつながってくるね。これは、マクロ経済学で重要な**失業**の問題だ。」

── 働き口があるかないかは、私一人の責任じゃないですよね。

「自分一人の責任じゃない、マクロ経済全体が悪いと考えるのはケインズ的な考え方だ。失業の問題は景気が良くなったり悪くなったりする**景気循環**のなかで重要だ。

第Ⅰ章　マクロ経済学の課題

２番目の問題は**貯蓄と投資の問題**だ。みんながみんな貯金を増やしたがると困った状況になるということはわかるかい。」

── 貯金しちゃいけないんですか。

「みんなが貯蓄を増やすということは、消費を減らすことを意味する。それでは、企業はモノが売れなくなって困ってしまう。また余ったお金を銀行に預金するとしても、そのお金を企業が投資をするために銀行から借りてくれないと、マクロ経済は『悪循環』に陥り、失速してしまう。これがケインズ的な考え方のエッセンスだ。」

最小マクロモデルからマクロ経済を理解する

── 悪循環じゃ困りますね。

「そこで政府が財政支出を拡大して悪循環を防いだ結果、日本の公的債務は世界有数の巨額になってしまった。」

── うーん、それも困りますね。

「どうも治療をやり過ぎてしまって、副作用が大きくなったようだ。」

── ヤブ医者だった、ということでしょうか。

「やはりマクロ経済の枠組みをしっかり認識したうえで、それに合わせて日本経済の動きを理解しなくてはならない。」

── でも経済ニュースや新聞は難しいですよね。

「まず基本的なモデルから、経済の根本的問題の学習を始めることが必要だ。たとえ登場人物が１人であっても、経済問題には『選択』が必要だ。」

── １人なら大した選択問題はないんじゃないですか。

「いやいやそんなことはない。まず孤島に暮らす**ロビンソン・クルーソー**の寓話で新古典派マクロ経済学の基礎を説明しよう。

[1] 個人経営の農家による、自給自足の経済を考える。
[2] リンゴのような財が１つしかない経済（これを１セクター経済という）を考える。」

── 財の種類も１つなんですか。これはどういう財を考えればいいんですか。

「小麦のような農産物を考えればいい。小麦ならパンにして食べるとき**消費財**の役割をし、タネまきをするとき**資本財**の役割をする。資本財とは『新たな財を

生み出すために投入する財』で、具体的には機械や工場など物的資本をまず考えればよい。

　ただ小麦だとタネまきをすると、まいた小麦そのものがなくなるのでストーリー上不具合がある（100％の資本減耗という）。そこで毎年実がなる木が残るリンゴを考えよう。」

── リンゴねえ。

　「今、クルーソーがリンゴを収穫すると考えよう。これは収入であり、生産だね。そこでクルーソーには選択問題が生じる。

- 『アップルパイにして食べてしまう』、つまり**消費**という選択肢か、
- 『タネまきにしてリンゴの木を増やす』、つまり**貯蓄（投資）**という選択肢

があり、これはさっきの所得＝消費＋貯蓄という式に対応するわけだ。」

── タネまき用のリンゴを資本と考えればいいんですか。

　「そういうことだ。リンゴを食べ過ぎてしまうと将来のタネまきの分が減ってしまう。そうすると将来の収穫量が減ってしまう。しかし、タネまきのために取っておく分量が多すぎる場合は、今は食べられなくなってしまう。この**トレードオフ**がクルーソーの選択問題になるわけだ。」

── こちらを立てればあちらが立たず、という状況でしょうか。

　「そうそう、ミクロ経済学で最初に学習するミカンとリンゴの選択問題でも、予算制約のもとでミカンを買えばリンゴが買えないというトレードオフの状況を表している。」

── クルーソーの寓話は極端に単純化しすぎではないですか。

　「いや、そうではない。一般にモデルとは似顔絵のようなもので、大きな目の人は目を大きく特徴をデフォルメして描くものだ。」

クルーソーの寓話から、マクロ経済の5人の登場人物の群像劇へ

── クルーソーがタネまきをするために、リンゴをとっておくことは**貯蓄**なんですか、それとも**投資**なんですか。

　「これはいいポイントで、投資や貯蓄という言葉をどのように使うか、という定義の問題はあいまいなところがある。クルーソーの場合は投資でもあり貯蓄でもあり、それは自家生産の農家で家計と企業を兼ねている想定だからだ。

図1 マクロ経済循環の概念図

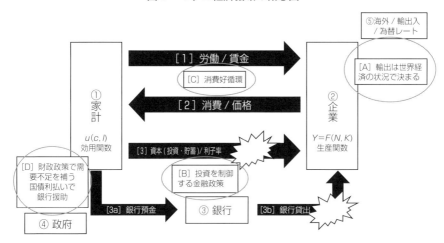

- マクロ経済モデルの登場人物は**主役2人（家計と企業）**、脇役3人。
- 3つの基本的やりとりは**労働**、**資本**を家計が提供して、企業が**消費財**を生産。
  農産物のみの経済では、家計が消費するか、貯蓄するかを決め、タネが証券市場経由や銀行経由で企業で投資。
- 金融仲介の基本的流れ：[3a] **家計**が貯蓄し、[3b] **銀行**経由で**企業**に貸し出すことが前提の今までの政策。

　ただ通常の経済モデルではもう少し詳しく

- **家計**が**貯蓄**した資金を
- 銀行や証券市場など金融機関を通して、
- **企業**が借りて設備**投資**を行う

と考える。ここでは企業という登場人物が増えており、家計だけで経済が構成されているわけではない。」

── 他にも登場人物はいないのですか。

　「マクロ経済の主要な登場人物は5人だ。

- **『家計』**と**『企業』**が主役で、
- **『銀行**など金融機関**』**や**『政府』**、**『海外**部門**』**が脇役あるいはゲストだ。

まずマクロ経済の流れの基本として、主役である家計と企業が3つの財・サービスのやり取りをすることを学ぼう。」

── これはミクロ経済学でも習いましたね。家計が**労働**Nと**資本財**Kを提供して、企業が**消費財**Cを家計に提供するわけですね。

　「図1はこの関係を表している。労働と資本を**生産要素**（生産に用いられる資源）といい、これらの市場を**生産要素市場**という。」

── ミクロ経済学の授業では、最後のほうでささっと進んでしまいましたね。

　「企業が生産のために生産要素を需要することを**派生需要**という。家計が消費財を需要するために、企業の生産が行われ、その生産に役立つから生産要素は派生して需要される、という意味だ。」

資本の直観的理解

── 資本財Kを提供するという意味が難しいですね。

　「貯蓄と投資の間には、通常は**金融**機関を経由する。つまり、家計という資金の出し手（貯蓄）と企業という資金の取り手（投資）の間に仲介業者があり、その業者間に市場ができて、調整は利子率が行う。

── 新たな財を生み出すために投入する財が資本財と言われましたけれど、資本は形のある財なんですか。それとも紙切れなんですか。

　「これはいいポイントだ。

- 工場や機械など**物的資本**は、そのままでは取引できないので、
- 債券や株式など**金融資本**（生産活動に投入された資金）は、物的資本そのものやそこから生まれた収益の『引換券』として発達

してくると考えればよい。

　資本とは何か、という定義の問題は小難しいが、すぐには役立たなくても『急がば回れ』で導入しておけば、最終的に能率が上がる財といった意味で考えるとよい。現在では金融資本、物的資本に加えて、労働者に備わった技能や教育などに代表される**人的資本**も重視されている。」

── **文化資本**と呼ばれる資本もあるのですね。

　「音楽や絵画を予備知識なしで鑑賞してもなかなか楽しめない。前もって曲を聞きこんでいれば、ライヴも楽しめる。このような予備知識や見るほうのキャリ

第Ⅰ章　マクロ経済学の課題

アといった意味で使えばよい。」

クルーソーモデルから企業と脇役の導入

—— クルーソーの寓話は企業や金融仲介を無視しているわけですね。

「これから考えるモデルは 3 段階あると考えればよい。

[1] 自家生産農家のようなクルーソー型に

[2] 企業を導入し、3 つのやり取りを考える基本モデルに加えて、ゲストとして

　[3a] 銀行を導入し、間接金融を考えたり（第Ⅷ章）、

　[3b] 政府を導入し、税収や財政政策を考えたり（第Ⅶ章）、

　[3c] 中央銀行と貨幣を導入し、金融政策を考えたり（第Ⅷ章）、

　[3d] 海外部門を導入し、輸出入や為替レートの影響（第Ⅸ章）

を考えていくモデルだ。」

—— なんだかわかったようで、わからなくなってきたんですけれど。

「そりゃあそうだ。ここで全部わかったら、この本を読む必要はない。ただしマクロ経済学を学ぶに当たって注意してほしいことがある。まず

● マクロ経済学は自分一人がどう良くなるかを考えるものではなく、世の中全体をどう良くしていくかを考えるものだ。
● マクロ経済学は経済の『文法』である。現実の経済に興味がなく『文法』だけ学んでも面白くない。
● 現実のマクロ経済はいつでも通用する正しい答があるわけではない。正しい答がないからこそ、正しい判断が下せるよう学ばなくてはならない。

　これらのことを頭に入れて、まず手始めにマクロ経済学の成り立ちを簡単に振り返ってみることにしよう。」

マクロ経済学の成り立ち

「マクロ経済学は1930年代までは存在しておらず、それまでの経済学といえば新古典派的なミクロ経済学だった。1936年に英国の経済学者ジョン・メイナード・ケインズが『雇用、利子および貨幣の一般理論』を発表し、ここからマクロ

経済学が始まったとされる。」

── どういうきっかけで始まったんですか。

「当時は**世界大不況**で、失業者が街にあふれる状況だったんだね。**ミクロ経済学**は**資源配分の経済学**である、ということを聞いたことがないかい。資源配分を大まかに言うと、労働者が100人いたとして

● その100人を、どのように農業や鉄鋼業などの産業に配分するのがよいか、

という問題になる[1]。でも大不況の時代には

● 100人のうちなぜ75人とか80人しか雇用されないのか、

つまり**不完全雇用**の状況をどうするのか、というマクロ経済全体の**資源を有効活用**する問題を考える必要が生まれてきた。

これを言い換えるとミクロ経済学はケーキの分け方、マクロ経済学はケーキの大きさを研究すると言ってもいい。だからマクロ経済学の課題は景気循環や経済成長といった経済全体の変動の解明にあることになる。」

── でもどうやって「80人しか雇用されないのか」という問題を解決するのですか。

「解決策は政府が積極的に公共事業を行ったり、貨幣供給を増大したりする財政金融政策の活用だね。このようなケインズ経済学の考え方が英国の経済学者ヒックスによって *IS-LM* 分析という 2 次元の図にまとめられた。そして、これを学ぶことがマクロ経済学とされた。」

── 昔の教科書はほとんど *IS-LM* 分析しか書いてないんですね。

「昔はマクロ経済学はケインズ経済学、特に *IS-LM* 分析とほぼ同じだったんだね。」

── それだと楽でいいですね。でもケーキの分け方と、ケーキの大きさは関係あるんじゃないかなあ。

---

1 ）ミクロ経済学には、有名なライオネル・ロビンズ Lionel Charles Robbins（1898-1984）の定義「さまざまな希少資源をさまざまな用途に対してどのように配分すれば、与えられた目的を最も効率的に達成することができるかという問題を考察の対象とするものである」『経済科学の本質と意義』（1932）がある。

第Ⅰ章　マクロ経済学の課題

「この問題は伝統的に論争されてきたところだね。1950年代よりポール・サミュエルソンの**新古典派総合**と呼ばれる折衷案が存在する。これは、

● 100人中100人雇われているとき、すなわち完全雇用の時は新古典派を使い、
● 100人中80人、すなわち不完全雇用の時には、ケインズ経済学を使ってマクロ政策を活用する

というものだった。この折衷案は論理的にはすっきりしないところがあるが、現実的だし、政策に関してエコノミストや経済学者は結局のところ、この枠組みを採用して考えを進めているように思う。」

── 論理的にすっきりしないところとは何ですか。

「不完全雇用をもたらす具体的なメカニズムがはっきりしないことだ。*IS-LM*分析を第Ⅳ章で学習すればわかるが、マクロ経済における総消費量と総所得との関連をいきなり考察している。なぜ不完全雇用なのか、それをもたらすメカニズムは何か、企業や家計の具体的な行動に即して説明されていない。この点を『**ミクロ経済学的基礎を欠く**』という。

そこで1970年代以降、論理的には整合的な新古典派的マクロ経済学がマネタリスト、合理的予想経済学派、リアル・ビジネス・サイクル・モデルなどといういろんな名で復活してきた。」

ミクロ経済学とマクロ経済学

「この新古典派的マクロ経済学には共通の考え方がある。」

── どんな考え方ですか。

「ミクロ経済学とマクロ経済学が別々に2つあるのはおかしい。ミクロ経済学と同じモデルで処理できるはずで、もともとマクロ経済学は必要ない、という考え方だ。たとえば米国のシカゴ大学にはマクロ経済学という名前の講義は昔はなかった。」

── それじゃあ、マクロ経済現象はどう学ぶんですか。

「ミクロ経済学でカバーされてない『貨幣』については独立して『貨幣経済学』という講義があって、それがマクロ経済学の代わりになっていた。」

── たしかにミクロ経済学では貨幣は習わなかったですね。

「もちろん上級のミクロ経済学では貨幣を扱う場合もあるけれど、初級のミク

9

ロ経済学では考えない。その理由はミクロ経済学の一般均衡ではみなが一堂に集まって一斉に物々交換をする想定となっているからだ。」

── でも現実には貨幣とモノとを交換しますよね。

「そうだ。だから貨幣を特に重視して考えるわけだ。このように考えるシカゴ大学の経済学者たちを『**マネタリスト**』と呼んだりした。50年代、60年代にはあまり重視されなかったが、70年代、80年代には『こちらの方が正しいのではないか』という流れになってきた。

これに対しケインズ経済学においても、個別の企業や家計の行動に即してマクロ経済現象を考え、ミクロ経済学的基礎を持つ**新ケインジアン経済学**という名の諸モデルが発展してきた。」

マクロ経済学の対象［1］：トレンドとサイクルで日本経済を理解する

「さっき経済には2つの大きな選択がある、と言ったよね。」

── 働くか働かないか、という問題と、消費するか貯蓄するか、という問題ですか。

「この2つの選択はマクロ経済学で扱う2つの大きな問題と関係がある。

- 一定の直線に従うトレンドを研究する**経済成長理論**と、
- そのトレンドの回りを短期的に変動している部分である4〜5年周期のサイクルを研究する**景気循環理論**の2つだ。

労働という側面から見ると、日本経済の今後を左右する**人口減少**はトレンドの動きだ。不況になって失業率が上昇するのはサイクル的動きが大きい。貯蓄や消費にもトレンドとサイクルに応じたパターンがある。

図2を見てごらん。ここ30年の経済産業省発表の**鉱工業生産指数**（季節調整済）のレベルをプロットしている。ギザギザの動きのサイクル（循環）だけでなく、傾向線があることがわかる。」

── グラフはなんだか大きく屈折していますね。

「そうだ。バブル期のA点で大きく屈折しており、屈折後が日本経済の**長期停滞**期だ。この時期は、せっかく這い上がっても、ずり落ちてしまう90年代以降の日本経済の苦闘をビビッドに表している。」

── なんだか「洗面器から抜け出そうとするカニ」みたいですね。

第Ⅰ章　マクロ経済学の課題

図2　鉱工業生産指数に見る3つの波と3つの時期

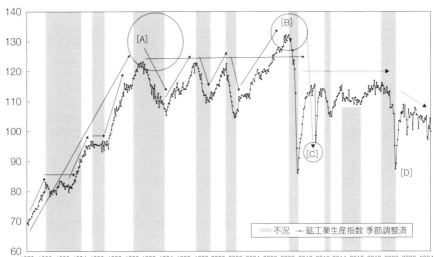

データ出所：経済産業省

「上がったと思えば、滑り落ちてしまうという状態だね。でも

- バブル期のＡ点以前の80年代には『カニ』ではなく、不況期はせいぜい足踏み状態であったことがわかるし、子細に見れば
- 小泉改革以降からリーマンショック直前のＢ点まではそれまでの頭打ち傾向を脱却したこと
- アベノミクス期以降には生産はジリ貧であることもわかる。」

── このグラフは面白いですね。どうしてこんな形になるんですか。
「ポイントは、マクロ経済に加わるショックの『波』の区別にある。通常、

- 大きな波は少子高齢化などの影響を受け、潜在成長率を表す**長期トレンド**、
- 小さな波は在庫循環を中心とした**短期サイクル**

だ。これらの波が合わさってマクロ経済変動が生まれるが、問題は、日本経済の場合、このサイクルとトレンドの2分法だけでは十分ではなかったことだ。」

11

表1　診断と治療の問題

	データに見られる病状	診断	治療
短期サイクル	4〜5年の景気循環	在庫循環	ケインズ的財政金融政策
中期トレンド	失われた30年 金融危機	不良債権問題 企業要塞化 消費停滞	不良債権処理 金融監督体制の刷新
長期トレンド	持続的成長率の低下	少子高齢化 (技術進歩)	少子化対策 社会構造の変革？税制・制度改革

—— どういうことですか。

　「通常、トレンドは人口や技術進歩の影響でなめらかに動くものだが、日本経済は図のA点でトレンドが大きく屈折している。人口や技術水準がこの時点で大きく屈折することは考えにくいから、これは明らかにバブルとバブル崩壊後の不良債権の影響だ。『長期停滞』にはさまざまな解釈があるが、少し儲かり始めたら、企業は借金返済や自己防衛に走って、拡大が止まってしまったことがきっかけ、と私は解釈している。」

—— 普通の商売と同じですね。

　「店を広げるか、借金を返すか、ということだが、そこで日本の長期停滞期を考える場合、もう1つの波を『中期』として導入し、トレンドとサイクルに併せて3つの波に分類することが必要となってくる（表1）。」

—— リーマンショック後の世界経済も同じことかもしれませんね。

マクロ経済学の対象［2］：どのように「動いているのか」と「対応すべきか」

—— でもこういった波と政策とはどう関連付けるんですか。

　「まず大事なことは、問題の立て方によって、対立の様相が異なることだ。ケインズ派と新古典派の違いは

[1：**診断**] マクロ経済や市場メカニズムが健康か、そうでないか、との対立

とまず考えてみよう。この場合、大抵の人たちは、市場経済がいつも健康とは限らない、と答えるんじゃないかなあ。」

—— そりゃあそうですね。経済だっていつも順調とは限らないでしょう。

　「ところが問題を治療方法の対立と考えると、

［2：治療］政府が介入してうまくやれるかどうかという問題

になる。そうすると、さっきと意見は違ってくる。近年よく指摘されることだが、ケインズ経済学の病気の治療方法には大きな問題がある、と思う人が多くなってきた。」

── よくケインズ政策は短期的な効果しか持たない『カンフル注射』だと言いますよね。やみくもにカンフル注射しか打てないんじゃあ、ヤブ医者ってことですか。

「それはもう少し微妙な問題だね。マクロ政策効果があっても、それに副作用がないのか、という問題だ。たしかにケインズ的 *IS-LM* 分析に代表される入門的レベルのマクロ経済学では、不況になれば政策を打てばいい、と単純に考えてきた。

またわが国では

● 金利操作はゼロ金利を超えてマイナス金利まで行われ ［**金融政策**］
● 世界有数の公的債務国になるまで財政拡張を行って ［**財政政策**］

伝統的なマクロ経済学の処方箋が限界まで実行されてきた。

まあ言ってみれば銀行預金に利子がほとんど付かないのも、財政危機もケインズ派のせいだね。」

── じゃあケインズ派は間違いじゃないですか。政府に任せず、自由放任がいいのかしら。

「間違いじゃないね。限界があるからと言って、間違いとは限らないだろう。カンフル注射を打ちながら、外科手術をすることだってある。だからかえって難しい。第Ⅳ章で紹介するケインズ的な分析はしっかり理解しなくてはならないね。

マクロ経済学が混迷しているように見える１つの理由は、マクロ経済が

● 『どのように短期的に動いているのか』という『**診断**』の問題と、
● 『長期的にはどのように対応すべきなのか』という『**治療**』の問題

を混同してきたからじゃないかな。特に後者の問題を考えるのに新古典派的な考え方は重要だ。」

── 新古典派のマクロ経済学は非現実的と言われているんじゃないですか。

「いやいや、だんだん現実的になってきた。**新古典派的な考え方による新しいマクロ経済学のポイント**を一言でまとめるならば、賃金や利子率、為替レートは価格の1つであり、価格が調整するということだね。」

── ケインズ派では価格は考えないんですか。

「ケインズ派では普通の生産物の価格がさほど動かない、硬直的であると仮定することが多いね。でもこれは『どのようにマクロ経済が動いているのか』という問題の解明のためには正しい。一方、ケインズ派では利子率は価格の1つというより政府が左右する政策変数だ。

でもモノの価格を下げろと命令すれば、必ず売り手が困るように、

- 際限のない低金利政策は預金生活者の困窮をもたらすし、
- また不況期に公共事業を積み増すことは、産業構造を歪め、建設業に依存した地域経済を生み出してしまう。」

── この点もあとでもう少し詳しく説明してくれるんでしょうね。

「もちろんそうだ。ただ伝統的なケインズ経済学の処方箋から行われる財政金融政策は長期的な資源配分の効率性に目をつむっているため、『マクロ経済政策がどうあるべきか』という問題に一面的な解答しか与えないことは最初に頭に入れておいたほうがいい。」

── じゃあどういうふうに折り合いをつければいいんですか。

「今まで説明してきたように、両者の考え方には一長一短がある。しかし我々は両目で物事の奥行きを知るだろう。両方の考え方があるから、問題の深さがわかると考えればいいんじゃないかなあ。」

マクロ経済学の対象［3］：日本経済の想定外

「本書ではマクロ経済学の伝統的な説明をまず行ったうえで、第2部第Ⅴ章以降で、日本経済の現状の説明を加えていく。」

── いきなり日本経済のことは説明してもらえないんですか。

「実は日本のマクロ経済変動は対外要因が大きく、伝統的な**一国モデル**では説明できない。」

── 一国モデルとは何でしょう。

「貿易や資本移動のない一国だけで完結する経済モデルだ。為替レートも勉強しなくてよい。しかしこの一国モデルだけでは、米国や世界経済に大きく影響を受ける日本のマクロ経済変動はわからない。わからないけれども、一足飛びに海外要因を考えるわけにいかない。そこで一国モデルから始めて順々に勉強していく必要がある。」

── もともと経済ニュースは米国や中国の話題が多いですよね。

「そうだ。そのように海外の影響を受けて日本経済が変動すると自然に考えれば良いのに、数式や実証分析を駆使して難解で複雑なことをしなくてはと考えるあまりに、多くの経済学者やエコノミストが米国モデルそのままで分析してしまう。これではいつまでたっても何も理解できない。

言わば米国は太陽、日本経済は月なんだね。太陽に照らされて、月は光っている。太陽の経済を分析するためには太陽だけを考えておけば良いかも知れないが、月の経済を分析するためには太陽の影響も取り込まなくてはならない。ところが世界標準という名の下に、太陽の影響を無視して形だけ米国に揃えた分析を行っているので、的外れとなってしまう。」

── 他に注意点はないのでしょうか。

「日本経済の長期停滞をもたらした理由は**企業貯蓄**だ。これは一般的でない事態だが、本書の随所で言及し、最後に第X章でまとめる。さらに図2で示したように、10年ごとにボトルネック要因も変わるし、政策効果も変わることにも注意してほしい。」

⊙第Ⅱ章⊙ 経済データと国民経済計算

皮膚感覚とマクロ経済

「マクロ経済学の理論を学ぶ前に、まず
- どのようなマクロ経済変数があるのか、そして
- フローやストック、グロスとネットなどいくつかの基礎概念

を学ばなくてはならない。あまり面白くないから皆が嫌がるけれど、実際には必要なことなんだね。

たとえば官庁のホームページをみればわかるけれど、山のように統計が発表されている。日本の**国内総生産**（GDP）は600兆円ぐらいって知っているかい。」

── いや、知らないですね。

「こういう数字を知らないと、たとえば2009年の**リーマンショック**で30兆円も輸出が減ったとか、**東日本大震災**の被害額が20兆円だった、などという数字のマクロ経済的インパクトの大きさがわからない。」

── うちのおじさんは商売をやっていて、一応社長ですけれど、統計なんか関係ない、デパートを歩けば景気はわかる、と言ってるんですけど。

「おじさんは正しいかもしれないけれど、でもカンが働く分野は自分の商売に限った場合じゃないかなあ。マクロ経済全体の動きはやっぱり統計がないとわか

らない。いろんな統計が発表されると株価や為替レートが大きく動く理由は市場参加者の予想とは違うためだね。予想や実感はいつも正しいとは限らない。」

── そうですかぁ。

「たとえば1997年11月に山一證券や北海道拓殖銀行は破綻したわけだが、政府や著名エコノミスト、新聞なんかは1997年はゆるやかに景気は回復していく年だと言っていたんだね。

しかも後で説明する日銀短観は『実感』を表すアンケート調査と言われているんだけれど、97年第2四半期の結果はとてもいいんだね。ところが実際には恐慌状態に進んでいたんだ。」

── 統計は信頼できない、って言う人もいるじゃないですか。

「たしかに現在の統計にはいろんな問題があることは事実だ。しかし一定のルールで作られたものの動きには、それなりの情報が含まれている。だから頑張って勉強することにしよう。」

II-1 国民経済計算

マクロ経済活動水準の指標：会計的なアプローチ

「さまざまな統計の中でも、最も包括的な**国民経済計算**（SNA: System of National Account）から説明を始めよう。表1にまとめたように、もともとは『5つの会計システム』を統合、包摂したもので、Account と言うところからわかるように、これは日本経済の『会計』、なかでも総決算書と考えればいい。」

── よく新聞に載っていますよね。しょっちゅう発表されていないですか。

「そうだね。国民経済計算は内閣府が年に4回、四半期ごとに QE と呼ばれる『速報』を発表している。そのときには大きな新聞記事になる。そればかりか、四半期速報改訂、年度確報、年度確報改訂、基準改訂の5段階に分けて作成されているから、しょっちゅう報道されているような気がするね。」

── どうして何度も発表するんですか。

「国民経済計算は幾多の統計を国際連合が勧告したルールに従って組み替えた**加工統計**だ。このためいろんな統計が揃わないと発表できない。

一般に早く集計されるもの、時間がかかるもの、統計にはさまざまなものがある。企業部門であれば大企業だけを調べれば早く済むし、選挙なら都市部より郡

第Ⅱ章　経済データと国民経済計算

表1　国民経済計算（SNA）を包摂するもともとの5つのシステム

1. 国民所得勘定	
2. 産業間の投入・産出構造を示す**産業連関表**	総務省
3. 資金の流れを追跡する**資金循環表**	日本銀行
4. 海外との間の対外取引を集約する**国際収支表**	財務省
5. ストック構造を集約する**国民貸借対照表**	

内閣府 SNA総合ページ https://www.esri.cao.go.jp/jp/sna/menu.html

部のほうが集計は早い。」

── 統計があればマクロ経済学なんていらないという人もいますけど……。

　「それは短絡的な考え方だ。こういった統計が集計されるようになったのは、ケインズ以降のマクロ経済学が契機となったことは知っておいたほうがいい。」

── 国民経済計算は会計なんでしょう。なぜ経済学と関係があるのかしら。

　「もともとケインズ経済学は、全体の量がどのくらいになるか（ケーキの大きさ）を問題にする、と説明したよね。つまり経済全体を集計して、まるごと捉えようという発想がマクロ経済学により始まったんだね。だから理論を抜きにして統計だけ見ていればいいと言う人もいるが、それは間違いだ。どのようにして統計を集めるか、それを考えるのは理論の役割だからだ。」

国内総生産 GDP とその計算

　「それでは具体的に国民経済計算を見てみよう。国民経済計算で一番なじみの深いものが GDP（国内総生産）だね。

国内総生産（GDP：Gross Domestic Product）の定義は

[a] 国内の　　　　　　　　　⇒　国内 vs. 国民
[b] 一定の期間内に　　　　　⇒　フロー vs. ストック
[c] 生産された　　　　　　　⇒　所得 vs. 生産
[d] 最終生産物に、その　　　⇒　付加価値
[e] 市場価格を　　　　　　　⇒　名目 vs. 実質

かけて、すべて加えた値であって、

[f] 生産・支出・分配の三面等価が成り立つ。」

19

注意 1 : 付加価値と二重計算

「まず [d] と [e] の『最終生産物にその市場価格をかけて、すべて加えた値』というところが基本だね。」

—— 最終じゃない生産物があるんですか。

「そう、**中間生産物**というものがあるんだね。

たとえば小麦を使ってパンを焼くという生産活動を考えた場合、パンが最終生産物で、小麦が中間生産物だ。パンを作るために使った小麦と、パンと両方を足し合わせて計算すると小麦の分だけ二重計算になってしまう。だからパンに使われた小麦を抜いて計算しなくてはならない。

最終生産物を足し合わせる他に、もう 1 つ計算法がある。それは付加価値を足し合わせる方法だ。**付加価値**とは『新たに付け加わった価値』だね。」

—— パンと小麦の例ならばどうなるんですか。

「小麦を60円で買って、パンを100円で売ったとする。小麦を作った農家の付加価値は60円でパン屋さんの付加価値は40円だ。だから足し合わせると100円で最終生産物の総額と等しくなる。

また新たに付け加わった価値という点を考えると、中古品が含まれないこともわかる。たとえ絵画や家が高額で売買されたとしても、中古ならカウントされない。」

注意 2 : 市場価格と帰属計算

「次に大事なことは [e] の市場価格の『市場』だ。もともと国民経済計算は市場の『取引』を集計するという発想が出発点だ。

だから同じ家事労働を考えた場合でも、家政婦さんには給料を支払うからGDP に含まれるが、主婦の家事労働は GDP に含まれていない[1]。その他にも公害などの負の財も、市場がないから含まれない。もっと大事なことは、労働時間は歴史的には減少しているから、働かなくてすむようになって、余暇や休日が増えたとしても、これらの楽しみだってカウントされていないことだ。

しかし例外があって、市場や価格がない生産活動も考慮する場合がある。それ

1）家事労働については GDP の 2 割以上にも相当するという、旧経済企画庁の「無償労働研究会」による結果もある。

は持ち家の『家賃』だ。」

── 持ち家には家賃を支払わないでしょう。

　「払ったとみなして計算するんだね。これを**帰属計算**といい、『市場でその対価の受け払いが行われなかったにもかかわらず、それがあたかも行われたかのようにみなして計算を行うもの』だ。

　さてこの後から名目国民総生産とか実質国民所得とか、同じような言葉がたくさん出てくるけれど、以下を組み合わせたものと考えればよいから、頭に入れておいてほしい。

　　　[名目 or 実質] + [国内 or 国民] + [総・粗 or 純] + [生産 or 所得]
　　　　　注意3　　　　　　注意4　　　　　　　注意5　　　　　　注意6

注意3：「名目」と「実質」

　「三番目のポイントは『名目』と『実質』の区別だ。物の値段も賃金も2倍になったけれど、生産量はそのままだとGDPはどうなるかわかるかい。」

── うーん、市場価格をそのまま足し合わせるんですよね。だったら見かけ上は2倍になるんですか。

　「そうだ、でもおかしいと感じないかい。」

── それはおかしいですよね。『実質』的には変わらないわけでしょう。

　「そのまさしく『実質』が重要だね。インフレやデフレがある場合、その影響を除去する**実質化**の手続きが必要で、それを行ったデータを**実質**GDPと言う。通常は特定年度の価格体系を使って評価するから、たとえば2005年の価格体系で計測されたGDPは2005年度実質GDPと言う。単にGDPという場合は名目概念で言っている場合が多い。両者は日本でも70年代前半には大きく異なっており（図1）、この点はあとで学習するインフレーションのところで、もう一度考えることにしよう。」

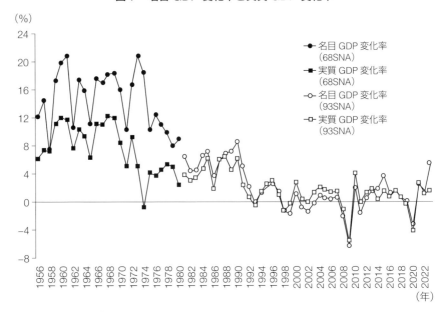

図1 名目GDP変化率と実質GDP変化率

データ出所：国民経済計算

注意4：「国内」と「国民」概念——GDPとGNI

── ここで考えているのはGDPですよね。でも古い教科書にはよくGNP（Gross National Product）って載ってないですか？」

「そうだね。昔は公害問題なんかで『くたばれGNP』とか言ったんだよ。GDPの方が重視されるようになったのはつい最近のことだ。また旧GNP（68SNA）と名目値の定義は変わらないが、実質値では定義の異なる**国民総所得**GNIが93SNAで導入された。ここで名目GNIと名目GDPの違いの正確な定義を書いてみよう。」

GDP ＝ GNI － 海外からの要素所得受取り ＋ 海外への要素所得の支払い

── 要素所得って何ですか。

「要素所得とは『生産要素（p.6参照）の提供者（資本家、地主、労働者など）が代価として受け取る利子や賃金、地代などの所得』のことだ。

- GNI（旧 GNP）の N は National、つまり『日本の居住者』という意味で、日本の企業が米国など他国で稼いだお金やものが含まれる。しかし日本国内にある外国企業（在日外資系企業）や多国籍企業の活動は含まれない。
- GDP は D は Domestic、つまり『日本国内』という意味なので、日本国内にある企業や人は外国籍であろうと日本国籍であろうとその活動は含まれる。しかし日本の企業や日本人が外国で稼いだ分は含まれない。

　この『居住者』という概念に注意しなくてはならないね。これは一年以上居住している、あるいはする予定があるという意味で、法律でいう国籍とは違う。

　企業も居住者という概念で集計されていることは気づきにくい。本社や事業所が領土内に存在しているという意味だから、配当所得はともかく、株主の構成や国籍を厳密に考慮するところまでには至らない。外国人株主の比率が大きくなり企業所得が海外流出している現状では、日本の家計が豊かになっているとは限らない。」

── どうして GDP のほうが使われるんですか。

　「**県内総生産**と**県民所得**の違いを考えるとわかりやすい。埼玉県の人は東京で働いている場合が多いけれど、埼玉県の景気といった場合、どちらの指標が適当かと言えば、それは県内総生産じゃないかなあ。また埼玉県の景気を考える場合、浦和や大宮の工場やお店の株主が誰かまでは考えない。」

── GDP と GNI とでは、金額は違うんですか。どちらが大きいのかしら。

　「米国では GNI と GDP の違いは、実はあまりないね。でもヨーロッパは地続きに国が隣接しているから、かなり違いがある。日本経済の場合、海外現地生産や為替レートの円安傾向で、大きく状況が異なってきた。この点は複雑だが、とても重要だ。第Ⅸ章でまた学ぶことにしよう。」

考えよう　Ⅱ-1 ● 埼玉県の大宮に住み、東京都心に通うサラリーマンの所得は県内総生産と県民所得ではどう扱われるか考えてみよう。

考えよう　Ⅱ-2 ● SNA では国民一人当たり名目 GDP も発表され、ランキングも見ることができる。その数字を調べ、為替レートの影響による問題点を考えてみよう。

注意5：「総・粗」と「純」

「GDP や GNP などみんな G がついているのは Gross の頭文字だ。ところが N のつくものもある。たとえば国民純生産（NNP: Net National Product）などだ。これは Net の頭文字だ。

- グロス（Gross）は粗や総、
- ネット（Net）は純、

と言って、違いがある。

まずこれを理解するためには**粗投資**と**純投資**の区別を知らなくてはならない。SNA では投資を資本形成という。本書では投資に統一する。建物や機械など有形固定資産が摩耗したり老朽化・陳腐化して資産価値が減少した分を**固定資本減耗**というが、そこの違いだ。」

── 固定資本減耗とは、具体的にはどういうことですか。

「機械ならば時間が経って擦り減ってくる部分を言うね。機械の修理の分を補った部分は実際に支出した費用ではなく、将来に備えて積み立てる費用だ。式で表すと

粗投資＝純投資＋更新投資　あるいは　粗投資＝純投資＋固定資本減耗

となる。だから粗投資を使った国民総生産と純投資を使った**国民純生産**の違いは以下の式で表される。

国民純生産（NNP）＝国民総生産（GNP）－固定資本減耗」

──『粗』と『総』は違うんですか。

「総だったり、粗だったりするけれど、語呂の問題で、両者は英語の Gross を訳した同じものだね。普通、総投資とか粗生産とか言わないけれど。」

──『純』と『粗』ではどちらを使うのがいいんですか。

「工場を増築するとしたら、古くて具合の悪い部分もついでに直すことになる。この場合新しく増えた部分と直した部分を具体的に分割するのは難しい。また固定資本減耗の大部分を占める**減価償却費**は機械や建造物が経年劣化する部分を言うが、経年劣化を具体的に金額で測るのもたいへんだ。

第Ⅱ章　経済データと国民経済計算

　結局、投資が行われた場合、どこまでが新しい投資で、どこまでが修理か分けにくい。だから資本減耗をきちんと計測するのは難しいものだ。このため粗を使ったGNPやGDPが一般的だ。しかし

● 固定資本減耗の分はすり減って消えてしまう部分だから、それは所得にならない。そこで国民所得という概念と接合するには『純』概念が必要だ。さらに
● 消費税など間接税で値段が増えている部分は本来は付加価値とは言えない。

　そこで消費税や酒税などの間接税を国民純生産から差し引き、逆の効果を持つ補助金の分を足すと、**要素費用表示の国民所得**になる。

国民所得＝国民総生産－固定資本減耗－（間接税－補助金）

　この要素費用とは生産要素への報酬という意味だ。また単に国民所得と言うときには、この要素費用表示の国民所得を指すことが多い。昔のマクロ経済学の本には国民所得分析という題名もあり、かつては国民所得を中心に考えていたことがわかる。」

注意6：「生産」か「所得」か——三面等価

　「さあ最後に三面等価の原則だ。これは

生産＝分配＝支出

が成り立つことをいう。国民総生産の三面等価とか国民所得の三面等価などと言われるものだ。ここでは国内総生産に即して説明すると以下のようになる。

[1：生産] 製造業やサービス業など各産業別に付加価値を集計した**国内総生産**
$$F(N, K) \quad （生産関数）$$
[2：支出] 消費（C）、投資（I）、財政支出（G）など支出別に集計した**国内総支出**
$$C + I + G + NX$$
[3：所得] 雇用者所得、財産所得、企業所得などを所得別に集計した**分配面**
$$WN + rK$$
賃金W×労働量N＋資本の使用者費用r×資本ストックK

　まずどうやってGDPや国民所得を計測するのがいいか、考えてごらん。」
── そりゃあ、生産の分量を知りたいわけですから、工場ごとに生産量を調べて

25

足し合わせるのがいいんじゃないですか。

「そうだね。それは産業別に集計する [1] の場合だ。しかし、景気予測なんかで一般に使われるのは、生産物がどのように売れたか、という点から調べる [2] の支出面だ。これは国内総支出（GDE）とも言って、以下のように表される。

国内総支出（GDP, GDE）$Y=$ 消費 C ＋投資 I ＋政府支出 G ＋輸出 X －輸入 M
　　　　　[約600兆円]　　　　[330兆円弱] [110兆円強][155兆円強]　　[10兆円以下]

C は Consumption、I は Investment、G は Government、NX（$\equiv X-M$）は Net Export、Y は Yield の頭文字から来ているから覚えやすい。

── 覚えやすいかもしれませんが、なんだかピンとこないんですが。

「それでは生産はすべて乗用車だと仮定し、その用途に応じて説明しよう。まず輸入 M を左辺に移行する。

$$Y+M = \quad C \quad + \quad I \quad + \quad G \quad +X$$
　　　　　　自家用車　商用車　公用車　輸出

左辺は国内総生産 Y と輸入量 M の和として表される乗用車の総供給量となり、右辺の需要は乗用車の用途に応じて以下のように分類される。

- **自家用車**と例えられる**消費** C は金額は330兆円程度で賃金の影響大
- **商用車**と例えられる**投資** I は110兆円弱程度、消費や輸出が増えてから変動
- **公用車**と例えられる**政府支出** G は155兆円強程度、経済危機時に増加
- **輸出** X は世界景気で変動、**純輸出** NX（＝輸出 X －輸入 M）は振れが激しいが負となってきた。

各章で後述するように輸出や消費が増加し企業が忙しくなると商用車は増えるし、不況なら公用車が増えるというように、特定のパターンをとることが多い。

この『生産』と『支出』が等しくなるのが第一の関係だ。」

── 支出っていうのは購入する、つまり需要ってことですよね。でも生産されたものは、必ず需要されるのかなあ。商品が売れ残ったら、どうするんですか。どうして同じになるのか、ぜんぜんわからないんですけど。

「まず第一のポイントは、売れ残りであっても在庫の増加は在庫投資と考える。第二にここでは『事後』の関係を考えていることだ。」

図2　三面等価と循環

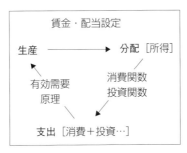

── 事後って何ですか。

「この章の始めに、国民経済計算は総決算書だ、と言ったよね。決算とは事後的、つまり事件が終わってから記録したものだ。しかしミクロ経済学で習う需要関数や供給関数は事前、つまり『**条件付き予定表**』だね。」

── 予定表ってどういう意味ですか？

「需要関数は普通ミカンが100円なら3個。90円なら2個というふうに、値段が仮にいくらかであると考え、その価格ならば、どのくらい需要するかという予定を考えるものだ。

国内生産や国民所得でも国内総生産＝供給、国内総支出＝需要と考え、**需要曲線と供給曲線の交点にある**と考えれば、需要と供給が同じになることがわかりやすいね。」

── でも分配面はどうなるんですか。

「それは生産要素市場の均衡点と考えればいいね。図2や第Ⅲ章も見てほしい。この三面が循環することがマクロ経済の基本だ。ただし本書の随所で説明するように、所得の対外流出が起きる現状では国内に分配されているとは限らない。」

一人当たりのGDP

「さて先に日本のGDPは600兆円ぐらい、と述べたが、この数字はどのくらいの規模を表すのだろうか。日本の人口約1億2,600万人で割ると

- 一人当たりGDPは約476万円

となる。総人口は赤ちゃんもお年寄りも含んだ数字だから、5人家族なら2,000万円以上になってしまう。」

── なんだか多すぎないですか。

　「もちろんいくつか修正を加える必要がある。特に**資本減耗**は年々増えており146兆円にも達して実は投資よりも多い。そこでGDPの3割近くにもなる資本減耗を差し引いて、国民所得を考えよう。

● 一人当たり国民所得は約357万円

となる。家計の立場から考えると、所得より消費を考えてみることも興味深い。日本全体の総消費は330兆円なのだが、1億2,600万人と12カ月で割ると、

● 国民一人当たり消費は月額22万円

と考えると、少し多いかな、くらいの金額に落ち着くのではないか。」

── 消費税を10%と考えると、月額2万円ですね。

　「さまざまな非課税枠や優遇措置や地方分があるため、消費税の国税分総額は24兆円弱だ。

　財政危機や年金危機に対して、消費税を使った改革が提唱されている。しかしその中には非現実的なものが少なくない。増税すると言っても、総消費330兆円の何%にあたるのか、改革案をチェックしてみるとよくわかる。」

ストックと国民資産

　「以上の分析はフローのものだった。SNAでは5つの取引を集計するが、表1（p.19）の1〜4は年々の経済活動を記録した**フロー**の取引、5はこれらのフローが蓄積された**ストック**の取引だね。」

── なんとなくわかる気もするんですが、フローとストックって何ですか。

　「経済数値は大きく2種類に分かれる。たとえば今の時点でどれだけ財産を持っているかと、毎月どれだけ収入があったか、という数字は概念が異なる。前者は『一時点でどれだけ存在するか』を表す**ストック**の数字であり、後者は『一定期間を定めて計測』される**フロー**である。GDPはフローであり、社会資本など

それまで社会に蓄積されてきた一時点で存在するストックとは異なる。」

── もっとわかりやすくならないんですか。

「お風呂に水を溜めていって、すでに溜まっているのがストックで、蛇口から流れている水がフローだね。経済に即して言えば、機械設備を毎年10台ずつ買ったので、現在工場に100台あるとする。毎年10台ずつ買っていくというのがフローであり、今現在100台あるというのがストックだ。この講義で詳しく扱ってきたのはフローのなかでも最初の国民所得勘定だ。」

── 日本にはどれだけ財産があるんですか。

「フローから蓄積（ストック）されたものが**国民資産**であり、金融負債を引いて**国富**と呼ばれるものだ。

- 建築物や土地などの非金融資産と対外純資産を合わせた2022年末の『**国富**』は約4,000兆円となり、前年末から3.3％増加している。
- **土地総額**はバブル期の1991年末ピーク（2,455兆円）から総額1,309兆円となった。なお国内株式は90年末ピーク（889.9兆円）から一時は500兆円も目減りしたものの950兆円程度に回復している。バブル崩壊時のインパクトは年間のGDPの3倍以上である。日本の3年分の所得が消えたと考えればよい。
- **家計の金融資産**は2,212兆円（資金循環統計2024年6月末）となり、日本の家計は金持ちだと言われる。詳しいことは第Ⅴ章や第Ⅷ章を参照してほしい。資産額はバラツキが大きいものだが、この数字はなかなか直観的に納得しがたくなってしまった。」

ショックの大きさと後始末

「急激にマクロ経済に加わったショックの金額とGDP比は以下の通りだ。

- **バブル後の不良債権**は総額で100兆円ほどの処理額であり、各時点では最大限で30兆円ほどの不良債権が存在していた。ただし後始末の公的負担は10兆円程度である（預金保険機構によると、破綻処理や資本増強に投じた資金は計約48兆円。29兆円を回収し、差し引き赤字が19兆円。うち10兆円強を国庫負担、9兆円を銀行の預金保険料でまかなったという）。
- **リーマン・ショック**時の輸出の減少が40兆円（GDP比8％）

- 東日本大震災のストック毀損額が20兆円（GDP 比 4 ％）
- アベノミクスの**異次元緩和の後始末**は 2 ％の金利上昇が認められたとして20兆円程度（GDP 比 4 ％）、1 ％の金利上昇なら10兆円程度という試算もある。
- 今後の**社会保障費が増大**したとしても、政府見積りでは GDP 比で1.6％上昇するに過ぎない（脇田［2019］p.195）。

　もちろんこれらの数字をどう解釈するかは、一つひとつのトピックスに対して議論が必要だが、1990年代には30兆円規模の経済対策が頻繁に打たれていたことを考えれば、ショックが大きくとも、上手くコントロールすれば乗り切れると言える。しかしバブル後の停滞期には不良債権問題に対して責任逃れから大混乱が生じ、大きく長く日本経済は負担を被った。」

Ⅱ-2　マクロ経済で注目される諸指標 1 ：失業率

失業率の計測

　「ここで経済成長率や SNA から離れて、マクロ経済で注目される指標について考えてみよう。まず大事なものに労働市場における失業率がある。」
―― 失業率はどうやって測るんですか。
　「これは以下の式で表されるね。

　　完全失業率＝完全失業者数 /15歳以上の労働力人口

分母の労働力人口は就業者数と完全失業者数を足し合わせたものだ。
　式は簡単だけれど、誰が就業者なのか、誰が失業者なのか、という点が大事だね。まず失業者を考えるときのポイントは、仕事を探して初めて失業者になる、ということだ。つまり学生や家庭の主婦は統計上は**非労働力人口**といって、そのままでは失業者にならない。でも仕事を探したいといって職業安定所などに行くと失業者になる。
　だから、仕事探しをあきらめる人が出てくると失業率は高くならない。こういった仕事探しをあきらめた人たちを英語で Discouraged Workers と言う。**求職意志喪失者**とも訳されるけれど、これらの潜在失業者を考えることは重要だ。」
―― 友達の叔母さんは就職氷河期に就職できなかったんですって。

第Ⅱ章　経済データと国民経済計算

表2　労働力人口（2023年）

（万人）

			自営業主512・家族従業者126	
15歳以上人口 10,005	労働力人口 6,934	就業者 6,756	雇用者 6,089	（常雇　5,406）
				（臨時　343）
				（日雇　70）
		完全失業者　178		
	非労働力人口　4,071			

注：総務省『労働力調査』による各変数の定義、雇用者内訳は2017年の数値
・労働力人口とは15歳以上人口のうち、次に定義される就業者と完全失業者を合わせたものである。
・就業者は従業者と休業者を合わせたものである。
・完全失業者は、「仕事がなくて調査週間中に少しも仕事をしなかった者のうち、就業が可能でこれを希望し、かつ仕事を探していた者及び仕事があればすぐ就ける状態で過去に行った求職活動の結果を待っている者」のことである。
・完全失業率は「労働力人口」に占める「完全失業者数」の割合（％）である。

　「潜在失業者の中でも、若い人たちの失業は問題だね。就職難の時代には、学生が就職をあきらめて、家事手伝いなどで家に引きこもってしまったり、フリーターになったりして、それだけ技能の伝承がすすまなかった。」
── でも中高年の人が失業すると一家の大黒柱だからそれも大変でしょう。
　「それもそうなんだね。だからマクロの失業率ばかりでなく、ミクロの動きを見ることも大切だ。失業者には2つのタイプがある。

● 短期間失業して、すぐ仕事を見つける人と、

● 長期間ずっと失業している人

だ。短期間の方は蓄えも技術もない若い人が多い。長期間の方はいったん失業してしまうと、なかなか仕事が見つからないが、蓄えも技術もある中高年の人が多い。」
── だいたいどのくらいの人が働いているんでしょう。
　「労働力人口は2024年6月には7,000万人を一時的とは言え超えたから、総人口

の半分を超えている。他の人は学生や主婦、お年寄りなどの非労働力人口だ。

　失業率は一時、6％近くまで上昇したが、一時は2.2％にまで急降下した。いずれにせよ、分母は6〜7千万人で、失業者は360万人から140万人まで変動した。」

世界と日本の失業率

── 日本の発表されている失業率は本当の市場実態とはかなり異なると聞いたんですけれど、どうなんですか。

　「図3のグラフを見てごらん。これは OECD の統計局が各国の失業率の定義を調整して、比較可能にした**『標準化された』失業率**だ。これで見ると日本の失業率はたしかに低かったことがわかるね。」

── じゃあ各国の失業率の定義は違うものなんですか。

　「そうだね。農業国と工業国では働き方も違うし、日本のような**新卒一括採用**がある国も少ない。日本と米国で比較すると大きな違いは、日本は『調査期間の一週間の求職活動』に加え『過去に求職活動をして現在待っている人』も失業者に含まれるが、米国は『過去四週間の求職者』だけで、それ以前の『待ち』の人は含まれないことだ。だから日本の定義が厳しすぎる、と言うわけではない。」

── グラフを見ると、世界の失業率の動きはまちまちなんですね。

　「簡単にまとめると

［a］日本　　　⇒　低位安定に戻った。
［b］米国　　　⇒　好不況により大きく変動し、ふれが激しい。
［c］ヨーロッパ　⇒　高位安定（10％以上）

だね。特にヨーロッパの問題点は若い人の失業が多いことだね。」

── 日本もそうなると困りますね。ヨーロッパでは失業者はなぜ多いのかしら。

　「ヨーロッパでは、いったん企業が労働者を雇用すると、法や規制、組合などの影響でなかなか辞めさせることはできない。このため、企業が雇用に慎重になるからだ。かといって給料を安くして雇おうとすると、中にいる人たちが『給料下げてもらっちゃ困る』と文句を言う。この点をとらえたモデルは**インサイダー・アウトサイダーモデル**という。インサイダーというのは、企業内にいる人たちのことだ。」

図3　OECDによる標準化された各国の失業率

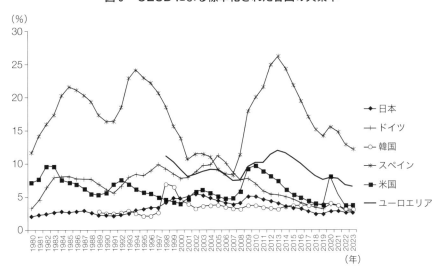

データ出所：OECD

── 日本は終身雇用とか長期雇用とかいって、失業率が低いと言うじゃないですか。この理由は本当なんですか。

　「終身雇用や年功序列に代表される**日本的雇用慣行**を行っているのは日本経済の平均から見て相当な規模の大企業で経営の安定している会社だ。たとえば銀行業は40万人程度だから全体の雇用者に占めるシェアは1％未満にすぎないね。

　だから低失業率と終身雇用慣行はあまり関係がないと思う。他の本でも書いたが（脇田［2024］）、転職者の平均的な給料は大幅に下がっている。」

── よくプロフェッショナルとなって、**雇用の流動性**を高めたほうがいい、という意見がありますが、それはどうなんですか。

　「私はある程度の割合の人たちがプロフェッショナルとなることは重要だと思う。日本の組織の場合、どうしても人間関係や同調圧力に判断が流されがちだからだ。しかしたいていの人たちは自分はプロとなって縦横無尽に活躍したいが、横から専門家とかいう人にとやかく言われたくないと思っている。自分のことを棚に上げている。会社の人事部は専門家が一言居士となって、いろいろ発言することを嫌う。そこで専門職市場創設は進まない。」

── 総論賛成各論反対というわけですね。

「さらに市場というからには、同じような労働者が大量に存在し、そのような労働者を需要する企業がやはり大量に存在しなくてはならないが、この条件はなかなか満たされない。それに専門職志向は、高収入だと思うけれど、それは多分に『資格』『免状』のもと厳しく供給を制限した結果なんじゃないかな。だから、専門職の高賃金は能力があるからと言うより、レントと言って独占利潤が含まれている可能性が強いね（脇田［2024］p.195も参照）。」

企業内失業と労働保蔵行動

「失業率と実質 GDP には**オークンの法則**と呼ばれる以下のきれいなマクロ経験法則がある。オークンというのは、この関係を最初に研究した経済学者の名前だ。ここでは以下の定式化で見てみよう。

失業率の差 ＝ 定数項 a ＋ 係数 b × 実質 GDP 変化率 ＋ ダミー

筆者などたいていの計測では GDP に反応する部分 b が −0.1 であり、定数項 a は 0.4〜0.3 であった[2]。

つまり実質 GDP 変化率が 3 ％を超えると、失業率が下落することになっていた。この実質 3 ％はさまざまな意味で分岐点となる数字で現状は下がり気味で 2 ％ぐらいだが、だいたい各国共通みたいだ。」

── 図 4（a）を見ると、2003年以降は大きく失業率が乖離していますね。

「これはフィリップス曲線にも言えることだが、非正規雇用増加の影響だ。スキマバイトも可能で確かに失業率は減ったが、低賃金のため内需は盛り上がりに欠けたことに注意すべきだ。」

労働保蔵と稼働率

── オークンの法則からわかることは、日本の失業率があまり動かないということですよね。それはなぜですか。

「それは**労働保蔵**と言われるように、不況になっても労働者を解雇しないためだ。労働の密度が変化するからと言ってもよい。」

2）米国の b は −0.4、英国は −0.5 であった。Blanchard［2009］*Macroeconomics*, Pearson 参照。

図4（a） 2003年ごろ変化する（時系列で見た）オークンの法則：大きく反応する失業率

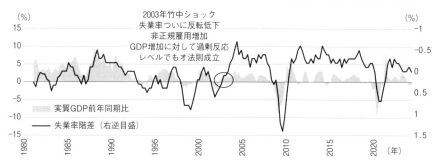

図4（b） 2013年ごろ変化する（時系列で見た）フィリップス曲線：反応しなくなったインフレ率

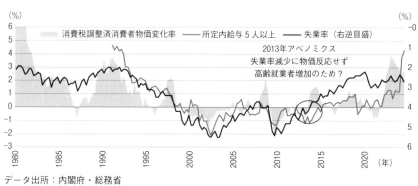

データ出所：内閣府・総務省

── どうして企業はたいして働かない人を雇っているんですか。

「たとえばプロ野球のピッチャーが肘を痛めたとしても、手術やリハビリの間はクビにしないよね。球団はこれまでに選手にさまざまな投資をしてお金を使っているから、すぐに解雇すればその費用が無駄になってしまう。

労働者を一人雇ったり解雇したりすることは非常にコストがかかるものだ。プロ野球選手では時間のかかる契約があるし、普通の企業でも研修コストがある。不況になったからと言って、すぐにクビにすると、かえって新しいコストがかかってしまう。」

── 労働保蔵って、あまり聞かない言葉ですよね。

「日本のマクロ経済の変動メカニズムを考える場合、労働保蔵はとても重要だ。特に景気循環の側面では、不況期には職場で人は余っているわけだから、好況初

期に需要が増えれば、生産は素早く回復する。しかしこれまで人員は余っていた
わけだから、賃上げは遅い。」

── 不況期の工場で機械が動いていないようなものですよね。労働保蔵のパター
ンと機械の稼働率は違うんですか。

「あまり違わない。不況期にはヒトも機械も余っていたのが日本経済の実態だ
った（図10、p.47も参照）。」

人口減少と技術の変貌

「人口減少と技術の変貌は日本の労働市場にも大きな変動をもたらしている。

なかでも65歳までの中核労働力になるべき人口が減少し、同時に非正規化に伴
い労働者平均の**労働時間も減少**している（図5）さらに高齢化に伴い非正規労働
者の一人当たりの労働時間も減少している。アベノミクスの功績として、就業率
の上昇を誇る向きもあるが、労働時間減少が相殺している。」

── スキマバイトって言うように、ササッと働けるのがいいんですよ。

「そういったことができるのは、技術進歩のおかげだね。スマホでいつでも連
絡が取れるし、パソコンでバイトのシフトも組みやすい。昔はいつでも『全員集
合』だったんだね。」

── 親戚のおじさんは酒屋をやめてコンビニ経営に変わってバイトの管理が大変
だって愚痴ってます。

「昔は個人商店が多かったんだね。**自営業者が減少**し、就業者数と雇用者数が
近づいていることは、実は労働分配率の計算に影響して問題だ。」

── なぜ問題なんですか。

「雇用者報酬を国内総生産で割った数値を労働分配率と考える場合が多く、こ
の数値は景気にゆるやかに逆相関しつつ安定的だ。しかし分母の国内総生産には
雇用者だけでなく自営業者の寄与も含まれる。そこで**真の労働分配率は実は低下**
しているのだが、見落とされていることが多い。」

Ⅱ-3　マクロ経済で注目される諸指標２：インフレ率

「モノを代表するGDP、ヒトを代表する失業率を説明した。次にカネを代表す
るのはインフレ率だ。」

第Ⅱ章　経済データと国民経済計算

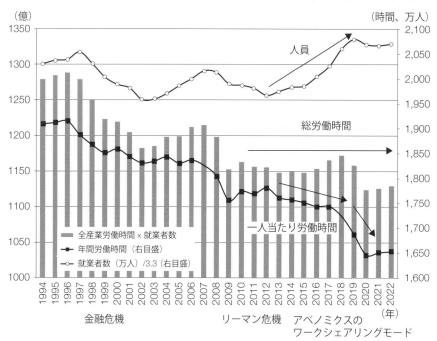

図5　トリクルダウンと言うより（女性・非正規高齢者への）ワークシェアリング

データ出所：国民経済計算フロー編（3）経済活動別の就業者数・雇用者数・労働時間数

3種類の物価指数

「まずインフレ率を計測する物価指数には次の3種類がある。

- 消費財を中心とした**消費者物価指数**（CPI: Consumer Price Index）
- 中間財を中心とした**企業物価指数**（CGPI: Corporate Goods Price Index）
- GDP全体を対象とした**GDPデフレーター**＝［名目GDP/実質GDP］

これらの指数は対象とするマーケット・バスケットが違っている。」
── マーケット・バスケットって何ですか。
「物価が上がると言っても、人それぞれによって買い物をする対象は異なっている。だから、財の『組合せ』を考えて、それらの価格を集計する必要がある。CPIの対象とする買い物かご、つまりバスケットの中身は消費者が購入するものだし、CGPIが対象とするのは企業が購入するものだ。」

表3　パソコンとそろばん

	現在	10年前
パソコン	9割	1割
そろばん	1割	9割

――　自家用車は CPI に含まれ、商用車や自動車を作る鉄板は CGPI に入るということですね。

　「次の問題は物価がどれだけ上昇したか、を計る平均のとり方だ。」

――　ウエイトをつけて加重平均をとるんじゃないですか。

　「それはそうだけれど、**どんなウエイトで平均をとるか**が問題だね。いま経済に『そろばん』と『パソコン』しかないと考えよう。10年前はそろばんが9割、パソコンが1割売れていたが、今は逆でそろばんが1割、パソコンが9割の数量だ（表3）。この場合、どちらのウエイトで加重平均すればいいだろう。」

――　うーん、わからないなあ。そろばんが1割、パソコンが9割かしら。

　「それは**パーシェ型**の物価指数というね。これは比較年（この場合は現在時点）のウエイトで計算するから、そろばんが1割、パソコンが9割のウエイトで物価指数を計算することになる。この方法は GDP デフレーターで使われているものだね[3]。

　しかし**ラスパイレス型**というのもある。消費者物価指数や卸売物価指数はこっちだ。ラスパイレス型は基準年（例の場合は10年前）の固定ウエイトだから、そろばんが9割、パソコンが1割のウエイトで物価指数を計算する。」

――　でもスマホやパソコンなんかは値段が下がるし、性能が上がるし、正確に価格を測定するのは難しいんじゃないですか。

　「これは本当に難しい問題だね。技術革新や新製品の影響はヘドニック調整といって品質を補正する方向で本来は考える必要がある。」

――　だいたい、どうして純粋なインフレが問題なんですか。

　3）GDP デフレーターの場合、インプリシット・デフレーターという方法で作成される。デフレーターが直接作成されるのではなく、構成項目ごとにデフレーターを作成し、実質値を求めた後、全体としてのデフレーターは（名目値）/（各構成項目の実質値の合計）として逆算によって求められる。

第Ⅱ章 経済データと国民経済計算

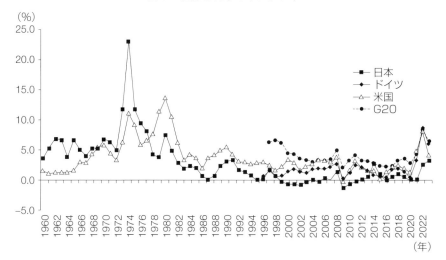

図6 世界と日本のインフレ率

データ出所：OECD

「いろんな意見があるけれど、端的に言えば、すべての価格や賃金が一斉に上がるとは限らないからだね。たとえば年金なんかは1カ月10万円というふうに名目額が固定だ。だからインフレが起こると、お年寄りは生活に困ってしまうんだね。しかしこの問題は大事だから、第Ⅲ章でもう一度検討することにしよう。」

世界と日本のインフレ率
「60年代はクリーピング・インフレといって緩やかなインフレが続いた時代だった。しかし図6を見るとわかるように、70年代には第1次、第2次石油危機や、ブレトン・ウッズ体制の崩壊による変動相場制への移行のなか、世界的にどの国も大きなインフレと不況が併存する**スタグフレーション**にみまわれた。日本も1974年にはインフレ率が25％強だった。しかし日本は1975-84年で平均5.0％と急降下し、インフレ率はどんどん下がって、他の国々よりも低くなっている。」
── でも当時の日本ではバブルが起こっていたんでしょう。
「そうだね。しかしバブルとは株や土地などの資産の価格の上昇だ。資産価格の上昇は普通、インフレ率の計算には含まれない。
　また長期停滞期には長らく物価問題として、物価が下がっていく**デフレーショ**

39

ンの問題が生じているから、つい最近のインフレまで、インフレよりもデフレを
心配せよ、という意見が盛んだった。

　デフレ・スパイラルにはさまざまな定義があるが、一般に物価下落と景気後退
が同時に進行していく状態を指すことが多い。ただし物価と賃金が下降する場合
を考えることもある。」

フィリップス曲線とインフレと失業

　「第1章で新古典派経済学の復活という状況を説明したが、それに大きな影響
を与えたのが**フィリップス曲線**を巡る論争だ。」
── フィリップス曲線とは何ですか。
　「フィリップス曲線とは、A.W.フィリップス教授が英国の200年間からなるデー
タから、インフレと失業のトレード・オフが生じていたことを表すマクロ経験
法則だ。

　2つのバージョンがあり、横軸に失業率をとることは共通だが、

[1] 縦軸に名目賃金上昇率をとるものを**賃金版**フィリップス曲線
[2] 縦軸にインフレ率をとるものを**物価版**フィリップス曲線

という。名目賃金と物価水準はもともとは密接に関連しており、両バージョンと
もプロットすると同じような逆相関の関係となっていた。

　集計量や平均の数字を扱うマクロ経済学で、2つの大きな問題は『インフレ』
と『失業』だ。インフレは総物価水準、つまりさまざまな財の価格の平均を表す
し、失業率は一国全体の数字だからね。」
── でもこの右下がりの曲線に特別の意味があるんですか。
　「このフィリップス曲線から1950年代、60年代のマクロ経済学者たちは、

（a）景気の良いときは多少のインフレは起こっている。
（b）同時に失業率が減っている。

と考えた。これは経験的にそうなっているということだから、必ずしも間違いで
はなかった。しかし、同時に起こっているからといって

第Ⅱ章　経済データと国民経済計算

（c）失業を減らすには多少のインフレはやむを得ない、とか

（d）インフレを起こせば失業率は減る。

と考えるには、少し飛躍があったんじゃないかな。」

── データは因果関係を示しているわけではないということですね。

　「そうだね。この**因果関係**か、それとも単に同時に生じている**相関関係**かは、経済を考えるうえで重要なポイントだね。もともと1960年代はインフレの時代であり、こういったフィリップス曲線のとらえ方はケインジアン的なものだった。

　マネタリストであるフリードマンは従来のフィリップス曲線の捉え方はおかしいと考えていて、1968年に『インフレと失業率には本来は関係がないし、関係があるように見えるのは錯覚で、今後は関係もなくなる』と予告した。実際に予言は的中し、70年代には**スタグフレーション**が起きた。」

── スタグフレーションって何ですか。

　「インフレと失業が同時に起こることだ。フィリップス曲線が示す安定的な関係が崩壊し、（a）から（d）までの主張は疑問視された。」

日本のフィリップス曲線

── 日本の、デフレ期のフィリップス曲線はどうなんですか。

　「名目賃金上昇率とインフレ率を使った両方のフィリップス曲線を示しておこう（図7）。前者は明らかに、4％強のところで屈折している。つまり

- 失業率が4％以下に下がれば、賃金は上昇し、（**労働市場タイト化**の状況）
- 失業率が4％以上となれば、賃金は上がらない。（**ルーズ化**の状況）

　つまり失業率4％が、極めて重要な数字、**自然失業率**と呼んでいい。p.35の図4も参照してほしい。」

── 2022年以前にインフレ率が上がってきた時期は、2006、2007年頃ですね（図6）。

　「第Ⅰ章図3のB点を覚えているかな。それ以前のバブル崩壊後の『失われた30年』には、永らく『**フィリップス曲線のフラット化**』と呼ばれる状況が続いた。短期の景気循環は幾度か生じたが、それをまたいで失業率だけが横に変動し、インフレや名目賃金はほとんど変動しない状況だった。」

図7　物価版・賃金版フィリップス曲線

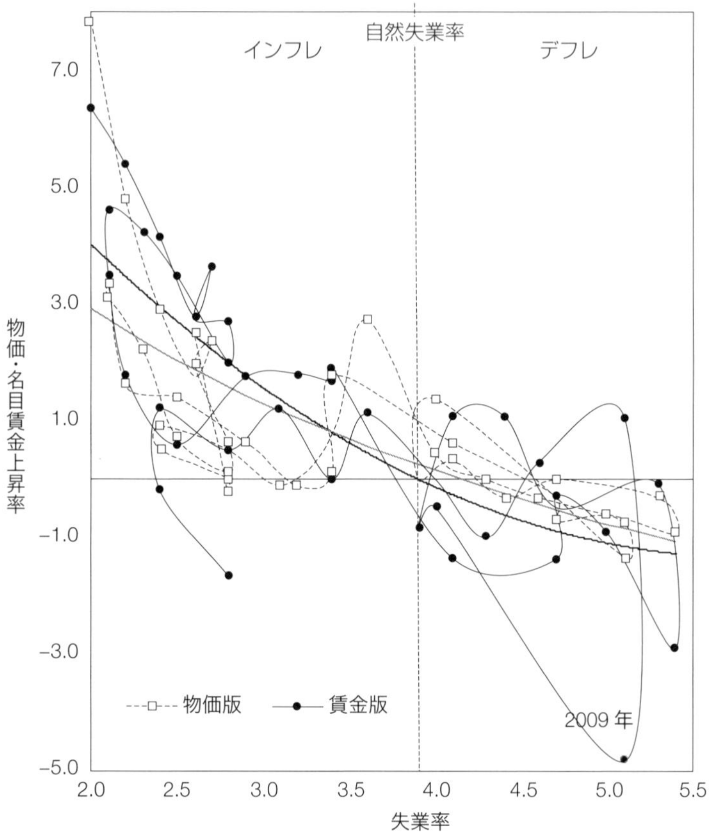

データ出所：総務省、厚生労働省　名目賃金上昇率は毎月勤労統計調査の現金給与総額
（30人以上事業所）より

一人当たりの賃金

　「さて国民経済計算に戻ろう。国内総生産に雇用者報酬が占める割合（**労働分配率**）は景気に若干、逆相関し、50〜55％程度である。50％と考えると労働者一人当たりの雇用者報酬は、一人当たりのGDP480万円の半分だが、雇用者も半分なので、倍にして、やはり480万円。つまりGDPの半分を占める雇用者報酬を先の数字を倍にして480万円程度になる。

　しかし雇用者報酬には雇い主の社会保障負担が２割弱含まれているので、だい

たい380万円程度になる。

● 雇用者一人当たり年収は約380万円

　これはやや少ないと思われるかもしれない。」
── 正規労働者と非正規労働者の違いはどうなんでしょう。
　「この雇用者には非正規労働者も含まれている。非正規労働者は全労働者の1/3
程度だ。毎月勤労統計（非正規労働者はパートタイム労働者と表記）によれば、

● パートタイム労働者の時給は平均1,280円
● 一般労働者の時給は平均3,000円

なので、実際の労働時間も勘案して月収、年収を求めてみよう。

● パートタイム労働者の月収、年収は
　　　　　　　1,280円×80時間＝月収10万円強、年額120万円強
● 一般労働者の月収、年収は
　　　　　　　3,000円×163時間＝月収49万円、年額587万円

　パートタイム労働者と一般労働者の加重平均を求めると
　　　　　　　1/3×120＋2/3×587＝40万円＋390万円＝430万円
であり、先に求めた数字である380万円より少し多くなる。」

Ⅱ-4　現実の景気判断

景気動向指数
　「GDP は国民経済計算によって厳密に算出されるわけだが、四半期に一度だ
し、発表の時期も遅くて２カ月半ほど後にずれてしまう。だから、その場の景気
判断や予測というより、過去はどうだったか最終的確認をする総決算書と言って
きた通りだ。」
── じゃあ実際にはどんな統計が使われるんですか。

図8　利潤増加と資本と労働への派生需要

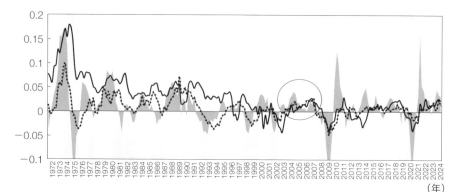

■ 営業利益寄与度　　　不況　　　━ 人件費寄与度　　　・━ 設備投資寄与度

注：企業利潤の増加は少し遅れて設備投資を増加させるが、同時に人件費も増加させる。
＊いずれも付加価値に対して（法人企業統計季報より）

「内閣府が毎月下旬に発表する**景気動向指数**といわれるものが実際の景気判断には使われる。これは景気動向を敏感に反映して動く統計30本（2024年現在）を集めて合成している。」

―― 具体的にはどんな系列なんですか。

「現実の景気より先に動く先行系列には機械受注、マネーストックなど11の系列が、景気の現状を示す一致系列には鉱工業生産指数、電力使用量、商業販売額など10の系列が、遅れて動く遅行系列には完全失業率、家計消費支出、法人税収など9の系列が採用されている。」

―― 『先行』や『遅行』ではそれぞれ、どんな特徴があるんでしょうか。

「採用されている変数を見ると、

- 先行指数では在庫率や株価など『**予想**』を集計する変数
- 一致指数では『**生産**』を巡る変数
- 遅行指数では『**費用**』を巡る変数

が多いことがわかる。」

―― 予想を集計した変数が早いのはわかりますが、生産より費用が遅いことはなぜですか。

「図8が示すように企業利潤を

　　　　利潤＝売上－費用

と分解すると、伝統的な景気変動の理解にうまく対応することがわかる。

[1：初期] 費用はさほど変化しないが、売上が上昇し、**利潤が増大**する。
[2：中期] 利潤増大が**設備投資増大**をもたらし、景気は加速度的に増大。
[3：後期] 景気が拡大するにつれ、賃金や利子など**費用上昇**。またインフレ懸念
　　　　　が生じ、中央銀行が引き締めをはかる。」

── さっきオークンの法則のところで、労働保蔵という概念が『鍵』と言っていたことと対応するわけですね。
　「そうだ。賃金は後払いと考えるとわかりやすい。」
── GDP とはどう対応するのですか。
　「支出面から見た GDP において、投資を設備投資と在庫投資に分けて書き、

GDP(Y)
　　＝消費(C)＋設備投資(I)＋在庫投資＋政府支出(G)＋輸出(X)－輸入(M)

おおむね以下のように考えることができる。

[景気上昇プロセス]
　　　輸出 ⇒ 在庫投資⇒（企業利潤）⇒ 設備投資、（人件費）⇒ 消費」

鉱工業生産指数と日銀短観
── もっと他に良い指標はないんですか。
　「経済産業省が毎月発表している『**鉱工業生産・出荷・在庫指数**』があって、第Ⅰ章図2（p.11）で生産指数をプロットしてトレンドとサイクルの違いを説明した。また第Ⅵ章でもこの指数を使って、在庫の説明を行う。経済指標の多くは『需要面』が中心だが、この指数は『供給面』の速報性に優れている。ただこの指標は毎月の振れが激しいと言われているんだね。」
── もっと気分や実感を表すようなものはないんですか。
　「他に重要な指標は**日銀短観**だ。これは日本銀行が四半期ごとの4、7、10、12月に実施している企業短期経済観測調査の略称だ。生産高などの具体的な数字を聞く『計数調査』もあるが、注目されて大きく報道されているのが、『判断項

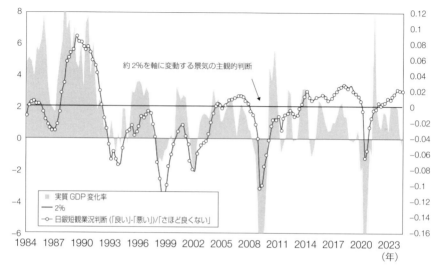

図9 景気の主観判断（日銀短観）と実質GDP変化率

データ出所：国民経済計算・日本銀行

目』だ。これは経営者の景気に対する判断を『良い』『さほど良くない』『悪い』という3つの選択肢から選んでもらうものだ。

そしてそれぞれの答えの割合をパーセンテージで表し、『良い』の数字から『悪い』の数字を引いたのが『業況判断指数（DI）』だ。たとえば、『良い』が50％、『さほど良くない』が30％、『悪い』が20％の場合、50から20を引いて指数は30になる。『悪い』が多ければマイナスになる。」

── 図9は実質GDP成長率と日銀短観の動きを重ね合わせているんですね。

「だいたい実質2〜3％が良いと悪いがバランスするところだ。」

── 実質3％はオークンの法則でも出てきましたね。

「企業の景況が良ければ、ヒトを増やすから失業率が下がる、ということだ。」

── ただ指数は何だか、結構大雑把に作られているんですね。

「そうだね。ただ短観はわかりやすいし、他の指標は景気の『実感』を表すには今一つといったところだ。ただ短観ばかりでなく、他の指標でも言えることだが、組み合わせて判断する、というのが大事だね。」

図10　企業成長のボトルネックは労働・「資金繰り」は克服・常態だった「設備過剰」

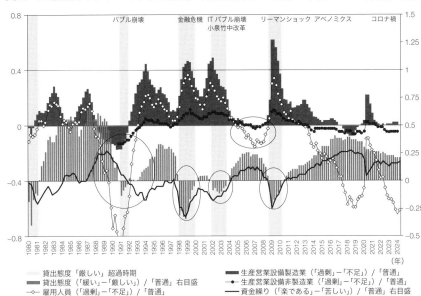

● リーマン時は貸出態度は厳しいが、コロナショック時はそうではない
● 好況期の人手不足観は激しいが、設備不足観はそうではない

データ出所：日本銀行

何が生産に対してボトルネックか

　「日銀短観は業況判断ばかりでなくさまざまな項目で企業へアンケート調査を行っており、マクロ経済や企業の生産で何が**ボトルネック**になっているかが理解できる（図10）。

　たとえば過去のショック時は広範な金融危機時には『資金繰り』や『銀行の貸出態度』は負となって、このとき海外からの資金環流（レパトリエーション）が生じる。同時に円キャリー取引の巻き戻しが広範囲に起こって、ダブルパンチと言うべき『危機時の円高』が毎回生じた。」

―― 何を言っておられるのか、わからないんですけれど。とにかく現在のボトルネックは人手不足なんですね。

　「少し先走りしてしまったね。**人手不足**は解釈は難しい。図5が示すように一人当たりの労働時間は減っているからね。」

―― 高齢化しているから長時間働けないのですか。

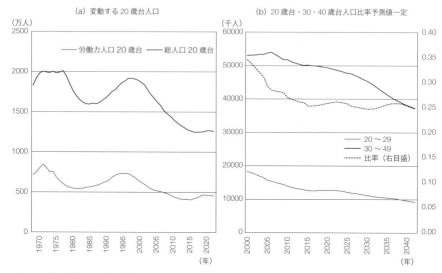

図11 団塊世代と団塊ジュニア：人口のコブ

データ出所：総務省・人口推計

「そういう理由もあるだろう。また特定業種中心のまだら状況とも考えられる。
特に若年層の人数は絶対的に足らないことは重要だ。企業内で上司となるべき中年層（30、40歳台）と若手社員20歳台の比率を見ると、これまで団塊世代と団塊ジュニア世代の2つのコブのため波を打ちながら減少していたが、今後一定値に収束していくことがわかる（図11）。この比率は景気に左右されない構造的なものだ。」

ヒト・モノ・カネと経験法則

「ここまでいくつかのグラフを見てきた。なかでも

[1：ヒトとモノ] GDPと失業率の関係を表す**オークンの法則**
[2：カネとヒト] インフレ率と失業率の関係を表す**フィリップス曲線**

は重要だ。両方とも、いわばデータから生じた経験法則だが、これらの法則はIS-LM分析などの**ケインズ的モデルの基礎**となっている。」
── いろんなデータがありましたね。
「企業の主観的状況を表す日銀短観や、在庫循環図など、マクロ経済のサイク

ル的側面には、それなりのシステマティックな動きがある。グラフをプロットしただけでは変数間の因果関係はわからないことも事実だが、かと言ってこれまでの経験法則を無視して理論を組み立てても机上の空論だ。」

⊙第Ⅲ章⊙ 新古典派のマクロ経済体系

マクロ経済学の2つのとらえ方

「第Ⅱ章で説明した国民経済計算では、マクロ経済における生産・分配・支出の**三面等価**を考えた。資本と労働により『**生産（供給）**』し、賃金や利子に『**分配**』し、消費と貯蓄に『**支出（需要）**』する。この3つの面を基礎としてマクロ経済の循環が生じてゆく。三面等価はデータとして経済の循環をとらえたものだが、この循環の理論的なとらえ方には

- 価格調整によりスムーズに動くと考える**新古典派**的な考え方と、
- 数量調整により悪循環に陥りがちであると考える**ケインズ派**

の2つがある[1]」。

---

1) 両者を「短期」と「長期」の区別でとらえている教科書も多い。もともと経済学ではさまざまな「短期」と「長期」の区別がある。
- **ミクロ経済学**では固定資本の調整が完了する時間は「長期」、されない時間は「短期」、
- **期待形成**については予想と現実が一致するほどの「長期」など、

さまざまな定義がある。だから「長期」とはどのくらい長いんだい？と皮肉を言われたりするほどである。

第1部　基本的枠組

表1　3つの市場と想定の違い

各市場	新古典派	IS-LM 分析
労働市場（ヒト）	• 企業の最適労働需要（古典派の第一公準） • 家計の最適労働供給（古典派の第二公準） • 実質賃金による調整と完全雇用	• 企業の最適労働需要 • 名目賃金率の下方硬直性 • 不完全雇用・非自発的失業を重視
生産物市場（モノ）	• 家計の最適消費‐貯蓄決定 • 企業の最適投資決定 • 実質（自然）利子率による貯蓄・投資の均等化（貸付資金説）	• 所得に依存するケインズ型消費関数 • 需要側に依存する有効需要原理 • IS 曲線の導出
貨幣市場（カネ）	• 貨幣数量説	• 所得と利子率に依存する貨幣需要（流動性選好仮説） • LM 曲線の導出

── ここでは新古典派の考え方から始めるんですね。

「新古典派のマクロ経済学はもともとミクロ経済学を基礎に組み立てられたもので、学習しやすい。さてミクロ経済学の基本はどういうことだろうか。」

── えーと、ミクロ経済学で習ったのは、価格と数量は需要と供給で決まるということでしたね。まとめると

Ⅰ. **価格設定**　競争的な市場において決定された価格を所与とし、

Ⅱ. **供給**　企業は売りたいだけ供給を行い

Ⅲ. **需要**　家計は必要なだけ需要する。

Ⅳ. **市場調整**　供給過多なら価格下落し、需要過多なら価格上昇

つまり築地の魚市場や株式取引のような『せり』市場のようなものです。

「これは**部分均衡**分析の説明だね。一般均衡分析は覚えているかな。」

── あ、一般均衡ですね。すべてがすべてに依存するとか、でしたね。でも数式ばかりで何だか難しかったです。

「世の中にはたくさんの商品やサービスがある。労働市場ではいろんな仕事があるし、生産物市場では食料品や衣料品や住宅などさまざまな市場がある。そういったものをいっぺんに考えるが**一般均衡**だ。ただ、いつもいつも一般均衡を考

えるのは難しい。そこである特定の市場だけを取り出し、**他の条件は一定**で動かないと仮定し、簡便法として**部分均衡**を考えるんだね。」

── 部分均衡の『せり市場』のイメージはわかるんですけど……。

「せり市場というのは普通、1つの財についてせりを行っている。魚だとタイだけだ。ところが一般均衡はタイもイカもタコもいっぺんに考える。

そしてこんなふうにすべての市場をいっぺんに考えるには、**数式**が必要だ。だから一般均衡の特徴は、なんといっても方程式体系で表されることだね。」

── 部分均衡の図というのはやさしくした話なんですね。

「そうだね。いろいろな財・サービスがいろいろな価格すべてに依存するという一般均衡の状態は口では言えないし、図にも描けない。だから数式、方程式体系によって記述してある。」

── これから学ぶ新古典派のマクロ経済体系は一般的均衡分析なんですか。

「もちろんそうだ。個別のミカンの市場だけを考えてもマクロ経済現象の解明にはつながらない。

かといって1つの市場にまとめてしまえば複雑すぎるから、やはり『①労働 N』『②消費財 C』『③資本財 K』の3つに分類して考える。つまりすべてを一人で行うクルーソーから、**分業**の進んだ現実に当てはめ、**生産要素としての労働・資本市場**を独立して新たに考えることになる。この生産要素市場を含むというところが重要だ。」

── 第Ⅰ章図1で習った通り、**家計と企業は3つのやりとり**をするわけですね。

「資本は**物的資本**（工場や機械設備）と④**金融資本**（株式や債券）に分かれ、さらに⑤貨幣 M を潤滑油のように体系に加えてゆく。これら5つの集計変数の関連と市場を、これから考えていくことになる。*IS-LM* 分析のように消費財と資本財を統合して、生産物市場と考える場合も多い。」

── つまり『①労働』・『生産物（②消費財＋③資本財）』・『④債券など金融資本』・『⑤貨幣』ですね。これらの市場は相互連関しているんですよね。

「ここでまず頭に入れておいてほしいことは、相互連関のしかたをどう想定するかで学派が分かれることだ。新古典派のマクロ体系では

第1部　基本的枠組

- 労働市場と生産物市場は、ミクロ経済学でいう一般均衡体系で決まる
　　　　　　　　　　　　　　　実質変数の市場で決まる交換比率
- 貨幣市場は後で説明する貨幣数量説で決まる
　　　　　　　　　　　　　　　名目変数の市場で決まる絶対価格

という特徴がある。表1で言えば2列目の最初と2番目のコラムはひとかたまり
で、2番目と3番目の間に区分線が入る。この分け方を**新古典派の二分法**とい
い、注意点が2つある。

- まず二分法は後で説明するように**貨幣ヴェール観**につながる。そこでは貨幣
  は見えないようで中が透けて見えるヴェールであり、貨幣量の増加は最終的に
  は物価水準の上昇をもたらすことになる。
- 表1で見るように、3列目のケインズ体系では名目と実質の相互連関を重視
  するため、『分け方』が違う。」

Ⅲ-1　新古典派の労働市場観

完全雇用

　「まず労働市場から説明しよう。新古典派の労働市場観はミクロ経済学で学ん
だ部分均衡理論をそのままに考えればいい。」
── じゃあ需要曲線と供給曲線で考えればいいんですね。
　「そうだね。図1を見てごらん。これから各市場ごとに需要、供給、価格を1
つずつ確認していくといいね。簡単にまとめると

- 労働『供給』を行うのは家計であり、
- 労働『需要』を行うのは企業だ。」

── 生産物市場の場合、供給をする主体は企業だから、逆になっていますね。
　「● 需要と供給が交わる交点で『価格』である賃金と『数量』が決定される。

- また失業や人手不足など不均衡が生じれば、賃金がすばやく動いて問題を解
  消するというのがアウトラインだ。」

第Ⅲ章　新古典派のマクロ経済体系

図1　部分均衡的な新古典派の労働市場

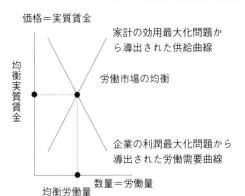

$y=a+bx$ など $y=f(x)$ という一次関数はいくら数学が苦手であっても、覚えているだろう。ミクロ経済学では数量 q は価格 p の関数であり、$q=f(p)$ の式で表される。マーシャル以来の慣例により p は縦軸となっていて通常の y 軸とは逆であることに注意して図を書けるようにしよう。

最適労働供給

「より詳しく見て行こう。ここで労働供給をモデルに導入し、家計の最適労働供給計画を代表的消費財 c と余暇 l からなる**効用**の**最大化問題**で表そう。
——　具体的にはどのように表すのですか。
「効用関数は $u(c,l)$ だ。
[a]　まず消費財を1つに統合し、代表的消費財 c と記述する。
[b]　働かないで寝転がっている『余暇 l』に効用があると考える。
[c]　1日24時間から余暇 l を引くと労働時間 $(24-l)$ になる。
[d]　余暇以外は勤労し、時間当たりの賃金 w を得るとすると収入は $w(24-l)$ だ。
[e]　それを全部、価格 p の消費財 c の購入に充てると予算制約式は

$$p \cdot c = w(24-l)$$

となる。」
——　1日24時間で考えなくてはならないのですか。
「そんなことはない。1年365日のうち何日働くか、1月31日のうち何日働くか、でもかまわない。

第1部　基本的枠組

まとめると問題の数学的定式化は

- 効用最大化問題　　$\max\ u(c, l)$
- 予算制約式　　　　subject to $p \cdot c = w(24 - l)$

となる。予算制約式は書き直して、24時間働くという点が制約になる $p \cdot c + wl = 24w$ と考えると、わかりやすいかもしれない。」

── リンゴとミカンの例とあまり変わらないんですね。

「普通の効用関数の例では、楽しみや満足をもたらす要素は消費財が2つ、たとえばミカンとリンゴが入ると例示する。ここではそれを代表的消費財 c と余暇 l に読み替えて考えればよい。それでは2財の図で図解してごらん。」

── 縦軸は消費財、横軸は労働時間ですか。

「いや、横軸は効用関数の構成要素としての『余暇』になる。図2を見てごらん。これはミクロ経済学でおなじみの**最適消費計画**だ。普通は横軸にリンゴ、縦軸にミカンとなるが、ここでは c と l に代わっただけだね。

予算制約式の傾きが実質賃金率となることは、$c = -(w/p)l + 24(w/p)$ と直して、l の係数 $-(w/p)$ を見ればよい。この図では実質賃金率が上昇すると、余暇も消費財も増えているが、必ずしも余暇が増えるとは限らない[2]。」

── 数式ではどうなるんですか。

「この問題を解くと一階条件、つまり効用が最大化されているときには

- 最適条件　　　余暇 l と消費財 c の限界代替率 ＝ 実質賃金

の条件が成り立つ。これが**労働供給の最適条件**だ[3]。」

考えよう　Ⅲ-1 ● 本文中の定式化で効用関数を $u(c) + v(l)$ と置き、限界効用／価格が均等することを確かめなさい。効用関数を $\log c + \log l$ と置いて、均

2）通常の効用最大化問題における予算制約線 $p_1 c_1 + p_2 c_2 = I$ を書き換えると、$c_2 = -(p_1/p_2)c_1 + I/p_2$ と書ける。傾きは $-p_1/p_2$ であり、$y(c_2)$ 切片は I/p_2 である。

3）ケインズは一般理論において、それまでの経済学と自分の新しい理論を区別するために、自分より古い理論はすべて古典派とあえて呼んでおり、また企業の最適労働需要を**古典派の第一公準**、家計の労働供給の最適条件を**第二公準**と呼んでおり、それを踏襲している教科書もある。ただし『古典派』と『新古典派』は経済学説史的には区別しなくてはならない。

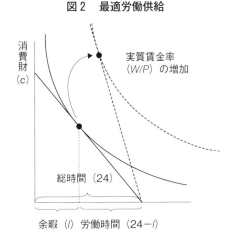

図2　最適労働供給

衡消費量を求めなさい。

「限界」の選択

── なんだ。ミカンとリンゴの限界代替率と価格比が等しいことと同じですね。

「そうなんだね。続けて8時間だと8,000円欲しいけれど、1時間追加されると1,000円じゃ嫌で、1,500円欲しいというような場合はないかい。」

── あるある。あと1時間、余分に働くのがつらいんですよね。

「ミクロ経済学で頻出する**限界条件**というものは大体こういう意味だね。あとちょっとだけ、という『追加』を考えるから、**微分が必要となる**。」

── でもこんなふうな最適労働供給計画は現実的ですか？　これは24時間をどう割り振るかという問題ですけれど、実際には8時間働くか、それとも失業するかどうかの選択肢しかないんじゃないかなあ。

「ここは重要なポイントだね。新古典派の労働供給モデルは農夫が夕日を見ながら、あと1時間余分に働くか働かないかを決めるモデルじゃないか、とからかわれることもある。だから第Ⅳ章で習うケインズ経済学では、労働者は自分で自分の労働量を決められない、つまり失業の可能性があると仮定するんだ。

でも、だからと言って、長い目で見れば実質賃金に人々は全然反応しないで労働供給を増やさない、というわけではもちろんない。パートタイマーや年金を貰っている人たちは税や年金制度に敏感に反応することが良く知られているね。」

第1部　基本的枠組

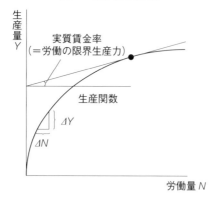

最適労働需要

「次に**企業の最適労働需要**だ。新古典派の労働需要の考え方は、生産関数を基礎とした代表的企業の利潤最大化から導出される労働需要曲線に集約される。

$$\max\ PY - WN \tag{1}$$

P：生産物価格　Y：生産量　W：賃金　N：労働量

ここで生産関数 F は $Y=F(N)$ とおいて、労働量 N のみが生産要素とする。」
──資本 K はどう考えるんですか。

「とりあえず一定値とおいて（$K=\bar{K}$）、労働量 N と資本 K を生産要素とする生産関数 $Y=F(N,K)$ の短期のケースと考えても良い。

この企業の利潤最大化問題の一階条件は

$$PF'(N) = W \tag{2}$$

だね。この条件式の左辺の F' というのは微分を表している。図3で N を『**あと少し増やす**』場合（$N+\mathit{\Delta} N$ で表すこともある。なおここで、$\mathit{\Delta}$（デルタ）は少しの増分を表す記号である）、生産物 Y の増分 $\mathit{\Delta} Y$ はどのくらいかという意味だ。

このように経済学では『追加的な増分』を考えるので、微分、つまり微小な増分が重要と考える。この $\mathit{\Delta} N$ を無限に小さくしたものが以下の微分の定義だ。

数学トピックス ◆ 企業の利潤最大化

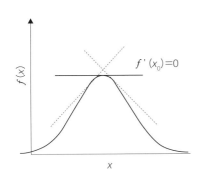

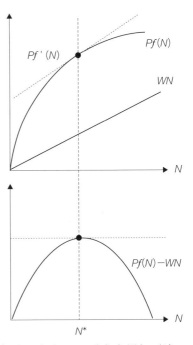

　左側の図で、釣り鐘型の関数 $f(x)$ の最大値を考えてみよう。ここで接線を $f(x)$ 上のさまざまな点で引いてみると、ちょうど $f'(x)=0$ となる点 x_0 で最大値となっていることがわかる。つまり $f'(x)$ が正ならば、点 x の近くで傾きが正、すなわち x が増加（減少）するときに、$f(x)$ も増加（減少）している。

　さて微分による最大値の求め方を、企業の利潤最大化問題に即して考えよう。右側の図の上側には、売り上げ（$Pf(N)$）と費用 WN が描かれている。下側の図では利潤（$Pf(N)-WN$）が描かれていて、その最大値が単一の生産要素 N で微分した点となっていることがわかる。

　なお $f'(x)=0$ であっても必ずしも最大値とは限らない。ちょうど $f(x)$ を上下逆にしたような関数では逆に x_0 は最小値となるし、上がったり下がったりする関数の場合は $f'(x)=0$ となるような点は多数ある。それゆえ x のような $f'(x)=0$ となる点を**極値**と言うが、これでは最大値であるか最小値であるかはもちろん、極値の近くで一番大きい、つまり**極大値**であるかあるいは**極小値**であるかすらわからない。判定するためには**二階の条件**が必要である。

第1部 基本的枠組

$$\lim_{\Delta N \to 0} \frac{\Delta Y}{\Delta N} = F'(N)$$

つまり限界生産物は労働量をあと少しだけ増やしたときに生産物 Y はどれだけ増えるかというものだ。」

── これはミクロ経済学で習いましたね。

「そうだね。たとえば、1つの機械を5人で動かしていたとする。このときもう1人雇う。そうすると、もう1人の働き分からの限界生産性は逓減していく。そこで限界生産物は $F(N)$ という曲線の傾き $F'(N)$ に等しく、競争的市場では実質賃金と等しくなる。」

新古典派における失業とは？ 自発的失業と非自発的失業

「このように需要側、供給側の条件を説明したから、いよいよ市場均衡だ。

● 賃金を所与として、家計がどのくらい働きたいかを表す労働需要関数（曲線）
● 賃金を所与として、企業がどのくらい雇いたいかを表す労働供給関数（曲線）

が描かれる。もし時給1,000円なら、労働者は何時間働くか、そして時給1,500円なら何時間働くか、を表しているのが労働供給関数だ。賃金という『条件付きの数量予定表』が、需要関数・供給関数になる。

ここで労働市場の均衡条件は労働需要＝労働供給だが、そのとき与えられた均衡賃金のもとで働きたい人がすべて雇用され、また企業側からみても、雇用したい労働者はすべて雇用できる状態が『**完全雇用**』だ。」

── じゃあ完全雇用は失業率がゼロということですか。

「完全雇用を文字通りに受け取る必要はない。仕事探しをしている人もいる。」

── 兄の知り合いは会社をやめて、職探しに専念しているんですけど、これは失業って言うんですか？

「こういう人は**自発的失業**と言って新古典派的な失業のとらえ方だ。失業者とは仕事探しを自発的に選んでいる最中の労働者ではないか、という発想だ。たとえば就職活動をして就職できなかったとすると、普通はかわいそう、と思うよね。しかし、新古典派にいわせればそれは自発的な失業だ。そんなに働きたいなら、一生ファースト・フードのお店でアルバイトをして暮らせばいいじゃないか、ということになる。

第Ⅲ章　新古典派のマクロ経済体系

これに対し、第Ⅵ章で考える**非自発的失業**はケインジアン的な考え方だ。普通に考える失業のことで、職がない、雇ってくれない、といった状況だ。現在のモデル分析では確率的な状況での仕事探しを考える傾向にあって、自発的失業と非自発的失業の線引きは簡単ではない。この点は第Ⅳ章でもう一度考えよう。」

頭の体操 ● 労働が喜び、消費は苦しみであるとすると、新古典派の労働市場モデルはどのように変更しなくてはならないか考えてみよう。

Ⅲ-2　新古典派の生産物市場観

「労働市場はすんだから、次に生産物市場を考えよう。新古典派的には需要と供給が一致するように実質価格が伸縮的に動く、と考えればいい。」
── じゃあ、簡単ですね。
「問題はそれだけじゃない。生産のうち現在の消費をどのくらい、そして家計の貯蓄や企業の投資はどのくらいにするかがマクロ経済学の最重要問題だ。」
── 労働市場のように需要・供給・価格で説明できないんですか。
「第Ⅰ章でクルーソーの寓話を説明した。そこで企業の資本財需要は投資だ。価格である利子率が低ければ低いほど**投資**は増加すると考えられる。一方、家計の資本財供給は**貯蓄**だ。利子率が高いほど供給は増加するかもしれないね。
この投資と貯蓄は大事な点だから、もう少し詳しく説明することにしよう。」
── 第Ⅰ章での孤島の状況では、クルーソーがリンゴや小麦を食べないでタネまきのために、取っておくことは『投資』であり『貯蓄』でもありましたね。
「そうだ。あの場合、両者に区別はない。しかし現実の複雑な経済では、

- [**資本供給**] 家計は貯蓄を銀行に預け、そして
- [**資本需要**] 企業は銀行から資金を借りて、新規機械導入や工場拡張など設備投資を行う。

このように貯蓄と投資の間には、現実には金融がある。資金に余裕がある人から、より資金を必要とする人へ、資金を融通することが文字通り**金融**だ。

- 家計が資産を運用しようとお金を銀行に預金すると**間接金融**になるし、一方で

第1部　基本的枠組

数学トピックス ◆ 現在価値・等比数列と資産価格

　100円を銀行に預けると名目利子率が1割ついて、来年には110円になる。110円になることがわかっているから現在の100円と1年後の110円とは同じ価値である。これが**現在価値**の考え方である。つまり現在の P 円（100円）は利子率 r（1割）のもとでは、将来の A 円（例では110円）に等しい。$P(1+r)=A$ を書き換えると $P=A/(1+r)$ になる。

◆ コンソル債の価格

　コンソル債とは元金を償還しない代わりに毎期 d 円の利子収益を永遠に保証する債券だ。英国の代表的な国債で、計算や説明が容易なためよく例として使われる。その価格 P は毎期の収益 d のフローの割引現在価値に等しい。利子率を $r(0<r<1)$ とすると、初項は $d/(1+r)$ であり、公比は $1/(1+r)$ の等比数列としてコンソル債の価格 P が表される。

$$P=\frac{d}{1+r}+\frac{d}{(1+r)^2}+\frac{d}{(1+r)^3}+\cdots\cdots=\frac{d}{1+r}\left[\frac{1}{1-\dfrac{1}{1+r}}\right]=\frac{d}{r}$$

◆ 等比数列と等比級数

　数列 $a(n)$ が、任意の自然数 n に関して $a(n+1)=r\cdot a(n), a(1)=\bar{a}$ を満たすとき、それを等比数列と呼ぶ。r は公比、$\bar{a}$ は初項と呼ぶ。

(i)　等比数列の第 n 項までの和：初項が a、公比が r である等比数列 $a(n)$ の第 n 項 $a(n)$ は $a\cdot r^{n-1}$ である。この数列の第 n 項までの和を $S(n)$ は

$$S(n)=a+a\cdot r+a\cdot r^2+\cdots+a\cdot r^{n-1}$$

であり、まず $r=1$ のときは $S(n)=an$ となる。そして $r\neq1$ のとき、$S(n)-r\cdot S(n)$ を計算すれば、$(1-r)S(n)=a(1-r^n)$ となって以下の式になる。

$$S(n)=a(1-r^n)/(1-r)$$

(ii)　無限項の等比級数の和：(i)の等比数列 $(a(n))$ の無限項の和 S は $|r|<1$ の場合を等比級数という。この等比級数の和 S は、(i)で求めた等比数列の第 n 項までの和の公式で、r^n は $|r|<1$ で n が無限大の場合 0 になるから、以下のように求められる。

$$S=a+a\cdot r+\cdots\cdots+a\cdot r^{n-1}+\cdots\cdots=\frac{a}{1-r}$$

第Ⅲ章　新古典派のマクロ経済体系

図4　間接金融と直接金融

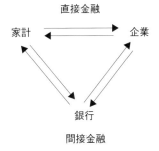

- 直接、企業の株式を買えば**直接金融**

となる（図4）。つまり、家計という資金の出し手（貯蓄）と企業という資金の取り手（投資）の間に市場、つまり生産要素市場である資本市場が生成されて、その価格は利子率となる。

　銀行を入れて考えると複雑になるので、本章ではまず直接金融で考えよう。」

家計の貯蓄

── じゃあ資本にも最適資本供給や最適資本需要があるわけですね。

　「もちろんそうだ。それじゃあ、ちょっと面倒だが、家計の貯蓄（資本供給）を数式で考えてみよう。ここで

- 家計は現在（若年期）と将来（老年期）の2期間だけ生きると仮定し
- 家計の現在の消費を c_t、将来の消費を c_{t+1} として、
- **効用関数**を $u(c_t, c_{t+1})$ と表す。

　つまり $u($リンゴ、ミカン$)$ のように $u($現在の消費、将来の消費$)$ と書いているわけだ。」

── 次に**予算制約式**ですね。

　「現在に Y_t 単位の、将来に Y_{t+1} 単位の収入があるとする。そうすると

- 現在の予算制約式は貯蓄を S として

第1部　基本的枠組

$$Y_t = c_t + S \tag{3}$$

● 将来の予算制約式は利子率を r として、貯蓄の分を収入に加えて

$$c_{t+1} = (1+r)S + Y_{t+1} \tag{4}$$

となる。貯蓄 S を消去すると

$$c_t + \frac{c_{t+1}}{1+r} = Y_t + \frac{Y_{t+1}}{1+r} (\equiv Y) \quad （家計の予算制約式：5）$$

が得られる。将来の変数を $1+r$ で割る（『割り引く』という）理由は、数学トピックス（p.62）を見てほしい。

まず図5の最適消費計画の図で説明しよう。

● 予算制約線は(5)式を書き換えて、$c_{t+1} = (Y - c_t)(1+r)$ となり、
● 効用関数の図解として、現在の消費と将来の消費の無差別曲線が描ける。

無差別曲線と予算制約線の接するところが、最適消費計画のポイントだ。
ミクロ経済学では以下のことを習ったはずだ。
● 所得の増大効果は予算制約式が右上方にシフトすることで表される。
● しかし利子率の増大効果（予算制約式の勾配が変化する）は所得効果と代替効果のどちらが大きいかわからない。」
── 結局、ミカンとリンゴのように、『まんべんなく』消費するんですね。

「そう、『**まんべんなく**』がミクロ経済学の最適化のポイントだ。若いときに稼いで、年を取っても豊かに暮らすため貯蓄することは、時間を通じてまんべんなく消費をするということだ。この点は消費のライフサイクル仮説でも学習する。」

計算で確かめる最適消費計画

── 図ではそうなりますけれど、計算ではどうなるんですか。

「それでは効用関数を対数を使って $u(c_t, c_{t+1}) = \log c_t + \beta \log c_{t+1}$ と定式化してみよう。$\beta = 1$、$r = 0$ と置くと、$c_t = c_{t+1} = Y/2$ となる。貯蓄 S は $(Y_t - Y_{t+1})/2$ となる。

図5 貯蓄決定

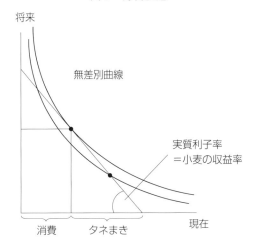

考えよう Ⅲ-2 ● $u(c_t, c_{t+1})=u(c_t)+\beta u(c_{t+1})$ と置き、$\beta(1+r)=1$ のとき $c_t=c_{t+1}$ という結果を導出しなさい。

「上の『考えよう』を計算すると、

$$u'(c_t)=\beta(1+r)u'(c_{t+1})$$

が成り立つ。これが**オイラー方程式**であり、対数効用関数を仮定すれば、

$$c_{t+1}=c_t\beta(1+r)$$

さらに両辺を対数近似して[4]

$$(c_{t+1}-c_t)/c_t=\log\beta+r$$

であり、『消費の成長率は利子率に比例する』ことがわかる。」
── 利子率が高い時は、消費の成長率も高いということですね。

---

4) 対数を取って差分を取る（あるいは時間で微分する）と変化率になる。この意味は後にテイラー展開を使って考えることができる。
$\log(x)-\log(y)\approx(x-y)/y$
なお自然対数の底 e（後述）を底とした対数 $\log_e x$ を $\ln x$ と表記することがある。

第1部　基本的枠組

「ここのところが後々大事になってくる。」

企業の投資需要

「次に企業の資本（投資）需要だ。生産関数を $F(N,K)$ と置くと、利子率を r、資本ストックを K として、

$$\max \ PY - WN - rK \tag{6}$$

　この**企業の利潤最大化問題**の一階条件は、偏微分が必要だが、先の最適労働需要を表す（2）式に加えて、最適資本需要を表す

$$P \cdot MPK = r \tag{7}$$

となる。ここで MPK は資本の限界生産物だ[5]。」

── 利子率の高低に制約されるということですね。

「利子率と資本の収益率とは等しいことを、クルーソーの寓話に戻って解説すると、タネを蒔いて、どのくらいリンゴがなるかを表す数値が資本の限界生産物 MPK だ。つまり、利子率が低ければ、限界生産物が低いところまでリンゴ生産企業はたくさんタネを蒔くことになる。」

考えよう　Ⅲ-3 ● 資本の収益率が上昇した場合、消費者の最適消費計画はどう変化するか説明しなさい。

マクロ経済の循環と貯蓄・投資

「以上で労働と資本という、生産要素市場の分析が終わった。」

── 新古典派では価格調整がスムーズに動くということでしたね。

「家計と企業の3つのやりとりに即して考えると、生産物価格 P を1と基準化して、賃金と利子率が需給を調整するということだ。

　さてマクロ経済の全体の循環がどうなるかをまとめよう。まず完全競争企業の

---

5) **多変数関数**の場合、変数 x や y など1つの変数だけ微小に増加した場合、**偏微分**といって x だけ、あるいは y だけの変化を考え、$\partial f / \partial x$ などのように表記される。x で偏微分するためには、変数 y を定数と見なして x で微分すれば良い。

第Ⅲ章　新古典派のマクロ経済体系

生産関数 $Y＝F(N, K)$ は収穫一定で一次同次の場合を考えよう。

● [A] 実はこの収穫一定の生産関数の場合、

$$F(N, K)＝MPN×N＋MPK×K＝WN＋rK$$

が成り立つ。この式は何を意味しているか、というと、

[a] まず数学的なオイラーの定理により最初の等式が成立する[6]。
[b] 労働需要の最適条件により、労働の限界生産力 MPN（生産関数を N で偏微分したもの）は賃金 W に等しい。
[c] 資本についても最適条件は資本の限界生産力 MPK が利子率 r に等しい。
[d] [b] と [c] により、二つめの等式が成り立ち、労働生産物 $F(N, K)$ は生産要素の保有者に完全に分配される、

つまり生産物の代金は賃金総額 WN と利子総額 rK に分けられることになる。」
―― 生産要素市場が完全競争にあり、生産関数が収穫一定ならば自動的に収益は労働者と株主に分配される、ということになるわけですね。
　「次の問題は

● [B] 生産要素 N と K は家計がすべて保有していると考えると

$$WN＋rK＝Income$$

先のクルーソーの場合に組み入れて考えると

$$\underset{[生産]}{Y＝F(N, K)}＝\underset{[要素分配]}{WN＋rK}＝\underset{[収入]}{Income}＝\underset{[消費]＋[貯蓄]}{C＋S}$$

が成り立つ。つまり企業と生産要素市場が存在しても、企業の生産物は生産要素市場を通じて、すべて家計の収入となり、そして収入が消費と貯蓄に分けられるから、クルーソーの場合と同じく、生産物を消費と貯蓄・投資に分けることにな

――――――――――

6) $f(tx)＝t^k f(x)$ のような式が成り立つとき、$f(x)$ を **k 次同次関数**という。たとえば予算制約式は価格ベクトルに関して 0 次同次であり、生産関数は 1 次同次であると仮定することが多い。**オイラーの定理**とは関数 $f(x)$ が 1 次同次の時 $f(x)＝\dfrac{\partial f}{\partial x_1}x_1＋\cdots\cdots＋\dfrac{\partial f}{\partial x_n}x_n$ が成り立つことである。

第1部　基本的枠組

る。国民経済計算における三面等価の背景ともなっている。」

── 3つのやりとりが完成したわけですね。

　「そういうことだ。ただこのプロセスが円滑に進むためには、2つの相対価格である実質賃金と実質利子率の調整能力が大切になってくる。

　ここまでが新古典派のマクロ体系の実物市場を扱う**前半部分**だ。」

考えよう　Ⅲ-4 ● コブ゠ダグラス型関数はさまざまな便利な特性を持つことが知られています。$Y = AL^{1-\theta}K^{\theta}$ のとき、利潤最大化する企業の労働分配率（WL/Y）は一定であることを確かめなさい。

頭の体操 ● 実質利子率が高止まりの場合、経済はどのような事態に陥るか考えてみよう。

頭の体操 ● 子どもは幼児の時には可愛い存在として「消費財」、大人になってからは仕送りをしたりしてくれる「資本財」としてとらえられます。ここから途上国の人口爆発や、先進国のペットブームを考えてみよう。

Ⅲ-3　貨幣とは何か

　「労働市場、生産物市場がすんだから、次は貨幣について考えてみよう。この節では新古典派・ケインズ派という学派間の違いにとらわれず、一般的な貨幣についての議論を考察することにする。

　まず貨幣には次の区別がある。

[A] 社会の構成員すべてが使うことによる便益、**貨幣の社会的機能**（価値尺度機能・交換手段・富の貯蔵手段）

[B] 個人がなぜ貨幣を需要するかを考え、**私的なインセンティブ**（動機）に基づく貨幣の（取引・予備的・投機的）**需要動機**だね。」

── この区別はなぜ必要なんですか。普通の消費財には区別はないですよね。

　「いいところに気がついたね。普通の消費財、たとえばリンゴは食べたらおいしいとか、財それ自体に効用があるよね。他人がどう思おうと関係ない、自分一人で満足すると考えればいい。

第Ⅲ章　新古典派のマクロ経済体系

数学トピックス ◆ 数式で考える新古典派

　新古典派のマクロ経済体系を一口でまとめると

**　　ミクロ経済学の（生産要素市場を含んだ）一般均衡+貨幣数量説**

です。前半の一般均衡は少し複雑ですが、より一般的な以下の消費者の効用
最大化問題を考えると、まとめて理解できます。

$$\max \ u(c_{1t}, c_{2t}, l_t, c_{1t+1}, c_{2t+1}, l_{t+1})$$
$$\text{s.t.} \ \ p_{1t}c_{1t} + p_{2t}c_{2t} + (p_{1t+1}c_{1t+1} + p_{2t+1}c_{2t+1})/(1+r_t) = I_t + I_{t+1}/(1+r_t)$$

　この問題の部分部分を考えると、まず

● リンゴ c_1 とミカン c_2 の最適な組合せを選ぶ消費財の選択問題は

［１］　$\max \ u(c_{1t}, c_{2t})$　s.t. $p_{1t}c_{1t} + p_{2t}c_{2t} = I_t$

です。ミクロで最初に学習するように、価格比 p_{1t}/p_{2t} はミカンを１つ犠牲
にして、リンゴがどのくらい得られるか、を示すわけですね。

　次は消費財を１つにまとめて、所得 I_t を考える、

● 余暇 l と消費財 c の最適な組合せを選ぶ労働供給問題で

［２］　$\max \ u(c_t, l_t)$　s.t. $p_t c_t = I = w_t(24 - l_t)$

で価格比 w_t/p_t は余暇 l_t を犠牲にして、どれだけ消費財を購入できるかを表
す実質賃金です。

● 現在の消費 c_t と将来の消費 c_{t+1} の最適な組合せを選ぶ貯蓄決定の問題は
生産物価格を１と基準化して

［３］　$\max \ u(c_t, c_{t+1})$　s.t. $c_t + c_{t+1}/(1+r_t) = I_t$　（あるいは $p_t c_t + p_{t+1}c_{t+1} = I_t$）

と表され、価格比 $(1+r_t)$ は現在の消費を犠牲にして、どれだけ将来の消費
を拡大できるかを表す実質利子率（現在の財と将来の財の価格比 p_{t+1}/p_t）
です。現在の１単位を犠牲にして将来１単位の消費財を得る債券の現在価値
$p_t = p_{t+1}/(1+r_t)$ を考えることから理解できます。

　でも貨幣は違う。貨幣は本来は貨幣それ自体が効用を与えてくれる存在ではな
い。他人の持っているリンゴと交換を円滑に進めることができるから、貨幣に効
用があるという意味で、**貨幣が与える効用は間接的なもの**だと言われる。」
── でもお金を貯めること、それだけが生きがいの人っていないかしら。

第1部　基本的枠組

「うーん、そういった側面も否定できないと主張する人もいるけれど、ここでは貨幣の与える効用は間接的なものと考えよう。

まずリンゴを買うとき、他人が貨幣を受け取ってくれるのかどうかが問題となってくる。この『受け取ってくれる』という性質を**一般的受容性**というんだ。」

── ちょっと抽象的ですねえ。

「他者が理解しなければ意味がない言語と同じように、貨幣も他人が受け取ってくれなければ意味がない。ここに『**貨幣は言語である**』と言われる理由があるし、通常の財と異なる性格がある。さっき貨幣には社会的機能と需要動機の区別があると言ったけど、貨幣はその社会的機能があって始めて、個人に需要されるものであり、その逆じゃない。

逆に言えば通常のリンゴやミカンのような財には社会的な機能はないが、個人が需要するので価値が生じる。しかし貨幣はそうじゃない。」

── そうですね、紙切れのような貨幣をなぜ他人は受け取るのか、ってことを考え出したら難しいですね。

「端的な答えは法律により受け取らなければならない**法貨**である、ということだ。」

── たしか１円玉は20枚までしか受け取らなくてもいいんですよね。

「この法貨という性質を重視する学派もある。権力を持つ側が貨幣の流通を強制した事例は歴史上多数あるけれど、強制のみで貨幣が流通するとは限らないね。2,000円札だって流通していないだろう。

よく『**貨幣への信認**』と言うけれど、『**権力が供給**』した貨幣を『**民間が需要**』するという需給両側面を考察することが必要だね。政府が『商品券』やポイントを配布することがある。このポイントを受け取ってくれるのは政府のキャンペーンに参加したお店だけだ。だからポイントは法貨とは言えない。」

貨幣の社会的機能［１］：価値尺度

「さて貨幣の社会的機能を学習しよう。普通、**価値尺度機能・交換手段・富の貯蔵手段**の３つが考えられている。」

── そう言われても、何だかピンとこないんですけど。

「貨幣の３つの社会的機能を理解するためには、『もし貨幣が存在しなければ、どんなふうになるか』『どんなに不便になるか』を考えればいいね。

第Ⅲ章　新古典派のマクロ経済体系

　まず第一の**価値尺度**だけど、貨幣を単位としてリンゴやミカンは『何円』と表されるという意味だ。n 個の財が取引されている経済でもし価値尺度がなければリンゴとミカンの相対価格やミカンとバナナの相対価格など、すべての交換比率をいちいち計算しなくてはならない。相対価格の総数は組合せの公式を使って $_nC_2 = n(n-1)/2$ と計算できる。ところが貨幣のような価値尺度があれば $n-1$ 個の計算をすればいいから、とても簡単になる。」

── あまりイメージが湧かないんですが……。そんなに不便ですか。

　「国際為替市場ではさまざまな通貨の交換比率を知るために膨大なクロス・レート表が必要となるが、ドルが**基軸通貨**として計算単位となっているよね。」

── そうですね。空港なんかじゃよく表示してありますね。

　「だからこの場合、ドルを貨幣の中の貨幣と考えればいいわけだ。実際にドルは決済通貨として多用されており、価値尺度として使われる理由は、次に説明する交換手段としての機能があるからだ。」

貨幣の社会的機能［2-1］：交換手段 物々交換経済との対比

　「第二の交換手段機能は、新古典派経済学では最も重視される機能だ。この機能を理解するために貨幣の存在しない経済として

　(1)　すべての取引が貨幣を使わず物々交換でなされる経済と

　(2)　逆に信用でなされる経済

を想像してみよう。

　まず物々交換経済の最大の問題点以下にまとめられる。

自分の欲しい財を探すだけではなく、その欲しい財を持っている人の中で自分の持っている財と交換してくれる取引相手を探さなくてはならない。」

── ややこしいですね。もう一度ゆっくり言ってくれますか。

　「リンゴを持っている人がミカンが欲しい場合、ミカンを持っているだけの人では駄目で、ミカンを持っていて、なおかつリンゴが欲しい人を探さないと物々交換は成立しないという意味だ。」

── なるほど。それは難しいですね。

　「18世紀の英国の経済学者ジェボンズはこの点を**『欲望の二重の一致』**と呼ん

第1部　基本的枠組

だ。この貨幣の交換手段機能があるから物々交換のために探し回るサーチ費用を節約できる。

　物々交換はとても不便だから、実際に貨幣が『発明』されることだってある。第二次世界大戦中のドイツの捕虜収容所では、配給されるタバコが交換手段となって、捕虜同士のシャツや本の交換に使われたことは有名なんだ。」

貨幣の社会的機能 [2-2]：交換手段 信用との対比

　「ここまでは貨幣がなぜ物々交換より有利なのかという説明だが、なぜ『信用』で代替できないのか、という問題のほうが、現実のマクロ経済では、より重要だ。」

── 信用って言うと……。

　「約束と言ってもいいかもしれない。たとえば、私的な借金証文を考えてみよう。お金を借りた、と書いた紙切れをもらっても、信用できるかどうかわからないよね。」

── 約束が守られないという意味ですか。これは**モラルハザード**かな。

　「そうだね。こんな紙切れは知らないと言われるかもしれないからだね。

　よくゲームの点数をマッチ棒で数えたりするが、あまりに負けが込んだ人は賭け金を支払わずに逃げてしまうかもしれない。

　つまり**信用取引**では契約を結ぶ前にいちいち信用できるかどうか確かめなければならないし、その後も約束は守られるかどうか、監視しなければならない。とかく『信用』にはモラルハザードの問題が付きまとうわけだね。しかし貨幣で前払いしてもらえば、いちいち確かめる必要はない。」

貨幣の社会的機能 [3]：価値の保蔵手段

　「さて、第三番目だ。価値の保蔵手段としての機能は伝統的にケインジアンが重視するものだ。ただ、もし債券や株式など他の金融資産があるなら、なぜ貯蓄をするのに**利子の付かない貨幣**でもたなければならないのか、という問題を考えなければならない。」

── うちのおばあちゃんなんか、銀行はあてにならないとかいって、タンスの中にお金を貯めているらしい。

　「多分おばあさんは、とっさの時にお金がないと困る、と心配しているんだろ

72

う。そう考えると、貨幣が他の資産より優れている特性は貨幣の**流動性**だね。」

── 流動性って、わかるようでわからない言葉なんですが。

「流動性は交換のしやすさを表す言葉だ。土地や絵画、骨董品などの資産はそのまま交換に使うことは難しい。だから、流動性が低いと言う。具体的には**換金性**と言い換えて土地の換金性は低いと言うとわかりやすくなる。しかし貨幣の換金性が高いという言い方は言葉が二重になってしまっておかしい。そこで流動性というわけだ。

貨幣の価値貯蔵手段としてのストック機能は、誰でも受け取ってくれるという貨幣の交換手段としての機能がここでも前提だと考えられるね。」

貨幣の需要動機：取引動機と投機的動機

「個人がなぜ貨幣を需要するのか、貨幣の需要動機を考えよう。」

── まず貨幣を需要する、というのはどういうことなんですか。

「一番簡単な例は『財布の中にどれだけお金を入れておくか』ということだ。現在では貨幣で財・サービスを買うといっても、いろんなキャッシュレス決済手段がある。しかしそれらは第Ⅷ章で学ぶことにして、ここでは現金だけをイメージしよう。

貨幣の保有動機として、通常はケインズが挙げたように、

(1) 取引のために貨幣を前もって保有しておくための**取引動機**

(2) 不意の事故や病気のための**予備的動機**

(3) 資産選択の1つの選択肢としての**投機的動機**

の3つを考える。」

── 数式ではどのように表すのですか。

「貨幣需要を物価で割った比率で表す場合、**実質貨幣需要関数**という。3つの動機があるが、数式上の2つの決定要因は実質利子率 r と実質産出量 Y だ。

$$\frac{M^d}{P} = L(\underset{-}{r}, \underset{+}{Y}) \qquad \text{［実質貨幣需要］}$$

と書く。L は Liquidity（流動性）の頭文字を表している。」

── 物価がどうあろうと、財布の中に5,000円入れておくと名目値を決めておく

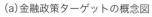

図6 貨幣需要関数と政策ターゲットの概念図

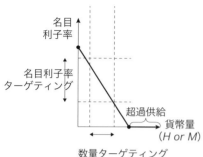

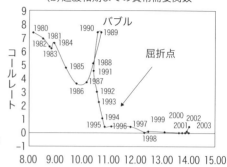

のはどうですか。

「そういった行動が考えられないことはない。これは名目値を決めるわけだから、**名目貨幣需要** L_n となり、名目利子率を i と置いて

$$M^d = L_n(i, PY) \qquad \text{[名目貨幣需要]}$$

と書く場合もある。第Ⅷ章でも学ぶように金利が高いと貨幣需要は少なく、現実にも右下がりの需要曲線が図6のように成り立つ。

しかしジュースが150円の時の財布の中に入れておくお金の分量と、150万円の時の分量は違うだろう。だから物価水準 P で割って、実質貨幣需要を考える場合が普通だ。

決定要因を分割し、

- (1) は実質産出量 Y に依存して決まる**取引需要** $L_1(Y)$
- (2) と (3) は実質利子率 r の影響も受ける**流動性需要** $L_2(r)$

として $M^d/P = L_1(Y) + L_2(r)$ と表されることもある[7]。」

―― これはさっきの3つの貨幣の社会的機能とどのような関連があるんですか。

「これはあくまで社会的な機能を前提としたものだね。一概には言えないんだ

けれど、(1) は交換手段に対応し、(3) は富の保蔵手段、(2) は (1) と (3) の中間に位置するんじゃないかな。」

── 価値尺度機能は考えないんですか。

「その質問は良いポイントを突いている。価値尺度機能はそれを使って数えるという機能だから、抽象的な計算の単位があればよく、貨幣の『現物』が財布の中にある必要はない。だから個人の貨幣需要動機には含まれない。」

貨幣の「商品券」としての直観的説明

── 貨幣需要をお札を財布の中にどれくらい入れておくかと考えると、わかるような気がしますが、貨幣供給はどうでしょう。

「貨幣供給の直観的説明として、日本というデパートの『商品券』と考えるとよい。」

── 商品券は期限がありますよね。

「それは面白い質問だ。デパートとしては早く使ってほしいから、商品券に期限を定めるが、政府が貨幣を発行する場合は期限付きは難しい。逆に資産や証券など購入するとおまけのポイントが付く場合もあるね。」

── 早く使ってほしくないのかしら。

「商品券といっても資産運用の手段となっており、おまけのポイントは利子の役割を果たしている。ここが紛らわしいところなんだが、

● 他の金融資産があり、それらとの代替関係を考える狭い意味での貨幣、現金などを考える場合は、**利子率が貨幣需要に負の影響**を与えると仮定する。
● ただし開放マクロ経済学ではもう少し貨幣を広くとらえ、特定のＡ国での利子率はＡ国の貨幣保有に**正の影響**を与えると仮定されることが多く、

利子と貨幣保有の関係の想定には注意が必要だ。」

7）いわゆる**ボーモル-トービンの現金管理アプローチ**では、銀行から現金を引き出すのに時間がかかるなど、追加的現金保有に固定費用が必要なら、取引動機のみでも、貨幣需要は利子率に依存することを示している。

第1部　基本的枠組

Ⅲ-4　貨幣数量説と新古典派の貨幣市場観

貨幣に対する新古典派の基本的な考え方

「それでは、貨幣をマクロモデルに導入する方法を説明しよう。

繰り返しになるが、新古典派の基本的な考え方は、

- まず実質体系や交換比率はミクロ経済学で学ぶ**一般均衡体系**で決定されているから、言ってみれば大きな取引所で交換がすんでしまったあとで、できるだけミニマムな形で貨幣を導入するというものだ。
- そこで名目体系は今から説明する『**貨幣数量説**』により決定される。

こういった考え方を『**貨幣ヴェール観**』あるいは名目と実質の『**二分法**』と呼ぶのは最初に言った通りだ。」

── でもそれでいいんですか。

「とても大きな取引所に皆が集まって、何もかもいっぺんに決めるという意味は、生産物市場と労働市場からなる実物市場全体で**相対価格**を決めるということだ。つまりミカンとリンゴの価格の交換比率は決まっているんだけれど、ミカンの価格の絶対水準、つまり何円かはまだ決まっていない。」

── なるほど、貨幣を導入して、名目価格つまり貨幣との交換比率（絶対価格）を決定しなくてはならないわけですね。

「そういうことだ。さて貨幣数量説の説明を始めよう。

最初に**アービング・フィッシャーの交換方程式**と呼ばれる恒等式から考える。アービング・フィッシャーという人は1920年代に活躍した米国の経済学者だ。貨幣を使って交換を行うとしたら、次の式が成り立つよね。

$$M \cdot V = p \cdot T \tag{8}$$
$(M：\text{貨幣ストック}) \cdot (V：\text{流通速度}) = (p：\text{平均取引価格}) \cdot (T：\text{取引量})$

ここで M は貨幣ストックだけれど、世の中にどれだけ貨幣があるのか、を表している。V は Velocity（流通速度）という単語の頭文字を取ったもので、どれだけのスピードで貨幣が流通しているのか、を表している。ある1万円札が1年に何度取引に使われるか、を考えれば良い。小文字の p は平均取引価格で T は

76

取引量だ。$p \cdot T$ は総取引量を表し、取引には貨幣 M が一定期間内に何回転かすると考えればよい。ここで注意してほしいのは、以上の数量方程式はこのままではいつでも成立する恒等式にすぎないことだね。」

── 恒等式というのは何でしょうか。

　「おやおや中学校で習わなかったのかい。どんな値を代入しても成り立つ式だ。$M \cdot V$ も $p \cdot T$ も貨幣を使った総取引額を表しているのでいつでも等しい。」

── いつでも成り立つ式が、経済分析に役立つのでしょうか。

　「そこで3つの修正を加えて特定の主張を導出する。まず第1の修正として取引の平均価格 p や取引量 T は実際にはデータがない。そこで総物価水準（大文字に注意）P、と実質産出量 Y で代用する。

$$M \cdot V = P \cdot Y \tag{9}$$
　（貨幣ストック）・（流通速度）＝（P：物価水準）・（Y：実質産出量）

── T と Y は全然違うものじゃないですか。T は中間財の取引も含んだグロス（粗）の取引だけれど、Y はネット（純）ですよね。

　「まあそうなんだけれど、この問題は無視する。

　次に第2の修正として貨幣の流通速度 V を一定と置く（$V = \bar{V}$）。

$$M \cdot \bar{V} = P \cdot Y \tag{10}$$
　（貨幣ストック）・（一定の流通速度）＝（物価水準）・（実質産出量）

　第3の修正として Y は労働市場と生産物市場の一般均衡体系で決まると考えるから、ここでもバーをつけて $Y = \bar{Y}$ とおく。そこでやっと以下の式から、貨幣数量説の主張をまとめることができる。

$$M \cdot \bar{V} = P \cdot \bar{Y} \tag{11}$$
　（貨幣ストック）・（一定の流通速度）＝（物価水準）・（実質産出量）

Y と V はモデルの外で決まり外生的である。ということは、M と P は比例する。」

── うーん、M と P は比例するということは、政府が貨幣量 M を増やせば物価 P がそのまま上がる、つまりインフレになるというわけですね。

第1部　基本的枠組

図7　マネーと実質GDP・インフレ率

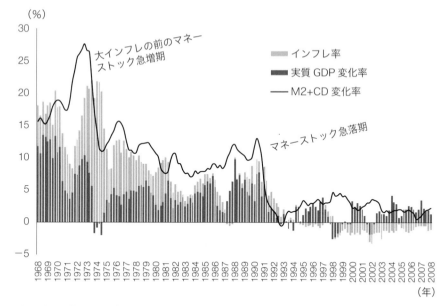

データ出所：内閣府・日本銀行

「そういうことだ。図7のグラフでは1973-74年の大インフレ期の前に貨幣供給量が大きく増加したことが見て取れるね。

故安倍首相はインフレにするためには日銀が輪転機でお札をすればよいという発言を繰り返していた。第Ⅷ章で学ぶように現実の金融政策の手順はもっと複雑だ。しかし一方で、現実を単純化し、表現をデフォルメすれば、73,4年のような大きなショックが生じた場合に、日銀が貨幣供給を極度に増やしたためインフレになるという**日銀輪転機モデル**が成り立たないわけではない。」

── 大きなショックと極度に増やすというところが大事なんですね。

「そうだ。大量に商品券を増やせば、いつかはその価値は暴落してしまう。」

ケンブリッジ方程式

もう一つ**ケンブリッジ方程式**というものを説明しておこう。(9)式左辺の V で両辺を割る。ここで、$1/V$ を k と表記して、

$$M^d = k \cdot P \cdot Y \tag{12}$$

とする。Mの肩にdをつけてM^dを貨幣需要を表す記号とし、kを**マーシャルの k** と呼ばれるものとする。」

── さっきとどう違うんですか。

「これは人々がどのくらい貨幣を持ちたいかを表す貨幣需要の決定式だ。M^d は名目産出量に比例することを意味しているね。貨幣供給をM^sと表すと、貨幣 数量説の式は均衡条件$M^s = M^d$だが、ケンブリッジ方程式は貨幣需要のみを表 している。

個人レベルで考えてみる。たとえば月収100万で、kが1/2だとすると財布に50 万円入れておく、というようにお金をどれくらい持っていたいか、に対応する。

現金をどれだけ持つかという問題は、人々が現金、預金、株、土地などから資 産選択をするという問題の一部分だ。だから第Ⅴ章で資産選択の問題は考えてい く（p.137）。」

考えよう Ⅲ-4 ● 企業が分社化傾向を進めるとすると、この傾向は貨幣数量 説にどのような影響をもたらすだろうか。

Ⅲ-5　インフレーションと利子率

名目利子率と実質利子率

「これまでも述べたように、貨幣を導入すると『**名目**』と『**実質**』の区別が重 要だ。

- 生産物市場では名目価格と実質価格の違い
- 労働市場では名目賃金と実質賃金の違い

がある。なかでも重要なのは

- （金融）資本市場における実質利子率だが、これには2つの種類がある。

ここでは実質利子率の定義から考えてみよう。

たとえば、一年前に銀行から10%の名目利子率で住宅ローンを借りて、その 間に7%のインフレが起こったならば、実質利子率は何%だろうか。」

第1部　基本的枠組

── 7％も貨幣の価値が減少したわけだから、返すべき借金の額も実質的には7％減っています。だから、10−7＝3％じゃないんですか。

「どうしてそう考えたんだい。」

── 結局、実質利子率を計算するためには、名目利子率からインフレ率を引けばいいんじゃないですか。だから以下の式となります。

実質利子率＝名目利子率−インフレ率

「この計算は間違いじゃない。でも、これだけでは実は充分じゃない。この例では名目利子率は10％と決まっていて、インフレ率は後からわかると考えているよね。じゃあ銀行はインフレが起こると、いつも大損することになるよね。」

── それはおかしいですね。

「上の式は『事後』的に過去を振り返った場合だね。つまり借金を返すときの利子率だ。しかし実際に重要なのは、銀行からお金を借りるときに、これからどのくらいのインフレ率になるかという『事前』の計画だ。」

──『事前』とはどういう意味ですか。

「経済学では事前・事後はさまざまな意味で使われるが、『契約』や『事件』の以前とその後と考えるとわかりやすい。」

── ここでは住宅ローン契約の前と後という意味ですね。

「銀行も銀行からお金を借りる人も、契約を締結時に両者とも**今後のインフレを予想して名目利子率を決定**している。この『予想』というところがポイントだね。つまり

実質利子率＝名目利子率−予想インフレ率

であり、これを単に**フィッシャー方程式**という。先に述べた交換方程式と紛らわしいね。

　数式でまとめると i を名目利子率、r を実質利子率、π をインフレ率、π^e を予想インフレ率とすると、

- 事前の概念であるフィッシャー方程式　　　$r=i-\pi^e$
- 事後的な関係　　　　　　　　　　　　　$r=i-\pi$

はほとんど同じように見えるかもしれないけれど、実際のインフレ率 π と予想インフレ率 π^e が違っている。」

第Ⅲ章　新古典派のマクロ経済体系

── なぜ利子率にだけ『事前』と『事後』の区別が重視されるんですか。

　「あらゆる相対価格には2種類ある。リンゴで計ったミカンの価格とミカンで計ったリンゴの価格だ。通常、これらはどちらから見ても大した違いはないし、貨幣という第3の財で価格を決める。しかし新古典派の実質利子率は現在の財と未来の財との相対価格だ。この場合現在から将来を予想した比率と過去を振り返った比率では意味合いが違う。まとめると

[1] つまりミクロ経済学的な一般均衡で決まる交換比率（相対価格）
[2] 貨幣の導入で決まる名目（絶対）価格
[3] 利子率には事前・事後の違いに注意しなくてはならない。」

考えよう　Ⅲ-5 ● 1995年以来、わが国ではゼロ金利などの超低金利政策が取られているが、それでも実質利子率は高いという意見を説明しなさい。

インフレーションのコスト

── もともと貨幣がヴェールで実体経済に影響しないならばインフレーションが起こっても困らないんじゃないですか。

　「実際には整然と進まないから難しいね。インフレーションのコストを考える場合、まず予想されたインフレと予想されないインフレの区別が重要だ。

　ミカンもリンゴも賃金も利子率もいっせいに上昇してゆき、それが家計や企業から既に予想されているインフレが**予想されたインフレ**だ。この場合、貨幣の実質的な価値はどんどん目減りしてしまうことがわかっているから、

[1]『消費者サイド』ではインフレ下では貨幣を持っていれば損をする。銀行からいっぺんにたくさん引き出すと損になるから、少しだけしか引き出さない。そこで、銀行にしょっちゅう行かねばならない。これは**靴底コスト**と呼ばれたりするコストで冗談みたいだが、実際には面倒な問題だ。一方、
[2]『企業サイド』ではカタログやメニューをどんどん書き換えなくてはならない。これを**メニュー・コスト**というね。

　予想されたインフレのコストはあまり大したことじゃないと思うかもしれないけれど、誰のためにもならないものだね。ただただ貨幣の果たす役割が損なわれて皆が不便になってしまう。持っていれば損だという意味で、貨幣はババ抜きの

81

第1部　基本的枠組

図8　これまでもコストプッシュ輸入インフレ

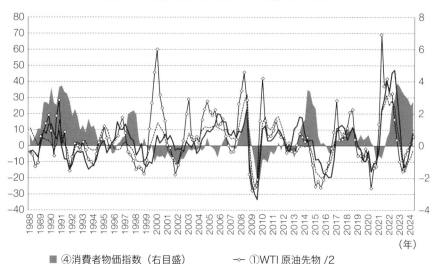

■ ④消費者物価指数（右目盛）　　　─◇─ ①WTI原油先物 /2
---- ②輸入物価指数（契約通貨ベース）　── ③輸入物価指数（円ベース）

注：いずれの変数も対前年同期変化率
データ出所：総務省・日本銀行・FRED

ババのようになってしまう。ハイパーインフレなら、ババ抜きの速度が増すと考えればいいかもしれないね。」

──　**予想されないインフレ**とは2022年のような場合ですか。

「そうだ。2022年2月には**ロシアのウクライナ侵攻**が生じ、図8が示すように輸入物価高騰から国内物価に波及した。より詳しくは脇田［2024、p.205］を参照してほしい。誰もこんな事態を考えていなかったので、まさに予想されないインフレだ。この『予想されない』インフレのコストは特定の人々に被害が集中することが多い。特定の財の値段だけが上昇するのが遅れたり、賃金や利子率が目減りしてしまうことから生じる。この結果、以下の弊害が表れた。

[3]『所得が高い人』には適用される税率が高く、彼らはより多く税金を払わなくてはならない。この**累進税制**の結果、実質的には裕福になっていないのに、インフレのため税率が高まってしまうことや、逆に年金の名目硬直性から手取りが減ってしまう。

[4]『お金を貸した人（債権者）』が損をし、『借りた人（債務者）』が利益を得る

分配効果。この点はインフレよりデフレの場合に重視される。デフレの場合はお金を借りた人が損するわけだから、借りてお金を使おうとする人がいなくなってマクロ経済が縮小してしまうんだね。

[5] さまざまな**相対価格が不規則に変動**するので資源配分が乱される。ただし、図9 (a)が示すように日米欧のサービス／財価格はコロナ禍時には同じように1割下がっており、日本だけが相対価格調整や名目価格硬直性の問題が顕著ということはない。」

── 案外大したコストじゃないように思います。

　「いやいやそんなことはない。特に日本の場合、債権者は家計であり、保有する預貯金1,100兆円（資金循環統計）は、2年で7〜8％にも上りインフレで実質的に70兆円以上も目減りした。債務者は国債1,000兆円を発行する政府であり、ほぼ同額目減りした。**ストックの所得移転**が生じたことになる。」

── でも2022年に突如としてインフレが起こる前の時期はどうなんですか。

　「実はこれらのコスト以上に嫌がられている。エール大学のシラー教授のアンケート調査によると、世界各国の人々はインフレは理屈抜きにとにかく嫌いらしいんだ。日本の低インフレ期でも、家計アンケートなどでは物価問題を解決して欲しいという声が大きかった。」

── でもどうして物価が上がることが嫌なのかしら。だってその分給料や利子が上がれば良いわけでしょう。

　「問題は身近に接する価格が上昇すると、よりインフレと感じてしまうのではないか、ということだね。野菜の価格が上がって、パソコンが下がれば、家計の感覚ではインフレということになる。前もって立てた計画も、値段が変わってその通りにはいかないのが嫌だということだろう。」

インフレーションの分類：需給と信用

　「インフレーションの原因は①費用が高くなって値上げした、②需要が大きくなった、そして③貨幣に信用がなくなった、の3点に分けられる。日本のデフレは図9 (a)が示すようにサービス価格中心だね。」

── 2022年から始まるインフレはどのような場合ですか。

　「[1：供給] 資源高や賃金高からなる**コストプッシュ・インフレーション**

第1部　基本的枠組

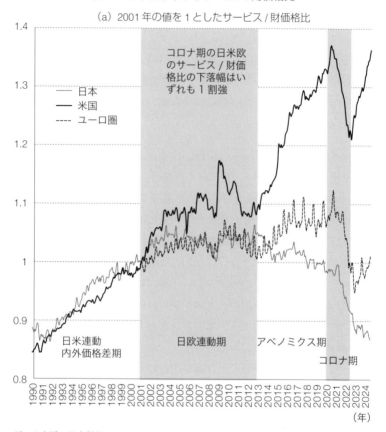

図9　日本だけ下がるサービス/財価格比

(a) 2001年の値を1としたサービス/財価格比

データ出所：日本銀行・FRED

といい、海外市場での資源高や人手不足などの賃金上昇により、物価が上昇するものだ。」

── どうしてコストプッシュとわかるんですか。

「もともと日本のインフレーションは輸入物価に影響される割合が大きい（図8）。日銀は輸入物価指数を円ベースと契約通貨ベースの2本立てで発表して、より細かく検討している。」

── 契約通貨ベースとはどういうことでしょう。

「原油や天然ガスなどエネルギー輸入を海外で契約するときに使った通貨とい

第Ⅲ章　新古典派のマクロ経済体系

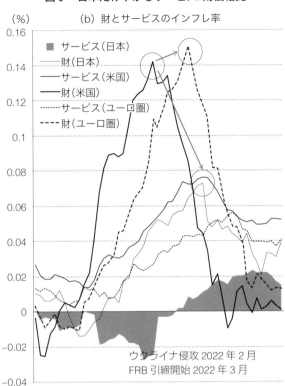

図9　日本だけ下がるサービス/財価格比
(b) 財とサービスのインフレ率

う意味だ。多くはドルで契約されており、ドル建ての国際エネルギー価格がまず上がり、同時に起こった円安で、さらに円ベースの価格は上昇した。

もう少し詳しく言うと2022年よりのインフレは

[1] ドルなど**契約通貨ベース**での資源食料価格の世界的な高騰が起点であり
　　([1a] 世界景気（需要要因）と [1b] 産油国プラスロシア（供給要因）次第）
[2] 日米の名目金利差による円安が増幅した**円ベース**での部分
　　　　　　　　　　　　（金融政策の [2a] 米国要因と [2b] 日本要因）

の４つの要因に分けられる[8]。」

第1部　基本的枠組

—— 世界情勢と金融政策の分析が必要と言われても、ついていけませんね。

「もっと複雑な話になってしまうがコストプッシュといっても、日本にとっては以下の2つを区別したほうが良い。

● 世界経済の拡大に伴って**世界的デマンドプル**で資源高などが生じ、一次産品輸入国である日本にとって輸入インフレであるコストプッシュ・インフレが生じる時期

（グレートモデレーション期）

● 資源高などが産出国の都合で一方的に生じ、**世界的コストプッシュ**が日本のコストプッシュ・インフレをもたらす時期

（70年代石油危機やウクライナ侵攻などスタグフレーション期）

図9（b）は財価格が米欧日の順で変動していることを示している。金融政策や為替レートは後の章で学んでほしい。」

—— 第Ⅱ章で学んだフィリップス曲線はどう考えればよいのですか。

「データをプロットした経験法則だから、どちらかの要因に決まっているというわけではない。しかしケインズ的な分析と相性が良く、消費や労働市場が過熱して起こる

[2：需要] **デマンドプル・インフレーション**

が中心に考察されてきたと考えればよいと思う。」

ハイパーインフレーションと政府のインフレ税

「中南米やアフリカではインフレーションが激しい国もある。この問題は

[3：信用] 貨幣の信用毀損に基づく**ハイパーインフレーション**

と呼ばれる。よく天文学的なインフレと言われて、モノの値段が上がってゆくこ

8）2022年度のインフレは秋頃まで資源や食料など輸入価格中心であり、国内生産の付加価値部分の物価を表すGDPデフレーター変化率はゼロ近傍だった。輸入インフレを増幅させ、所得流出を2022年度に招いたのは日本銀行の超金融緩和政策継続だった。2022年度の貿易赤字は22兆円弱にも達し、政府は物価高対策として15兆円もの財政支出増大ならびに円安阻止方向の為替介入（9月22日）を迫られた。

第Ⅲ章　新古典派のマクロ経済体系

とが報告されるが、逆に貨幣に引換券としての価値がなくなっていくプロセスと考えたほうが理解しやすい。引換券が二束三文となって、なんでもいいから取り換えてほしい、という状況だ。つまり信用されない政府が発行する貨幣は**倒産寸前のデパートの商品券**と考えればよい。早く使わないと値打ちがなくなってしまうし、政府も資金不足だから貨幣発行に頼ってしまう。」

── 貨幣数量説の考え方だと、中央銀行が貨幣ストック量を減らせばインフレが止まるのでしょう。どうして貨幣を減らさないのですか。

「それには難しい問題があるね。インフレ税といってインフレは貨幣保有に対する一種の税金でもあるんだ。」

── どうして税金なんですか。

「政府が貨幣を増発すれば、物価は上昇する。そこで貨幣を漫然と持っていた人は損をしてしまうわけだ。自分でお金を発行できれば、そりゃあ得をするだろう。ただ発行したお金の分だけ物価が上昇するから、貨幣を発行した分から、物価が上昇した分を引いて政府の収入増加を考える。これを**貨幣発行特権**、あるいは英語で**シニョレッジ**という。」

── インフレよりも普通に税金を取り立てたほうがいいんじゃないですか。

「それはもちろんそうだが、ハイパーインフレの国ではもともと政府が弱体で、徴税能力が低いから、普通に所得税や法人税などの税金を有効に取り立てることができない。そこでどうしてもインフレに頼ってしまうんだ。

その結果、ソ連邦崩壊後のロシアなんかでは、マフィアの支配するアングラ経済が活発で、税金逃れのために貨幣経済から後退し物々交換が盛んになってしまった。

● この弱い政府に加えて、ハイパーインフレが持続するもう１つの理由は
● 民間の予想だ。経済は未来を予測して常に進行しているわけだから、さまざまな契約や貨幣需要などはインフレを予測して決まっている。

$$実質利子率 = 名目利子率 - 予想インフレ率$$

のフィッシャー方程式でインフレ率を100％と予想すると、名目利子率が105％でも予想実質利子率は５％にすぎない。ところがインフレが50％に収束したらどうなるかな。」

── 実質高金利になってしまいますね。

「実質高金利だと不況になってしまう。政情不安定の国ではインフレ終息のた

第1部　基本的枠組

めの高金利期にクーデターが起こって、元のインフレに戻ってしまう。

　だからハイパーインフレの解決には、人々がここでインフレが収まるんじゃないか、と予想に大きく影響を与えるようなドラスティックな政策が必要だね。

　通貨単位の変更であるデノミネーションもその1つで、デノミの時点でインフレが収まるという予想を皆が持てば、貸借契約もその予想が反映されてインフレがうまく収まる可能性がある。」

◉第Ⅳ章◉ IS-LM 分析：
ケインズ的なマクロ体系

「さあ、これからいよいよケインズ的な分析を学習することにしよう。新古典派の体系ではすべての市場が価格調整の結果、うまくいっているということになる。これでは、なぜ**マクロ経済政策**というものを政府が行う必要があるのか、わからなかった。」

── そうなんですよ。ところが新聞なんかじゃ、景気を良くするために、金融緩和や財政出動をと見出しが踊ってますよね。

「新古典派の**金融政策**の効果に関する主張を端的にまとめると、『貨幣を増やすと、インフレになるだけで実体経済には無関係』というものだ。しかしこれから学ぶケインズ的分析では名目価格や賃金の硬直性のもとで貨幣量を増加させればどうなるのか、を分析しているね。」

── 一方、**財政政策**もよくわからないですね。政府が無駄な建物ばかり建てるのに、公共投資が景気を回復させると主張されるのかしら。他にも減税がいいとか、やはり財政再建だとか支離滅裂じゃないですか。

「実は日本経済は『失われた30年』に苦しんできており、デフレやゼロ金利など基本モデルに当てはまらない状況がある。そこでこれらの現象は第Ⅷ章で考察することとし、まずは標準的ケインズ分析の検討を行おう。」

第1部　基本的枠組

３つの仮定と３つの分析手法

── ケインズ的な分析と言っても、いろんな仮定と分析手法があるのですね。

「ケインズ的分析は新古典派経済学とはまったく別なものだ、と考えて勉強を始めるといいね。まず、

[A] さまざまな仮定は現実のデータの動きに結びついている

ことを頭に入れておいてほしい。」

── 第Ⅱ章で見たグラフと第Ⅲ章の分析は合っていないですよね。

「そうだ。データの動きを、またヒト・モノ・カネに分けて説明すると

- [1：インフレ率（カネ）] **フィリップス曲線**に代表されるように、不況期には物価はさほど動かない。そこで『下方硬直的な名目賃金・物価』がケインズ体系では仮定される。
- [2：失業率（ヒト）] 設備稼働率が低下し、企業内部では『生産能力は充分』で労働者や設備は余っており、労働市場でも失業率が高い状況を念頭に置き、
- [3：GDP（モノ）] 家計には『消費したくとも所得がない』という状況を考える。こういった状況を後述する**ケインズ型消費関数**で表す。これはケインズ型分析の基礎となるものだ。

これらの状況をまとめると『生産物には需要がない』そして『需要がない理由は所得がない』ことになる。そこで**所得と消費の悪循環打破**を基本に据えて、以下のようにモデルを順に詳細にしてゆく。

[B] ケインズ的な分析方法には、導入する仮定に応じて、以下の３種類がある。
- 消費と所得の悪循環を分析する**45°線分析**
- 投資に対する金融市場の制約を加えて分析する ***IS-LM*分析**
- 物価の動きを加えて分析する ***AD-AS*（総需要・総供給）分析**

３つの分析方法はこんがらがりやすいが、お互いに関連がある。ある程度マクロ経済学の知識がある人は図１の関係を頭に入れておくと、後々わかりやすい。」

── いきなり羅列されると、わからなくなってしまうんですけれど。

「それは今の時点ではしかたがないけれど、この３つの分析の関係は後からも参照するといい[1]。」

90

第Ⅳ章　*IS-LM* 分析：ケインズ的なマクロ体系

図 1　3 つの教科書的ケインズ型分析の関係

ケインズ的な分析には 45°線分析、*IS-LM* 分析、*AD-AS* 分析の 3 つがある。
(1) **45°線分析**：貨幣（金融）市場を無視し、労働市場は不完全雇用にあることを想定。分析を生産物市場に集中。
(2) **IS-LM 分析**：労働市場は不完全雇用にあることを前提として、45°線分析から得られた *IS* 曲線と、あらたに貨幣市場から得られる *LM* 曲線を 1 つの図として表したもの。ここでは名目価格ならびに名目賃金率は硬直的である。
(3) **AD-AS 分析**：*IS-LM* 分析から名目賃金率を所与として、物価水準と産出量の関係を 1 つの図として表したもの。ここでは名目賃金のみが硬直的。

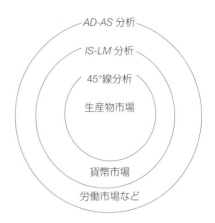

Ⅳ-1　ケインズ的な労働市場観：非自発的失業と名目賃金硬直性

非自発的失業が存在する労働供給のとらえ方

「まず労働市場の分析から始めよう。

　何と言ってもケインジアンの分析の根本は『労働市場が**不完全雇用**の状態にある』ということだ。新古典派のとらえ方（第Ⅲ章）である**完全雇用**とはもちろん違うものだ。『完全雇用』・『不完全雇用』という言葉は、雇用のみならず資本の

---

1) 第Ⅳ章で考察するケインズ体系では、
　　[1] 非自発的失業の存在のもと、労働市場を捨象し、
　　[2] 消費財と資本財を統合して、生産物市場とし、
　　[3] 債券など金融資本市場を「資産市場のワルラス法則」により消去して考える。
　そこで残る市場は生産物市場（*IS* 曲線）と貨幣市場（*LM* 曲線）であり、2 つの未知数と 2 つの式からなる連立方程式で図解される。
　なお「資産市場のワルラス法則」とは、以下の状況を表す。特定の時点の資産を考えると、選択肢は貨幣あるいは債券に代表される貨幣以外の資産に分けられる。ミクロ経済学で言うワルラス法則により、予算制約式が満たされていれば、どちらか 1 つを考えれば残りは自動的に決定されるので、貨幣以外の資産市場を消去し、貨幣市場のみを考察するのである。

第 1 部　基本的枠組

稼働率も含めて生産要素全体に使う場合が多い。

　　新古典派の完全競争市場における労働者は自由にいつ働くか休むかを決める。つまりいつ入ってもいい時給の決まったバイトのような職場で**労働供給の最適計画**が成り立つわけだ。でも会社に勤めていて、労働者が自由に働くか休むかを決めることはできないよね。」

── それは難しいですね。普通、企業が就業時間も採用も決めますよね。

　　「そこで、これから学ぶケインズ経済学では『**労働需要の最適条件は成立**するが**家計の労働供給の最適条件は不成立**である』と考えるんだね。」

── 最適条件不成立とは具体的には失業の可能性ということですね。

　　「そうだ。これは『与えられた賃金のもとで好きなだけ労働が供給できるとは限らない』という意味になるから、ケインズ経済学の本質的な仮定の 1 つだ。これは**名目賃金硬直の仮定**のもと、**非自発的失業の存在**を前提としている。」

── 図解すると、どのような状況になるんですか。

　　「図 2 を見てごらん。水平線と需要曲線の交わった点で労働需要量が決定される。ここでは部分均衡の図の慣例に従って縦軸は名目賃金ではなく、物価水準でそれを割った実質賃金で描かれていることに注意してほしい。」

── 均衡労働量は、労働需要が重要ということですか。

　　「そうだね。労働需要は産出量 Y の派生需要だから、実際のデータ上では**オークンの法則**（p.34）が重要となるね。」

名目賃金下方硬直性とフィリップス曲線

　　「ケインズ経済学の労働市場の重要な特徴は『**名目賃金率の下方硬直性**』だ。これは名目賃金率が『歴史的に与えられた水準』で決まっていて、それより下がらないという意味だ。その結果、労働市場で超過供給が生まれてしまう。」

── なぜ名目賃金率は下がらない、と考えるんですか。給料が高すぎて雇ってくれないなら、自分で給料が安くてもいいから雇ってください、と申し出ればいいですよね。

　　「だから非自発的失業なんて存在しないって言って、新古典派的な考え方をする人たちは批判してきたんだね。」

── **非自発的失業**って言葉はわかるけれど、具体的な状況がわかりませんよね。

　　「失業を自発的か非自発的かを区別するのは、個人の責任と言うよりマクロ的

第Ⅳ章　*IS-LM*分析：ケインズ的なマクロ体系

図2　ケインズ的体系の労働市場

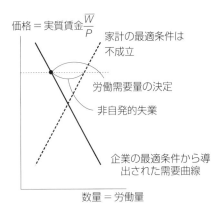

な状況が問題と考えるべきだ。近年では失業を**サーチ・モデル**で説明することが多いが、このモデルは確率的に就職できるかどうか厳密に考察したものだ。」

── どんなモデルなんですか。

「直感的には『椅子とりゲーム』で座れなかった人が失業者だと考えればいいんじゃないかな。たしかに椅子に座れなった人は少し機敏じゃなかったかもしれないが、もっと大きな問題はマクロ的に椅子が足らないことだ。だからマクロ経済全体で職が得られるかどうかの『確率』を考えて、効率的か非効率的かを判断したほうがいい。

失業を説明するためにはサーチ・モデルに加えて、賃金の硬直性が重要だが、名目賃金の下方硬直性を説明する議論はケインズの一般理論以来いろいろある（本章末の上級トピックス参照）。」

── 名目賃金の下方硬直性という仮定は適切なんでしょうか。

「少なくとも、ここ20年間のフィリップス曲線（第Ⅱ章 p.40）を見ると、この仮定は成立すると考えていいんじゃないかなあ。」

考えよう　Ⅳ-1 ● タクシーが列になって客を待っている場合、非自発的失業と言えるでしょうか。

第1部　基本的枠組

IV-2　有効需要原理と45°線分析：ケインズ的な生産物市場観

ケインズ型消費関数

「さあいよいよケインズ的な産出量 Y 決定の理論を勉強しよう。一番単純な分析は**45°線分析**と言われる。これは**乗数理論**とか**ケインジアンの交差図**とも呼ばれていて、生産物市場の需要を中心に産出量の決定を考えるものだ[2]。」

── 教科書によってはここから説明してあるものも多いですね。どうして45°線分析というんですか。

「非自発的な失業に代表される未使用資源を前提として、生産物供給を表す45°線が図に描かれているためだ。ただ図解法の説明は後回しにして、まずは直観的に意味を考えていこう。

　まず生産物需要 Y^D には構成要素がいくつかあるが、45°線分析では消費の決定に集中する。

　国民経済計算で考えた（p.25）場合は、総消費 C、総投資 I、政府支出 G、純輸出（≡ 輸出 － 輸入）NX を足したもの $Y^D=C+I+G+NX$ だったが、省略化の仮定として総投資 I と政府支出 G は、外生的に与えられたもの（記号の上に横線（バーと読む）を引いて表す）、そしてここでは1国モデルを考えているから純輸出はゼロと考えて、以下の式で書こう。

$$I=\bar{I},\ G=\bar{G},\ NX=0 \tag{1}$$

そこで決定式を以下のように書ける。

$$Y^D=C+\bar{I}+\bar{G} \tag{2}$$

これらの点は、乱暴だが、追々ゆるめて行く[3]。」

── いきなりトータルの数量が出てきて、価格なんかは出てこないわけですか。

2）生産物需要を総需要、生産物供給を総供給と書かれている本もあるが、本書では単に生産物需要・生産物供給とする。後述する AD-AS 分析と紛らわしいので注意が必要である。

第Ⅳ章　*IS-LM*分析：ケインズ的なマクロ体系

上級トピックス ◆ 名目価格硬直性の理由

　ケインジアン的な分析が成立する条件として名目価格・賃金の硬直性が考えられる。そこでブラインダー・プリンストン大学教授は以下の12の代表的な考え方についてアンケート調査を行った。

　以下は企業経営者が重要と述べた4つの要因である。

(1) 需要変動に対して、企業は価格を変更する代わりに、配達を遅らせたりサービスで調整する。つまり**販売行動はパッケージ**であって価格はその1要素にすぎない。

(2) 価格を変更したいが、**他の企業の反応**が心配となって動かせない（協調の失敗あるいは屈折需要曲線）。

(3) 値上げの際は「諸物価高騰につき」というのが決まり文句であるが、費用が上昇しない限り価格を引き上げない。

(4) 取引先と**暗黙の契約**を結んでいるため。

　さらに、次の2項目も、比較的重要であると回答されている。

(5) 取引先と明示的な価格契約を交わしているため。

(6) メニュー・コストのような価格調整費用がかかる。

　以下の6項目は比較的重要でないか、あまり考慮しないと回答されている。

(7) 好況の時には利潤幅を下げて薄利多売を行い、不況のときには逆により利潤幅を上げるカウンターシクリカル・マークアップ率。

(8) シャツ1枚1,999円というような価格の心理的な壁。

(9) 在庫で調整する余地があるため。

(10) 限界費用一定ならびにマークアップ率一定だから。

(11) 企業組織が肥大化しており、価格調整を素早くすることは不可能だから。

(12) 中元や歳暮などの贈答品では値段がわかりやすいことが重要だが、価格は製品の質を反映するとみなされているから。

---

3) 現実の日本の景気循環では輸出と在庫の役割が極めて重要であるが、これらは後述する独立支出に含まれると考えると良い。在庫はメツラー・モデルなどでケインズ体系では古くは重視されていたものの、理論的な分析は減少傾向にあることは残念である。

第1部　基本的枠組

「そうだね。ここがケインズ的分析のポイントで第Ⅲ章やミクロ経済学の発想とぜんぜん違うから、納得しにくいところだね。名目価格が硬直的である理由はいくつか考えられているので上級トピックス（p.95）を参照してほしい。またもともとの*IS-LM*分析では、すべての変数で名目と実質の区別をしておらず、これがさまざまな定式化の存在する理由である。

次に**有効需要の原理**だが、まず実際に『生産物市場』で実現される総需要を『**有効需要**』と言い、有効需要 Y^D により、均衡産出量 Y^* が決定されるという意味だ。

$$Y^* = Y^D \tag{3}$$

新古典派では需要と供給の両方で産出量を決定するが、ケインズ体系では供給が制約にならず、需要だけで決定される。

- 作ることができるか、できないか、という**供給側**の議論ではなく
- 売ることができるか、できないか、という**需要側**の議論だ。

先に第Ⅱ章でさまざまなグラフを見たが、不況期には設備の稼働率が低まったり、労働保蔵（p.268）の程度が上昇しているわけだから、ヒトも設備も余っており、ボトルネックになっていないことに対応している。

さて45°線分析の3番目だが最重要の仮定は**ケインズ型消費関数**の導入だ。」

── そもそも消費関数って具体的にはなんですか。

「消費関数とは消費を決める関数だけれど、前にも言ったように『消費の条件付き予定表』と考えればわかりやすい。このケインズ型消費関数の大きな特徴は消費は、現在の手取りの給与（所得から税金 $T = \bar{T}$ を引いたもので**可処分所得**という）の関数であることだ。だから Y について条件付きの予定表だ。この消費関数は『所得と消費が悪循環することをとらえていく最低限の定式化』と理解することが重要だ。」

── 具体的な数式はどんな感じですか。

「さまざまな定式化はあるが、通常は以下のようなものだ。

$$C = \bar{C} + c_m(Y - \bar{T}) \tag{4}$$

第Ⅳ章　*IS-LM*分析：ケインズ的なマクロ体系

　ここで $\bar{C}$ は独立消費と呼ばれ所得に依存せず必ず支出されるもの、c_m は限界消費性向、Y は三面等価から導出される所得、$\bar{T}$ は外性的に一定の税、そして $Y-\bar{T}$ は可処分所得だね。」

── **限界消費性向**とは何ですか。

　「所得 Y が1単位増えたとき、人々がそのうちの何単位を消費にまわすかを示す数値だね[4]。ケインズ型消費関数は本来はマクロ経済全体に当てはめるものだが、今、仮に1つの家計で考えると、たとえば100万円所得があって、税金が10万円、家賃のように給与額に依存しない独立消費が20万円として、限界消費性向が0.8だとすると、

$$20+0.8\times(100-10)=92$$

つまり92万円を消費することになる。」

乗数効果の意味

　「道具立てが揃ったから、まず政府の政策がその支出以上に需要をもたらす**乗数効果**を直観的に説明しよう。」

── 乗数って何ですか。

　「『**乗数**』とは**外生変数**である独立消費 $\bar{C}$ や政府支出 $\bar{G}$ の変化、投資 $\bar{I}$ などが1単位変化したとき、**内生変数**である均衡産出量 Y^* がどれだけ変化するかを示す数値だ。

　乗数効果は

● 政府が $\varDelta G$ だけ公共事業をまず増やしたとする（$\varDelta$ は少しの増分を表す記号である）。これがまず第1段階だ。

$$Y^D=C+\bar{I}+G+\varDelta G \tag{5}$$

● 第2段階として、直接、公共事業に関わった業者にまずお金が入る。業者は

4）似た言葉に**平均貯蓄性向** $S/Y=(Y-C)/Y$ や所得のうち貯蓄の占める割合や所得が増加するにつれて次第に増加する**限界貯蓄性向** $s\,(=1-c_m)$ があるので注意すること。

第1部　基本的枠組

『**所得が増えればすぐ消費する**』というケインズ型消費関数を持っているので$c_m \Delta G$ だけ消費を増やす。

$$Y^D = C + c_m \Delta G + \bar{I} + G + \Delta G \tag{6}$$

● そうすると $c_m \Delta G$ だけ需要が増えた別の商店主は $c_m \times c_m \Delta G$ だけ消費を増や・す（第3段階）。

こういうふうに順繰りに消費が増えていくんだね。」

── なるほど、ここでは『所得が増えれば消費をすぐ増やす』というケインズ型消費関数の想定が重要なんですね。

「最終的にどうなるのかは、まず『乗数過程を以下のような**等比級数**（第Ⅲ章p.62）で考え直すこともできる。

$$\Delta Y = \Delta G + c_m \Delta G + c_m{}^2 \Delta G + c_m{}^3 \Delta G + c_m{}^4 \Delta G + c_m{}^5 \Delta G \cdots\cdots \tag{7}$$

これは最終的には初項 ΔG、公比 c_m の等比級数で

$$\Delta Y = \frac{1}{1 - c_m} \Delta G \tag{8}$$

と書くことができる。だから $\dfrac{\Delta Y}{\Delta G} = \dfrac{1}{1 - c_m}$ が**財政支出乗数**だ。」

── 具体的にはどのくらいの大きさなんですか。

「この45°線分析では G を1単位増やす（$\Delta G = 1$）と $1/(1 - c_m)$ 倍だけ産出量 Y が増えることになる。限界消費性向が0.8だとすると、5倍になることになる。」

── えっ、こんなに大きいんですか。

「このモデルの例ではそうなるけれど、これはいくらなんでも大きすぎるよね。実際の乗数は1.4ぐらいというのが、内閣府のマクロ計量モデルの結果だね。」

── こんなふうに簡単にうまく消費が増えていくものですか。

「これはもっともな疑問だね。ちょっと難しいトピックスだけれど、いろいろと議論されている。本書では消費関数を巡る問題として、第Ⅴ章で検討することにしよう。」

第Ⅳ章　*IS-LM*分析：ケインズ的なマクロ体系

図3　45°線図による有効需要原理

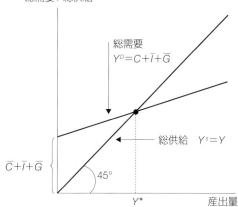

45°線分析と有効需要の原理

「以上のプロセスをもう一度、式で考え直そう。総需要 Y^D の式をもう一度書いてみると

$$Y^D = C + \bar{I} + \bar{G} = \bar{C} + c_m(Y^* - \bar{T}) + \bar{I} + \bar{G} \tag{9}$$

となる。この式が図3中の総需要の式だね。次に生産物市場の均衡をみたす産出量 Y を Y^* と書こう。

$$Y^S = Y^D = Y^* \tag{10}$$

ここで総供給 Y^S は総需要が増えれば必ず対応するので、総需要の式だけを考えて、Y^* を(9)式に代入するのがポイントだね。この式が45°線に対応する。だから交点は

$$Y^* = \bar{C} + c_m(Y^* - \bar{T}) + \bar{I} + \bar{G} \tag{11}$$

と書け、ここで均衡産出量 Y^* について整理して、

$$Y^* = \frac{1}{1-c_m} \cdot (\bar{C} + \bar{I} + \bar{G}) - \frac{c_m}{1-c_m} \cdot \bar{T}$$

　　　［乗数］・［独立支出］

第1部　基本的枠組

が得られる。

　この式をもとに ΔG だけ政府支出の増加を考えれば、ΔY は $(1/(1-c_m))\Delta G$ だけ増えることになる。簡単化のため政府部門を無視して $\bar{G}=\bar{T}=0$ とすると、均衡産出量 Y^* は乗数 $[1/(1-c_m)]$ と独立支出 $[\bar{C}+\bar{I}]$ をかけあわせたものになる。独立支出とは所得がゼロでも支出されるものだね。」

減税と均衡予算乗数の定理

―― 減税がいいか、公共投資がいいか、と論争になったりしていないですか。

　「減税は以下のように考えられる。⑿式から

$$\Delta Y = -\frac{c_m}{1-c_m}\Delta T \tag{13}$$

となる。」

―― 財政支出乗数よりも小さいですね。

　「減税だから ΔT はもともとマイナスで、ΔY はプラスになるね。さっきのように分解すると

$$\Delta Y = -(c_m\Delta T + c_m{}^2\Delta T + c_m{}^3\Delta T + c_m{}^4\Delta T + c_m{}^5\Delta T \cdots\cdots) = -\frac{c_m}{1-c_m}\Delta T \tag{14}$$

となって、財政支出と違い1回目の ΔT がない。

　減税の場合、家計に最初からお金を渡してどう使うか任せるから、1回目から需要が増える財政支出と違い、**貯蓄に回ってしまう部分**があるからだ。

　次に増税と同額分、財政支出を同時に増大させる場合を考えてみよう。

$$\frac{1}{1-c_m}\Delta G - \frac{c_m}{1-c_m}\Delta T = \Delta Y \tag{15}$$

で $\Delta G = \Delta T$ より**均衡予算乗数**は1ということがわかる。つまり、たとえ政府が予算制約式（$\Delta G = \Delta T$）を満たしていたとしても、国民から税金を取り上げて使えば、産出量は増大することになる。ただし、このきれいな結果は45°線分析に限った場合だ。」

第Ⅳ章　*IS-LM* 分析：ケインズ的なマクロ体系

45°線分析と財政政策の問題点：財政赤字と土木国家

── どうして政府が支出を増やすだけでこんなふうに産出量が増えるんですか。このモデルだと所得を使えば使うほどいいわけですよね。

「財政政策は第Ⅶ章でもう一度考え直すが、ここでいったん問題点と特徴を4つ確認しておこう。

- [1：**市場**] ケインズ型の45°線分析や *IS-LM* 分析では名目賃金、価格は『外から与えられたもの（外生的）』となっている。つまり新古典派では価格調整が生じるが、ケインズ型では**数量調整**のみが生じると最初から仮定されている。だからこのモデルでは物価水準はどう決まるのかは説明されていないし、**需要が増えたからといってモノの値段が上昇することはない。**
- [2：**企業**] 有効需要の原理の前提は、まず供給側に余裕があり、資源が余っていなくてはならない。そうでないと政府支出が民間支出を押しのけてしまう。」

── 第2点は不況期の特徴だから、いいと思うんですけれど、第1点はどうでしょうか。不況期に安売りが多いってこともありますよね。

「たしかにここは論争点だ。価格が全般的に全然動かないことはありえないが、かといって調整し尽くすほど動くわけでもない、というところじゃないか。

- [3：**家計**] ケインズ型消費関数の仮定が45°線分析の最重要なポイントだ。財政政策が効果がある理由は、人々の所得を増やせば、順繰りにお金を使ってくれるという**消費の呼び水効果**があることだ。ところが企業倒産が増えて、将来不安が広まっているような状況では、貯蓄に回ってしまい消費に結びつかないんじゃないかな。」

── それはそうですね。

「有効需要の原理とケインズ型消費関数を組み合わせたものが、45°線分析だ。そこでは独立支出×乗数が産出量の決定式になったが、産出量は独立支出と乗数で増加する部分に分けられる。独立で動く部分と相互連関を通してスパイラル的に動く部分と言っても良い。

101

第 1 部　基本的枠組

　このスパイラル的に増加する部分が大きいかどうかが政策効果における実際的問題だ。長期的に乗数が 1 より大きいかどうかが問題で、それに関連すると

- ［4：政府 a］財政政策では**政府の予算制約式**が忘れられがちという問題だ。政府支出を増やすと国の借金である国債が増えることになる。したがって将来増税があると心配すると、政府支出が増えたからといって、景気が良くなるとは限らないという考え方（第VI章）もある。さらに
- ［5：政府 b］財政政策では**無駄な公共投資**がよく指摘される。45°線分析や *IS-LM* 分析はもともと『短期分析』であり、そのため、とにかく政府がお金を使って需要を増やす側面しか考えられていない。だから、よく指摘される『誰も使わない建物だから無駄だし、政策効果がない』という批判は理論的にはおかど違いだ。もちろん実際には重要な問題だけれど。」

── なんだかたくさん問題点がありますね。
　「それはしかたがない。今後も考えていくことにしよう。」

Ⅳ-3　投資関数と *IS* 曲線の導出

IS-LM 分析とは何だろうか

　「次に *IS-LM* 分析の学習だ。*IS-LM* 分析とは

- 45°線分析から導出された生産物市場の均衡を表す *IS* 曲線
- 貨幣市場の均衡を表す *LM* 曲線

という 2 つの曲線を組み合せて、産出量 Y と利子率 r の関係を図解し、金融政策や財政政策の効果を分析するものだね。数学的には実は簡単な連立方程式にすぎない。p.91のまとめをまず見ておいてほしい。」

投資関数の内生化

　「45°線分析では 1 つの方程式で 1 つの未知数を決定した。しかし *IS* 曲線は Y のみならず利子率 r が新たな未知数となる[5]。
　この点を分析するために、まず第一に**投資関数**を導入することにしよう。機械を10台買えば12％の収益率が得られ、11台買えば11％の収益率が得られると考え

図4　投資の限界効率

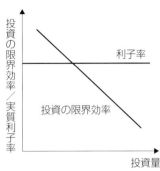

よう。このような数量に依存した実質収益率を**投資の限界効率**と呼ぶ。ここまでは投資のベネフィットだが、次にコストだ。これは実質利子率と考えよう。

そうすると、実質利子率が高いと新しい機械を据え付ける台数が減ってしまう。そこで投資Iを実質利子率rの減少関数と仮定する（図4）。

$$投資関数\ I = I(\underset{(-)}{r})$$

なお以下では説明のために、線形に特定化した場合も考える。

$$I = \bar{I} - a \cdot r$$

ここで$\bar{I}$は独立投資、aは実質利子率に対するパラメータとする。」
── 要するに実質利子率を下げれば投資が増えるという関係ですか。
「そうだね。これは重要なルートだ。」
── でもこれはお金を借りて事業を行う場合ですよね。自己資金で行えば利子率は関係ないんじゃないですか。
「いや、そんなことはない。どうも**機会費用**という概念がわかっていないね。自己資金だって余所に預ければ利子率が稼げるわけだから、やはり利子率は重要だね。

5）ケインズは企業家の投資決定を**アニマル・スピリット**からなる、とも言っている。つまり合理的な計算からではなく、企業家の「気合い」も重要だと考えていた。

第1部　基本的枠組

　もともとケインズは『資本の限界効率』と言ったが、新しく加える分を考えるのだからここで呼ぶように**『投資の限界効率』**と言ったほうが正しい[6]。

　実は重大な注意点がある。当たり前のように設備投資は利子率の減少関数と仮定した。第Ⅵ章を中心に説明するが、そもそも日本経済では設備投資が停滞しており、利子率を下げても投資は反応しなかった。」

頭の体操 ● この分析だと利子率が下がると投資が増えていいことばかりだが、困ったことはないのだろうか。

IS 曲線の導出

　「では IS 曲線は何を表しているのか、定義を考えよう。

　IS 曲線とは投資（I）と貯蓄（S）が等しくなるような利子率と産出量の組合せを表す曲線だ。生産物市場の均衡を表す曲線で、普通は右下がりの曲線として表される。貯蓄＝投資という関係からも導出されるし、これから示すように総需要＝総供給という関係からも導出される。」

── なぜ IS 曲線と言うんですか。

　「I は Investment、S は Savings の頭文字をとったものだね。

　それでは IS 曲線を数式で導き出してみよう。総需要の定義式

$$Y = C + I + \bar{G} \tag{16}$$

に $C = \bar{C} + c_m(Y - \bar{T})$ というケインズ型消費関数と $I = \bar{I} - a \cdot r$ というさっき定義した投資関数を代入してみよう。これらは関数の形を線形に特定化した特殊ケースだけれど、わかりやすいね。すると

$$Y = \bar{C} + c_m(Y - \bar{T}) + \bar{I} - a \cdot r + \bar{G} \tag{17}$$

となり、これを書き換えると

6）ここでは費用は利子率のみとしたが、利子率に減価償却率を加えて資本の使用者費用を費用と考える場合もある。もともとのケインズの定義は少し複雑である。資本財を1単位追加したときの期待収益総額を現行の当該資本財の供給価格に等しくさせる割引率を**資本の限界効率**と定義し、それが利子率に等しくなるところに投資量を決定すると考える。

第Ⅳ章　IS-LM分析：ケインズ的なマクロ体系

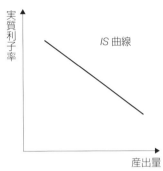

図5　IS曲線

$$r=\frac{1}{a}[\bar{C}-(1-c_m)Y-c_m\bar{T}+\bar{I}+\bar{G}] \qquad \text{［線型の IS 曲線］} \quad (18)$$

となるね。だから Y が上昇すると r は下落する右下がりの関係（図5）が、数式の上では確かめられる。

なお数式の導出は簡略化した式 $Y=(\bar{C}+I)/(1-c_m)$ に $I=\bar{I}-a\cdot r$ を代入して求めた、と考えると理解しやすい。」

考えよう　Ⅳ-2 ●　IS曲線は本文のように総需要＝総供給からも導出されるが、貯蓄 $S=Y=C$ と置いて、貯蓄＝投資という関係から IS 曲線を導出してみよう。

Ⅳ-4　LM曲線とケインズ的な貨幣市場観

LM曲線：貨幣市場の均衡

── IS曲線が済んだから、次に考えるのは LM曲線の導出ですね。

「LM曲線は貨幣市場の均衡を表すものだけれど、そのまえに金融市場と資産選択の初歩を考えよう。金融資産には貨幣、債券、株式などがあるが、**ストック**、つまり今まで貯め込んだものをどう分けるか、という**資産選択**がここでは重要となってくるんだね。」

── ここも単純な貨幣数量説とは違うんですよね。

105

第1部　基本的枠組

「そうだね。現実には株式などさまざまな金融資産があるとしても、初歩のマクロ経済である **IS-LM 分析** では大きく 2 つに分けて考える。つまり

- **貨幣 M**：利子を生まないが、取引に使われるものと、
- **債券 B**：利子を生むが、取引に使えないものだ。

　ケインズ的な考え方では、貨幣の保有には『流動性』というメリットがあることを重視する。これは『貨幣を持っていれば取引にすぐ使える』ということだ。だから利子率の低いときに貨幣を余分に持ち、利子率の高いときは債券で持っていた方が得をする、といったトレード・オフが生まれている。」
—— 単純な貨幣数量説では、取引のためだけに過不足なく貨幣を持つのですね。
　「そうだね。利子率が動こうと動くまいと最小限しか貨幣を持たないから、単純な貨幣数量説では貨幣需要は利子率に依存しない。
　一方、ケインズ体系では貨幣需要関数を以下のように流動性選好関数 L とも呼ぶ。ここでは物価水準 P で評価した実質貨幣需要 $\dfrac{M^d}{P}$ は実質利子率 r と実質産出量 Y に依存すると第Ⅲ章（p.73）と同じ形にしよう。」

- **実質貨幣需要**
$$\frac{M^d}{P} = L(\underset{-}{r}, \underset{+}{Y})$$

—— 名目貨幣需要ではいけないんですか。
　「ここでは実質貨幣需要で説明しているが、もともとケインズ体系では名目と実質の区別はあいまいだ。だから本によって扱い方が少し違う。また利子率も、物価が一定（$P = \bar{P}$）と仮定されているので、名目利子率と実質利子率の区別は本来は必要ない。
　第Ⅲ章でも説明したけれど、貨幣需要 L は $L(\bullet) = L_1(r) + L_2(Y)$ というように、分離して考えると後で便利だ。ここで $L_1(r)$ は **資産需要** で、$L_2(Y)$ は **取引需要** だ。」
—— 需要の次は供給ですね。
　「貨幣供給 M^s は政府が貨幣を全面的にコントロールできると考え、外生的に決まる

第Ⅳ章　*IS-LM* 分析：ケインズ的なマクロ体系

- **貨幣供給**　　　　　　　　　$M^s = \overline{M}$

とここでは考えよう。この点は第Ⅷ章で考え直す。結局、

- **貨幣市場の均衡** は $M^s = M^d$ だから、代入して *LM* 曲線は

$$\frac{\overline{M}}{P} = L(r, Y) \tag{19}$$

となる。」

—— なかなか難しいですね。

「さっきのように線形に特定化して、*LM* 曲線を導出してみよう。まず、$\overline{L}$、k、c をパラメーターとし貨幣需要を $\dfrac{M^d}{P} = \overline{L} + k \cdot Y - c \cdot r$ と仮定する。さらに $M^s = M^d = \overline{M}$ を代入して、$\dfrac{\overline{M}}{P} = \overline{L} + k \cdot Y - c \cdot r$ を書き換えると

$$r = \frac{1}{c}\left[\overline{L} + k \cdot Y - \frac{\overline{M}}{P}\right] \qquad \text{［線形の } LM \text{ 曲線］} \tag{20}$$

となる。k は正だから右上がりの曲線だね（図6）。」

—— こういう定式化は実際にも正しいんですか。

「第Ⅲ章図6を見ると、名目利子率を i、α、β をパラメータとして $i = \alpha - \beta \dfrac{\overline{M}}{PY}$ の線形式が例外時期（バブルと名目金利がゼロの時期）を除いて、ほぼ成立している（α は約7.5、β は7）。これをフィッシャー方程式を使って書き換えると $r = \alpha - \beta \dfrac{\overline{M}}{PY} - \pi^e$ となり、上の(20)式のように Y に関して線形ではないものの、r と Y は正の相関を持つ。

　本章では伝統的な右上りの *LM* 曲線で説明するが、中央銀行が一定の利子率を保つ金融政策をとることを前提に、分析を行う場合も増えている。」

考えよう　**Ⅳ-3** ● 貨幣の流通速度は利子率に依存する $V = V(r)$ と考え（第Ⅲ章 p.76〜77）、*LM* 曲線を貨幣数量説的に説明しなさい。

第1部　基本的枠組

図6　*LM*曲線

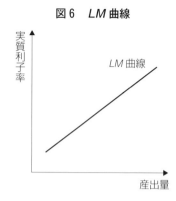

IV-5　*IS-LM*分析による政策分析

「さあ *IS* 曲線の導出も *LM* 曲線も説明したから、*IS-LM* 分析の道具立てが両方そろったね。ここで復習すると

- 生産物市場が均衡するような利子率と産出量の組合せが *IS* 曲線
- 貨幣市場が均衡するような利子率と産出量の組合せが *LM* 曲線

だね。つまり2つの変数を決めるのに、式が2つある連立方程式であるわけだ。」
── 数学的には簡単ですよね。
「そうなんだね。なまじ意味づけがあるから、複雑に感じられてしまうんじゃないかな。ただ *IS-LM* 分析は**2つの市場の均衡を1つの図で表す図解法**であるという点は注意が必要だ。普通の部分均衡分析では、外生変数である価格が上がれば内生変数である供給を増やす供給曲線、需要を減らす需要曲線というわかりやすい関数の論理に基づいているが、*IS-LM* 分析はそうではない。」
── つまり部分均衡分析は1つの市場を分析するものだが、*IS-LM* 分析は2つの市場だという点ですね。
「内生変数同士、r と Y の組合せを表しているんだね。この点は重要だから、勘違いをしないように。」

第IV章　*IS-LM*分析：ケインズ的なマクロ体系

政府支出増大と減税

「まず *IS-LM* 分析における財政政策の効果から考えてみよう。*IS* 曲線は

$$r=\frac{1}{a}[\bar{C}-(1-c_m)Y-c_m\bar{T}+\bar{I}+\bar{G}] \qquad\qquad [\text{線形の } IS \text{ 曲線}]$$

と表されたね。政府支出の増加は $\bar{G}$ の増加、減税は $\bar{T}$ の減少によって表されるから、これはグラフでは右上方にシフトする。*IS-LM* 分析で大事なことは政策に応じて *IS* 曲線や *LM* 曲線が『シフトする』ことだ。」

── どうして**シフトする**のか、もう一つわからないんですけれど。

「線形のケースで確かめてみることにしよう。さっきは *IS* 曲線は $r=\frac{1}{a}[\bar{C}-(1-c_m)Y-c_m\bar{T}+\bar{I}+\bar{G}]$ と表されたよね。

ここで $\bar{G}$ が上昇することは一次関数 $y=\alpha+\beta x$ を考えると理解しやすい。つまり、y 切片である α が大きくなることだね。だから図7で示されるように *IS* 曲線が *IS'* 曲線に右上方にシフトして、その結果、利子率は上がり産出量は増大しているんだね。」

── 政策効果は *LM* 曲線の形や傾きに依存しますよね。

「そうだ。45°線分析は貨幣市場の制約がなく、生産物市場だけで Y を決定した。しかしここでは投資 I は利子率 r の減少関数だから、貨幣市場が逼迫して利子率が上昇すれば、投資は減少してしまう。

そこで考えなくてはならないのは、以下の2つの効果だ。

[1] 乗数効果による産出量増加
[2] 貨幣の取引需要増加による利子率上昇……（クラウディングアウト）

この**クラウディングアウト**とは、利子率が上昇して民間投資を押しのけていくという意味だ。政府支出が増えるということは限られた貯蓄を民間投資と分け合って使うことになるので、その価格である利子率が上昇してしまうわけだ[7]。」

7）45°線分析はケインズの一般理論で図解して導入されているものだが、*IS-LM* 分析は英国の経済学者ヒックスが *LM* 曲線を導入して、数学的にまとめたものである。そのためクラウディングアウトによる利子率上昇を**ヒックス・メカニズム**とも呼ぶことがある。

第 1 部　基本的枠組

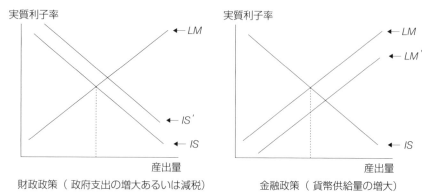

図7　*IS-LM* 分析による政策分析

財政政策（政府支出の増大あるいは減税）　　　金融政策（貨幣供給量の増大）

—— クラウディングアウトとは、英語で『押しのける』という意味ですよね。**民業圧迫**ということですか。

　「そうだね。政府が貯蓄を使ってしまって、民間投資を阻害するんだね。

$$M^d/P = L_1(r) + L_2(Y)$$

の式で要因を分離して考えよう。極端なケースだけれど、*LM* 曲線が垂直になると、式では $\bar{M} = L_2(Y)$ となり図から明らかなように政府支出 G を増やしても産出量 Y が増えなくなって、利子率だけが上昇する（図8）。*LM* 曲線が垂直な場合とはどういうことかわかるかな。」

—— *LM* 曲線が垂直とは貨幣需要が利子率に依存しないことですね。利子率が高かろうと低かろうと、使う貨幣の量には変わりがないということです。

　「そうだね。この現象はミルトン・フリードマンの指摘以来、重要視されるもので**『100%クラウディングアウト』**という。なお後で『流動性のわな』として、*LM* 曲線が水平な場合を考察する。

　LM 曲線が意味するところは貨幣市場の制約だ。それなら当局が貨幣を充分に供給すればよいし、現状の日本のように資金需要もなく、世界利子率に影響される場合（第Ⅷ章、第Ⅸ章）、*LM* 曲線が水平であると考えても良いかもしれない。」

金融政策の図解と問題点：インフレ・バブル・超低金利

　「次に金融政策だ。*LM* 曲線の定義を見ると、M が上昇すると、*LM* 曲線が右

第Ⅳ章　IS-LM分析：ケインズ的なマクロ体系

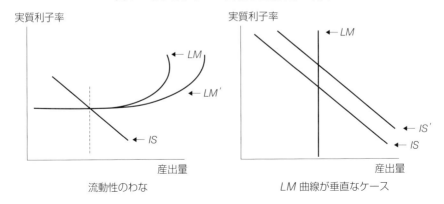

図8　さまざまなLM曲線と金融政策の効果

下方にシフトする。この場合、利子率も下落することが明らかだ。」
—— うーん、たしかにそうなりますけれど、なんだか話がうますぎないですか。
「じゃあ問題点を3つあげてみよう。

- 1番目は名目価格一定の仮定だ。

　貨幣供給量増加というのは貨幣が増えることだが、*IS-LM*分析は名目価格一定を前提としているモデルだ。だから*IS-LM*分析ではインフレーションの可能性はもともと考えられていない。これは新古典派的な貨幣数量説の結果、貨幣が増えれば物価が上昇してインフレになると考えることと対照的だね。

　現実には、短期的に名目価格はなかなか動かないが、長期的にはインフレになると考えられている。たとえば中央銀行が貨幣を増やしたからといって、近所のスーパーマーケットが突然価格を改定するわけではない。しかしあまり増やしすぎるといつかはインフレになるんじゃないか、という意味だ。

- 2番目は、本当に**低金利**が望ましい状況なのか、という問題だ。

　ケインズが一般理論を書いた当時の英国には親子代々の金利生活者が多かった。リスクを取らない彼らの『安楽死』を願って一般理論は書かれていると言ってもいいし、またケインズ的な利子率決定理論とは限られた金利生活者の集団が貨幣で持つか、債券で持つかを考えるものと言ってもいい。

　しかし現在の日本を同じに考えることはできない。労働者が年を取って金利生

111

第1部　基本的枠組

活者になるわけだからね。現在の低金利で預金生活者は困っている。

　利子が少ないと消費が減るというルートもある。家計部門の金融資産残高は2,200兆円。利子率が1％上昇すると、家計に22兆円の所得が増大するね。

● **3番目はバブルだ。**

　1990年代初めまでのバブルは、日本銀行が大量に供給し、銀行がむやみに貸し出したお金が株や土地などの資産の売買に向かった。つまり新古典派でもケインジアン的 *IS-LM* 分析でも分析できない新しい事態が起きたんだね。」

水平な *LM* 曲線：流動性のわな

── 現在では、貨幣を増発しても実体経済に回らず、金融政策が無効と言われているんじゃないですか。

　「たしかにそういった状況はある。*LM* 曲線が水平になる状況とは、貨幣市場の均衡が産出量 Y に依存しない、つまり産出量がどんな水準でもよくって、利子率 r が低く一定のところで張り付いてしまう状況だね。式では $\bar{M}=L_1(r)$ となる。この場合には図8からもわかるように、金融政策は無効になるが、逆に利子率は上昇しないから、財政政策が極めて有効になる。」

── どうしてこんなことが起きるのかしら。

　「この『**流動性のわな**』の状況は、もともとケインズが重視した事態で、貨幣を増発しても利子率が下がらない事態を指している。」

── 利子率が下がらないと投資も刺激されないわけですね。

　「たとえば無期限国債コンソルの市場価格は配当 d を市場利子率 r で割ったものだったよね（第Ⅲ章数学トピックス）。

$$\text{無期限国債の市場価格} = \frac{d}{r}$$

だから毎期10円の利子が支払われて市場利子率が4％のときには無期限国債の価格は250円だが、5％に上昇するとその価格は200円に下落する。」

── まあ計算すればそうなりますよね。

　「つまり、利子収入は10円だからもともと少しだけれど、それに比べて市場利子率が1％と少し動いてもキャピタル・ゲインの変動幅は50円と大きい。

112

第Ⅳ章 *IS-LM*分析：ケインズ的なマクロ体系

そこで一定限度以下に市場利子率が下がると、貨幣に対する流動性需要は無限大となって、誰も債券を買わなくなってしまう状況が**流動性のわな**だ。

つまり人々が将来、利子率が上昇すると予測していると、貨幣を増加させても債券を買わないので、利子率が下がらなくなってしまう状態だね。」

── じゃあ、現在は金利が低いから、流動性のわなの状態なんですか。

「これは難しい問題だね。第Ⅷ章でもう一度考えるけれど、現在の長期停滞はバブル崩壊と不良債権問題の後始末から起こっているから、このケインズの議論をそのまま受け入れるわけには行かない。また本来の『流動性のわな』の状態では金融政策は有効じゃない代わりに、財政政策の効果は絶大だ。でも今の日本の赤字だらけの財政状況ではそうとも言いにくいね。」

考えよう Ⅳ-4 ● *IS-LM*分析で総物価水準 *P* を明示的に考えると、式は2つだが未知数は3つとなる。この観点から新古典派の体系とケインズ派の体系を区別してみよう。

Ⅳ-6 総需要・総供給分析

「*IS-LM*分析は利子率と産出量の関係を表すものだったね。総物価水準と産出量の関係を分析するのが、これから説明する総需要・総供給分析だ。

これは *IS-LM*分析により**総需要曲線**（Aggregate Demand: *AD*）をまず導出し、**総供給曲線**（Aggregate Supply: *AS*）をフィリップス曲線をもとにさまざまな理由付けで導出するものだ。」

── フィリップス曲線はインフレと失業率の関係ですよね。

「失業率はオークンの法則を通して、産出量と関連がある。そこでフィリップス曲線の失業率の部分を産出量に置き換えたものと考えれば良い。

図9を見ればわかるように、総需要曲線がシフトしても

● 総供給曲線が『水平』ならば物価が上昇しないから、需要を増大させる政策の効果は最大限発揮できる。逆に
● 総供給曲線が垂直ならば物価が上がるばかりで政策効果はなくなってしまうね。」

第1部　基本的枠組

図9　ケインジアン的ケース（左）と新古典派的ケース（右）

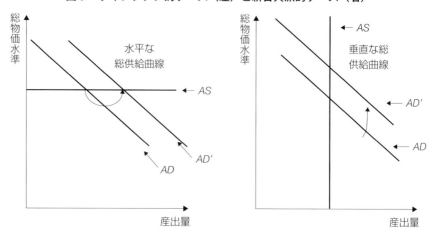

―― さまざまな理由付けとかじゃ、総供給曲線はよくわからないんですけど……。

「新たに『物価水準が高いと産出量が増加するようなメカニズム』を供給サイドで考える。これが総供給曲線だ。しかし、唯一の正しいメカニズムはないのが困ったところだ。」

―― 普通はどう考えるんですか。

「あと少しで説明するけれど、基本的には労働市場のメカニズムを新たに考える場合が多いね。

　もともと総需要・総供給分析は昔からあった手法じゃないから、さまざまなメカニズムを追加するんだね。IS-LM分析では名目価格や名目賃金は硬直的と最初から仮定されているから、70年代のインフレーションを分析できなかった。そこで新しく総需要・総供給分析を導入して分析を始めたわけだから、多少泥縄のところがある。」

総需要曲線：なぜ AD 曲線は右下がりか

「まず AD 曲線が右下がりであることを示そう。
- **AD 曲線**：IS 曲線と LM 曲線を連立させて、利子率 r を消去する。実際に p.105 の IS 曲線と p.107 の LM 曲線を使って計算すれば、物価水準 P と産出量

第Ⅳ章　*IS-LM* 分析：ケインズ的なマクロ体系

Y は負の関係を持つことがわかる。」

―― 計算していくとたしかにそうなりますが、直観的にはどういうことですか。

「2つの方法で説明しよう。

[a] *LM* 曲線、$M/P = L(r, Y)$ から、『分子の *M* を増加させること』と『分母の *P* が減少すること』は同じ効果を持つことがわかる。*IS-LM* 分析では *M* が増加すると、*Y* が増加するよね。それと同じ理由で物価 *P* が低いと実質貨幣量が増加しているから、産出量水準 *Y* は大きくなっている。

[b] 貨幣数量説 $MV = PY$ の左辺 *MV* が一定に制限されている、と考えると *P* と *Y* は逆相関する。」

総供給曲線：なぜ *AS* 曲線は右上がりか

「じゃあ次は総供給曲線の場合だ。

- **AS 曲線**：*P* が上昇すると、**名目賃金率一定の仮定**のもとでは、生産が有利になる。

α を正のパラメーター、*Y* を通常の産出量として以下のように表そう。

$$Y = \bar{Y} + \alpha(P - P^e) \tag{21}$$

(21)式は予想した物価水準 P^e より現実の物価水準 *P* が高いと生産は刺激されることを表しているね。」

―― どうしてこうなるんですか。

「あまり詳しくは説明しないけれど、

- **名目賃金水準は硬直的**だけれど、**名目物価水準は伸縮的**だ

というのが、*AD-AS* 分析の仮定だと先に説明したよね。ここで物価水準が上がるということは生産物価格が上がって収入は増えるけれど、費用である名目賃金水準が固定的なので、企業側ではより儲かるということになる。具体的にはもっとさまざまな説明がなされているんだけど、ここで代表的な説明である農家が期待錯誤を行う場合について説明しよう。

時給800円だと4時間しか働かないが、1,000円だと6時間働く農夫がいたとし

第1部　基本的枠組

よう。ところが農夫が知らないうちにインフレが起こって、本当は800円の価値しかないんだけれど、名目値は1,000円だから農夫は錯覚してしまって、労働供給を増加させてしまう、というのが直感的なストーリーだ。

　企業や労働者がどういったふうに予想を間違えるか、あるいは価格や賃金のどちらが硬直的かによって、さまざまなモデルがあるけれど、ここではこのぐらいにしておこう。」

Ⅳ-7　ケインズ分析のまとめ

── ケインズ分析は新古典派のようになかなかすっきりと理解できませんね。

　「ケインズ的な分析方法は、以下の不況期の経験的状況をつぎはぎしてまとめたものだ、と考えると良い。まず

[a] 価格による調整が不充分で（名目賃金の下方硬直性・フィリップス曲線）、
[b] 需要が増えて生産が活発になったとしても生産要素市場に影響を与えない状況で（非自発的失業・資源の不完全雇用）、
[c] 所得減少と消費減少の悪循環（ケインズ型消費関数）を考察したものだ。」

── 理論というよりも、経験法則を数式にまとめたものなのですね。

　「だからモデルの基礎であるフィリップス曲線が、70年代のように上方シフトなどが起これば、ケインズ経済学は動揺する。また後述するが、日本の場合、投資と利子の関係には疑問がある。第Ⅰ章で近年の日本経済を考えて見るとケインズ的な『診断』は正しいことが多いが、『処方箋』は限界があると説明したが、その主な理由は投資が利子に対して反応しないことだ。」

── 実際に投資関数における a や限界消費性向 c_m の大きさが問題となるわけですね。

　「ここは大事なポイントで、これから考え直すところだが

● 通常、図解するような X 型ではなく、プラス型に近いと考えると良い（図10）。本章で使ったパラメーターに即して説明すると、IS 曲線では投資の利子弾力性 a が小さく、限界消費性向 c_m が大きい場合であり、LM 曲線では貨幣需要の利子弾力性 c が小さい場合だ。」

116

第Ⅳ章　*IS-LM*分析：ケインズ的なマクロ体系

図10　X型とプラス（＋）型

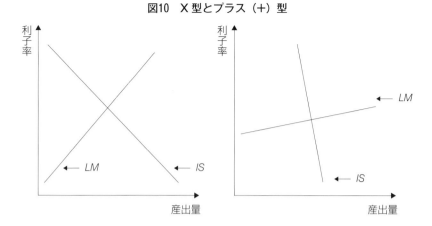

—— 設備も金融市場も利子率変動の影響を受けないわけですね。いくつも分析手法が出てきましたね。

「もう一度、図1（p.91）を見て分析手法の関係を確認しておこう。

- [1] 45°線分析は所得と消費が悪循環するケインズ型消費関数を中心に考察したモデルだ。数学的には1つの式で1つの未知数 Y を決定することになる
- [2] 次に投資 I を利子率 r に依存するとして、内生化した *IS-LM* 分析だ。新たに貨幣市場の均衡を表す *LM* 曲線を導入し、2つの式で、2つの未知数を決定することになる。
- [3] 最後に物価 P を内生化する *AD-AS* 分析だ。フィリップス曲線をもとに構成した総供給曲線を導入し、*IS* 曲線と *LM* 曲線を連立させ利子率 r を消去した総需要曲線との連立方程式をもとに、P と Y を決定することになる。

名目賃金率固定のもとでのインフレーションを分析する *AD-AS* 分析や超金融緩和下での貨幣市場制約を重視する *IS-LM* 分析は疑問だ。」

—— だんだん複雑になっていく順序がわかりました。

「各市場での想定の違いは52ページの第Ⅲ章表1を見てもらうこととして、ここでいったん2つの考え方をまとめておこう。

- ケインズ型マクロ経済において政府は『賢い政府』であり、財政政策や金融政策などを積極的に行う。失業は『非自発的失業』であり、生産物市場は需要

第1部　基本的枠組

サイド重視である。利子率は『貨幣で持つか、債券で持つか』の相対価格であり、名目と実質の区別はあいまいである。

● 新古典派において政府は『政府の失敗』を起こす。失業は『自然失業率』であり、生産物市場は供給サイド重視である。実質利子率は『現在と将来の財の配分』を決定するものであり、名目と実質は貨幣数量説や二分法などで明確に分けられている。」

上級トピックス ◆「協調の失敗」と新ケインジアン経済学

　「名目賃金下方硬直性に対するもともとのケインズの考え方は**『相対賃金仮説』**と言われるものだ。労働者はお互いの賃金を比べながら、どのくらいもらうのが『正当』かを考える。たとえば、トヨタの労働者の名目賃金が月50万円だったとする。そうすると日産の労働者も50万円もらわないと納得しない。」

── なんとなく気持ちはわかりますね。

　「そして不況になったとき、日産の経営者が労働組合や労働者に『うちの会社は苦しいから、月40万円にしてくれ』というと、日産の労働者は『そんなことはとんでもない。トヨタが50万なんだから、うちも50万に決まってるだろう』と言うわけだ。

　ところが日産ばかりでなくトヨタも経営が苦しい場合もある。トヨタも日産もお互いにメンツがある、とか、いい労働者が逃げてしまう、とかいろいろな理由で50万円は高すぎるけど40万円に下げることができないという状況だとしよう。このとき両者一斉に賃金を下げればいいんだけれど、互いの状況がわからないから、そうは簡単にいかない。このような状況は、マクロ経済学を理解するためにはとても重要で、新ケインジアン経済学（p.269）という最先端の研究でも**『協調の失敗』**といって重視されている。

── よくありがちな状況ですものね。

　「たとえば満員のスタジアムで野球を見ている観衆のうち、一人がぱっと立ち上がったとする。最初の人はぱっと立ち上がったんで野球がよく見えるようになったが、みんなが立ち上がったら、結局最初の一人も、最後の一人

第Ⅳ章　*IS-LM*分析：ケインズ的なマクロ体系

も、とにかく立たないと見えない、という状況になる。この場合一人だけ座ると野球は見えなくなってしまう。これが『協調の失敗』だね。ケインズが考えた『名目賃金の下方硬直性』はこの『協調の失敗』で説明できる。

　そこで面白いのは、こんな意地の張り合いがあるときでも、インフレーションによる賃金の目減りに労働者は反対しなくなるんだね。」

── どうしてですか。

　「互いのメンツが立つからだね。インフレーションが起こると両者とも同時に実質賃金を目減りさせることができるからだね。これが『名目賃金の下方硬直性』のポイントだ。」

── でもそんなふうに『横並び』で賃金を決めていたら、業績の良い企業の労働者は文句を言わないのかしら。

　「ただ横並びと言っても、一概に悪いこととは限らない。マクロ経済全体の状況を考え決定するという意味では、いい結果を生むこともある。日本の春闘は横並びの賃金決定メカニズムだけれど、**協調の失敗**を克服して、とてもうまくいっていたんだね。」

上級トピックス ◆ セイの法則

　「供給は需要を作る」というセイの法則が成立つかどうかが、新古典派とケインジアンを分かつポイントとされることがある。両者の考え方の違いをまとめておこう。

(1)**新古典派**　何かが生産されれば、誰かが賃金・利潤・地代を受け取って収入が増える。収入が増えれば、財に対する消費需要が増える。たとえ消費が増加せず、貯蓄が増加しても、金利や物価が下がるので、他の人が借りやすくなって需要がやはり増える。

(2)**ケインジアン**　貯蓄が増えても、金利や物価は下がらない（流動性のわな・名目賃金下方硬直性）ので、生産が減少する。生産が減少しても、企業は名目賃金が下がらないので失業が増える。この失業や供給過剰を回避するために、利子率を操作する金融政策や、需要を増大させる財政政策の活用が必要となる。

119

◉第Ⅴ章◉ 家計の行動と消費関数

「今まではマクロ経済学の二つの考え方を大づかみにして学んだ。ここからは部分部分の構成要素を家計（第Ⅴ章）、企業（第Ⅵ章）、財政政策（第Ⅶ章）、金融政策（第Ⅷ章）の順で、一つずつ再検討してゆくことにしよう。なかでも
- 現実のデータはどう動いているか
- 歴史的にどう分析され、現代的な定式化はどのようなものか

が問題となる。」

家計の４つの側面——消費者・労働者・資本家と再生産

「さて家計はどのようなことをしているか、まとめてごらん。」
── そうですね。まず家計は働いて給料をもらうということが第一番ですね。それからモノを買って、貯蓄を行って、株や土地など資産選択を行います。第Ⅰ章図1に表されています。

「そうだね。まず第1に労働供給だ。そして第2に消費財を需要するか、貯蓄をするかを決めなくてはならないし、第3にその中でどのような資産で貯蓄を行うか選択しなくてはならないね。これらの行動はマクロ経済の中でどのくらいの重みを持っているか、だいたいの数字をまとめておこう。

第 2 部　個別需要項目

表 1　日本の家計金融資産（2024 年 6 月末）

種類	内訳	
現金・預金	1,127 兆円	51.0%
債券	30 兆円	1.3%
投資信託	128 兆円	5.8%
株式・出資金	301 兆円	13.6%
保険・年金準備金	545 兆円	24.6%
計	2,212 兆円	

（出所）日本銀行資金循環

- **［消費者］**家計消費は GDP の 6 割弱だ。GDP は600兆円ぐらいだが、320兆円が消費されており（2023年）割合が下がっている。
- **［労働者］**労働力人口は7,000万人弱（第Ⅱ章）ぐらいだ。
- **［資本家］**家計は2,212兆円弱の金融資産を持って資産選択を行っている

ということだ。」

── 本当に2,212兆円も金融資産を持っているんですか。

　「この数は日本銀行の資金循環に載っているものだ。2,212兆円は日本国民一人当たり1,800万円弱の金融資産を持っているということになるから、たしかに巨額の数字だ。その内訳は表1にまとめてある。さらに家計は

- 443兆円の固定資産、1,205兆円の非金融資産（2022年国民経済計算）を持っているし、
- 債権者であると共に、665兆円近くの債務者（家計調査）でもある。」

── でもやっぱりたいしたものですね。

　「一つ注意をしておこう。金融資産の大半は一部の金持ちに集中しているし、普通の家計のなかでも中高年層に偏重している。（図 1 (b)）つまり年功序列賃金や退職金の結果なんだね。だから皆が満遍なく金融資産を持っているわけではない。

　もう一つ家計について、大切なことを忘れてないかい。」

── うーん、わからないですね。

第Ⅴ章　家計の行動と消費関数

「それは**子ども**だ。少子高齢化とは家計が子どもを『再生産』しないことだね。この章では日本経済が直面する**少子高齢化**の問題についても考えてみよう。」

消費行動の現状

「まず家計と消費の統計について調べてみよう。厚労省の2023年**国民生活基礎調査**では以下の結果が得られている。

- 全世帯総数は5,445万世帯、平均世帯人員は2.23人
- 『夫婦と未婚の子のみの世帯』は約1,352万世帯
- 『高齢者世帯』は1,656万世帯
- 1世帯当たりの平均所得金額は約524万円、中央値は405万円

ただ国民生活基礎調査は3年に1度の大規模調査だから、家計の消費行動を知るためには、総務省の**家計調査**が最も便利なものだね。たとえば2023年の家計調査によると2人以上の勤労者世帯の実収入は月額61万円、税金などを引いた可処分所得は49万円、消費支出は32万円だね。」

——　貯蓄はどうなのかしら。

「2023年の調査だと、2人以上の世帯の平均貯蓄現在高は1,904万円なんだ。ところが3分の2の世帯は、この平均額より低く、100万円未満のところに13%の世帯が集中している。」

——　家計の貯蓄率は低下しているんでしょう。

「そうだね。SNAの結果は図1を見ればわかるけれど、コロナ禍頃までは下落傾向にあり、これは無職の世帯や帰属家賃などの特徴を調整した結果だ。家計調査によれば勤労者の貯蓄はおおむね上昇傾向だ。」

——　ただ低下一方ではありませんね。

「貯蓄率は少子高齢化トレンドなどのライフサイクル要因や成長率低下による所得低迷だけで決まるものではない。短期の景気サイクル要因にも左右され、高所得が続くと上昇する。

また1990年代にはバブル崩壊で株価が低迷し、地価も下落した。これは『過去』の効果だ。」

——　『将来』不安が増えて、貯蓄に走るって言わないですか。

「そうだね。山一證券や北海道拓殖銀行が破綻した後の97年12月には5%も家

第2部　個別需要項目

図1

(a) 家計貯蓄率のトレンドとサイクル

（データ出所）国民経済計算　家計可処分所得・家計貯蓄率四半期別速報

計消費は減ったんだよ。このように雇用不安・高齢不安・介護不安と3つの不安があるから、消費意欲が減退している、と言われている。だから医療や労災に加えて雇用保険・年金・介護保険と社会保険は5種類あるね。このⅤ章ではこれらも学習しよう。」

Ⅴ-1　家計消費の「現在・過去・未来」

ケインズ型消費関数の問題点

「まず、家計の消費はどんなことに影響されるのだろうか、という問題を考え直そう。第Ⅳ章の**ケインズ型消費関数**はどんな考え方だっただろう。」

── ケインズ型消費関数の特徴は何といっても、消費は『現在所得が中心に決定

第Ⅴ章　家計の行動と消費関数

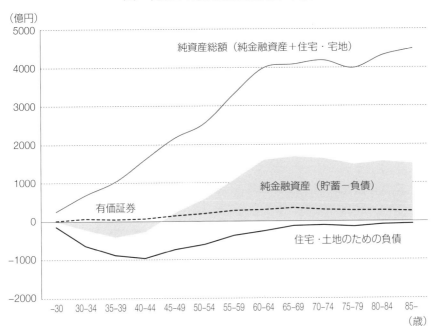

(b)　世帯主年齢階層別金融資産と負債

（データ出所）全国家計構造調査

される』ということですね。

　「そうだね。『現在』というところが大事な所だね。この考え方には
[1] 消費の定式化としてこれでいいのか、という問題と
[2] 定式化がケインズ的政策の効果に影響する
という2つの問題がある。まず現在の給料が増えれば消費も増えることになるけど、単純すぎないかい。」
—— そうですね。普通、同じ所得でも『宝くじで100万当たった』のと『定期給与で100万もらう』では使い方が違うんじゃないですか。
　「その通り、そこが問題だね。新聞の景気予測なんかだと、平均消費性向が変化すると**消費マインド**が悪化したとか書いてあるが、このマインドが重要だね。」
—— でもマインドが強くなったってことは、要するに消費者が強気になったということでしょう。消費者が強気になったから、消費が増えたっていうのはあんま

125

第2部　個別需要項目

り説明になっていないように思うんですけれど。

　「だから最近の研究では、いろんな要素をもっときちんと定式化して総合的に考えようとしているんだね。たとえば財産をたくさん持っていれば消費にプラスの影響を与えるし、将来が不安な職業だとマイナスだ。この点は後のロバート・ホールの現代的定式化（p.130）を学ぶところで、もう一度考える。」

説明すべき統計的事実

　「もう一度ケインズ型消費関数を書いてみよう。

$$C = \bar{C} + c_m Y$$

ここで C は総消費、$\bar{C}$ は独立消費、c_m は限界消費性向、Y は所得だ。Y で両辺を割って、平均消費性向 C/Y を考えると、

$$C/Y = \bar{C}/Y + c_m$$

となり、平均消費性向は所得 Y に反比例することになる。

　そこでケインズ型消費関数のパズルとして、古くから次の2点の矛盾が指摘されている。

- 　1時点のデータである**クロス・セクション・データ**で、所得と消費の関係をみると、高所得者層ほど平均消費性向は低く、確かにケインズ型消費者関数は当てはまる。
- 　ところが長期間の**タイム・シリーズ・データ**でみると平均消費性向は長期的に安定しており、古い米国のデータではだいたい $C \approx 0.9Y$ になっている。

ちょうど図2のようになっている[1]。」

—— もともと長期間に同じ効用関数が当てはまるって考えるのはおかしくないですか。だって明治時代と同じってことは考えにくいですからね。

　「それは鋭い指摘だね。でも第二次世界大戦直後は本当にこのまま平均消費性

1）経済学のデータにはクロス・セクション・データ、タイム・シリーズ・データと共に、**パネル・データ**がある。これはクロス・セクション・データで扱う部門別データを時系列的にも扱うものである。

126

図2　消費関数のパズル

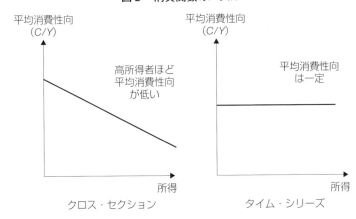

向が下がり続けて不況になるんじゃないかと心配されたんだね。」

V-2　消費関数の3大仮説

3大仮説［1］：相対所得仮説と習慣形成

　「最初にこの消費関数のパズルを考察したのは、ハーバード大学のデューゼンベリーだ。彼は**相対所得仮説**を提案した。ケインズ型消費関数によれば、消費性向は、個人個人の所得に依存するものとされていたね。しかしデューゼンベリーは、近所の人たちや会社の同僚などと比較した、相対的な地位に消費は依存している、と考えたんだ。端的に言えば貧しい人は見栄を張るから消費性向が高い、ということだ。」

—— じゃあ、金持ちのように見えたい、ということですか。

　「そうだね。見栄を張って大きな車に乗っていると金持ちに見えて、社会的に信用されるし、貧しい家計は頑張って人に追いつこうとして過大な消費をしてしまう。こういった行動は社会の相対的地位に影響されるから、長期的な平均消費性向は変化しないことになる。」

—— わかるようでわからないですね。

　「昔の映画を見ればわかるが、会社員はみな銀行員のようなきちんとした堅苦しい身なりをしている。**みかけで判断される社会**だからだ。それで無理をして衣

服を買ったり、高級車を買ったりしていたわけだ。

　もう１つデューゼンベリーが考えた副次的なパズルは、**習慣形成仮説**というものだ。平均消費性向は不況期に上がり、好況期に下がるなど好不況に左右される。この理由は不況になったからといって、『習慣』があり、すぐに生活レベルを下げられないといった意味だ。ガソリンが高くても大型車をすぐに小型車に変えられない。消費が長期的に安定していることを説明するための仮説だ。

　これらの説は一時は人気がなかったけれど、消費に関する微妙な点を表しており、また注目を浴びているね。」

3大仮説［２］：フリードマンの恒常所得仮説

　「次にケインズ型消費関数の批判を行ったものに**恒常所得仮説**がある。この仮説は所得を『恒常所得』と『一時所得』に分けて消費に与える影響を考えようとしたもので、シカゴ大学のミルトン・フリードマンが1950年代に唱えたものだ。」
── 具体的にはどう考えるんですか。

　「まず、所得を恒常所得 Y^P と変動所得 Y^T の２つに分けるんだね。

$$Y \ = \ Y^P \ + \ Y^T$$
［所得］ ［恒常所得］ ［変動所得］

そして恒常所得からの消費の割合は大きいが、変動所得からは少ないと考える。つまり定期的な所得が増えたら消費は増えるが、宝くじはいったん貯金してしまう、ということだね。そうすると景気の良いときには変動所得の割合が大きいから、消費動向は低下することになる（図３）。」
── フリードマンというと貨幣数量説やフィリップス曲線を研究した人でしょう。いろんなことを考えたんですね。

　「フリードマンという人はケインズ的な考え方に異論を唱えつづけた人だ。実はこの恒常所得仮説による考え方だとケインズ的な乗数効果を弱めるんだね。」
── どうしてですか。

　「現在所得が増えれば消費が増えるというのが、乗数効果の基本だ。ところが、一時的な公共事業や減税では恒常所得は増加しない。だから消費も増えないんだね。図４では45°線分析に即して、この点が説明してある。」

図3　恒常所得仮説と平均消費性向

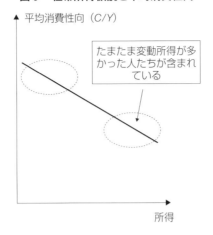

考えよう　V-1 ● IS-LM分析に即して、恒常所得仮説を考えるとどうなるだろうか。

3 大仮説［3］：モディリアーニのライフサイクル仮説

── フリードマンの恒常所得仮説は、不況の時に備えて好況の時に貯蓄するというものですよね。でも貯蓄は不況に備えるというよりも、老後に備えるといった側面も強いんじゃないですか。

「いい質問だ。だから今度は老後のための貯蓄である**ライフサイクル貯蓄**を考えてみよう。この仮説はモディリアーニらが提案したもので、この若い時に貯蓄して老人の時に取り崩す、という行動を考えたもので、第Ⅲ章で学んだ新古典派的な貯蓄決定を現実のデータで確認したものだ。

恒常所得を生涯所得に、高所得者は若い人、低所得者は中高年と読み変えると、恒常所得仮説と同様のメカニズムを考えているともいえる。」

── これは第Ⅲ章でも考えましたね。これはそんなに凄い着眼点なんですか。

「今から見ると当たり前だが、1950年代当時は、データも揃わずコンピューターの性能も低く、実証分析など簡単には行えなかった。ところがモディリアーニは理論を元にあざやかな実証分析を行ったんだね。」

── これは長いスパンで考えるべき仮説ですね。

「そうだね。図1でも見たように、トレンド的な貯蓄率の低下をライフサイク

第 2 部　個別需要項目

図 4　45°線図と恒常所得仮説

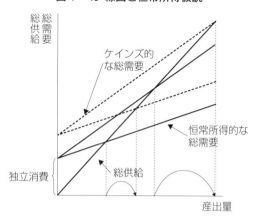

ル仮説で考え、サイクル的な変動を恒常所得仮説や習慣形成仮説で考えると良いかもしれない。それにしてもコロナ禍時は定額給付金もあり、貯蓄率の上昇は急だけれど。

　ただし日本の貯蓄の最大の問題点は高齢者の貯蓄の取り崩しのスピードが遅いことだ（図1(b)）。文字通りのライフサイクル仮説が人生最終期にあてはまるのか、という問題は盛んに議論されており、後でも検討する。」

考えよう　V-2 ●　高齢化は貯蓄率にどのような影響を与えるでしょうか。

V-3　消費関数の現代的定式化

ホールのランダム・ウォーク仮説

── 日本は高齢化が進むから、平均消費性向が低下したというのはわかるんですが、フリードマンの恒常所得仮説だと不況期は消費性向は上昇するんですよね。それではなぜ90年代後半の平均消費性向は低下したんですか？

　「これまで説明した通り、消費の3大仮説は、長期的視野に基づいて消費計画を立てる合理的な消費者を『念頭に置いた』モデルではあるのだが、合理的期待や動学的最適化の手法が一般的になる前になされた大まかなモデルだ。

第Ⅴ章　家計の行動と消費関数

日本経済トピックス ◆ 日米景気循環の特色の違い

　米国の株式市場では、労働関係の指標につれて、大きく相場が変動することがよくあります。景気先行指標にも雇用関係の指標が2つも含まれているほどです。一方日本では失業率は遅行指標の最たるものと見なされ、株価に反映することはほとんどありません。この違いを景気循環のプロセスからまとめると、以下のようになるでしょう。

● ［日本］生産　⇒　雇用　⇒　消費
● ［米国］雇用　⇒　消費（⇒　生産）

　つまり人を雇ってから生産をするか、生産をしてから人を雇うかの違いです。これは企業が労働者をどの程度、雇用継続するのか、つまり**労働保蔵**の程度が異なることによるのでしょう。日本では生産が上昇してもすぐには雇用、特に人員には波及しません。ところが雇用調整が容易な米国では、不況期に労働者を解雇してしまうため、好況初期にすら新規雇用が必要とされます。

　そこで不安定な雇用所得のもとで消費がどのように変化するかを考察した**消費関数**の推定が米国で盛んな一方、日本では所得が消費を大きく規定し消費の代理変数として所得が使われるまでとなってきました。つまりどこでリスクを吸収するのか、というプロセスの違いに影響しています。

● 日本では生産にさまざまなショックがあったとしても、**労働保蔵のバッファー**が大きく雇用や内需になかなか波及しませんが、
● 米国では雇用にさまざまなショックがあったとしても、**家庭内貯蓄のバッファー**が大きく、消費や生産への波及は不規則

と考えられるでしょう。そしてこのバッファーを「ダム」と表現してショックを吸収するプロセスを示すと、以下のように書けるでしょう。

● ［日本］生産　⇒　〈ダム〉　⇒　雇用　⇒　消費
● ［米国］雇用　⇒　〈ダム〉　⇒　消費（⇒　生産）

　米国におけるロバート・ホールらの消費関数の推定は、消費決定から所得を切り離す方向で発展してきました。しかし日本ではもう少し労働保蔵や賃金設定プロセスに注意を払って、マクロ経済を考察すべきではないでしょうか。

第2部　個別需要項目

　一方、ロバート・ホールのモデルは彼らの議論を現代的に再構成して、消費の動きは予測不可能なランダム・ウォークするという驚くべき理論的結果を得た。そこで、その後の活発な消費の研究をまきおこしたんだ。」

── なんだか難しそうですね。

　「ちょっと大変だが、以下の代表的消費者の最大化問題を考えよう。まず最初に各期の効用を割引要素 β で割り引いた後、足し合わせた効用関数を考えよう。

$$\max_{c_t} U = u(c_t) + \beta u(c_{t+1}) + \beta^2 u(c_{t+2}) + \cdots = \sum_{s=0}^{\infty} \beta^s u(c_{t+s})$$

もっと難しい効用関数もあるが、ここで考えるのは単純なものだ。次に予算制約式は

$$\underbrace{A_t}_{(i)} + \underbrace{W_t}_{(ii)} + \underbrace{\frac{W_{t+1}}{(1+r)} + \frac{W_{t+2}}{(1+r)^2} + \frac{W_{t+3}}{(1+r)^3} \cdots}_{(iii)} = c_t + \frac{c_{t+1}}{(1+r)} + \frac{c_{t+2}}{(1+r)^2} + \frac{c_{t+3}}{(1+r)^3} \cdots$$

　　［資産］　　　［現在から将来への所得の総和］　　　　　　　　　　［消費の総和］

となる。ここで大事なことは、きちんと定式化すると、以下の3種類のショックを考えなくてはならないということだね[2]。

(i)　：**資産** A_t に対するショック

(ii)　：**現在所得** W_t に対するショック

(iii)　：$\dfrac{W_{t+1}}{(1+r)} + \dfrac{W_{t+2}}{(1+r)^2} + \dfrac{W_{t+3}}{(1+r)^3} \cdots$：**将来所得**に対するショック」

── なるほど、さっき『現在・過去・未来』と言っていたショックですね。

　「こういったモデルをきちんと勉強することが、上級のマクロ経済学につながってくるんだね。」

考えよう　**V-3** ● 以上のモデルで借金をした消費者をどう表現すればよいだろうか。

───────────

　2）詳しくは脇田成［1998］『マクロ経済学のパースペクティブ』日本経済新聞社参照。

恒常所得仮説の限界：流動性制約

「ホールは先のモデルを解いて、$\beta(1+r)=1$ とおいて、二次効用関数 $c^2/2$ を仮定した。限界効用は c となり、u_t をショックとして加えると、消費の系列は

$$c_{t+1}=c_t+u_t \tag{1}$$

のように**ランダム・ウォーク**となることを示した。」

── あの、そもそもランダム・ウォークってなんですか。

「酔っぱらいが歩くようにいきあたりばったりで動くことだ。つまり現在所得 Y がいくらであろうと、消費は所得 Y と関係なしに動くという意味だ。

利子率ゼロのもとで生涯所得2億円を50年で使うと考えると、1年の消費額は400万円だ。10万円ぐらい現在所得が変動しても、生涯所得はさほど変わらないから、毎月の消費額も変わらない。

実際、このホールの推定式には所得 Y が出てこないよね。しかしその後の研究ではこのホールの議論は行きすぎで、ケインズ型消費関数のように所得 Y が、消費 C の説明にやはり有効で、いくら将来の所得が大きかろうとも、消費は現在の所得に制限されることを示している。そこで消費は現在所得になぜ制限されるのか、という問題がやはり重要となってくる。」

── 結局、ケインズ的消費関数に戻ってきたわけですよね。

「結論としてはそうなるから、議論のプロセスとしては回りくどいと思われるかもしれない。一度大きく理論的に考えた後で、もう一度所得と消費の関係をミクロ的に考えることになった。」

── 学生なんかじゃ、お金を借りたくても借りられないからじゃないですか。

「そうだね。これを**流動性制約**と言うんだけれど、この場合にはお金が足らないから、所得いっぱいを使うから、結果的に所得と消費は比例することになる。」

── 他にも理由があると思うなあ。

「次に重要なのは、賃金が平準化されている可能性だ。よくこんな給料じゃやっていけない、というが、企業がもともと生活費に応じて賃金を支払っているという可能性がある。これは賃金決定の**暗黙契約理論**で説明できるね。」

── 暗黙契約ってなんですか。

「きちんと紙に書いてあるわけではないが、暗黙の約束があるという意味だ。通常、大企業では好不況で利潤が上下しても、給与はさほど変動しないものだ。

第2部　個別需要項目

これは企業と労働者に不況時に給料を確保する代わりに好況期にさほど賃上げを
しない暗黙の約束があるということを意味している。見方を変えれば企業が労働
者に景気変動に対して保険を提供しているとも考えられる。」
── そうですね。通勤手当とか家族手当とか、労働の限界生産物という意味から
は割り切れないものも多いですよね。
　「あと興味ある考え方として、近年研究の盛んな行動経済学の先駆的研究で**自
己規律の結果**というものがあるね。借金をせずに暮らすほうがいい、自分で自分
を縛った方がいい、となんとなく思わないかい。」
── そうそう、お母さんは借金しちゃダメと言っています。
　「学生の消費-貯蓄行動は①金融機関が貸してくれない、②企業も面倒見てくれ
ない、③贅沢は身分不相応とまとめられる。」

V-4　日本人の貯蓄と資産選択

日本の家計貯蓄率はなぜ高かったのか？

── 恒常所得仮説やライフサイクル仮説の意味はわかりましたが、本当に日本に
あてはまるんですか。だって日本の雇用は安定的だったのに、昔は高貯蓄率だっ
たんでしょう。ヨーロッパやアメリカの人々と考え方が違うのかしら。
　「日本の貯蓄率はどうして高かったのか？という問題は古くからの大問題だね。
これには次の伝統的な説明がある。

- **社会保障**の水準が低いので、老後や病気に備えなくてはならなかった
- 所得が思いがけず高い成長を続けたので、消費やライフスタイルが追いつか
  なかった（**習慣形成**）
- **消費者金融**が未発達なので、必要なときにお金が借りられなかった
- 老齢人口比率が低くピラミッド型の**人口構成**だった

　これらは日本の高度成長期の特徴を強調するものだった。だからこれらの要因
は現在ではさほど重視されていない。」
── 日本は今後、高齢者がますます増加していくんですよね。高齢者は貯蓄を取
り崩すから、今後日本の貯蓄率は減少するんじゃないですか。

134

第Ⅴ章　家計の行動と消費関数

「単純なライフサイクル仮説に従うとそうなるね。でも図1 (b) に示されるように日本の老人は年を取っても資産を取り崩さず、貯蓄をやめないことが多い。

これは日本の高貯蓄率の理由の一つだね。100歳を超えた双子の姉妹きんさん、ぎんさんにお金をいっぱい稼いでどうするの、と聞いたら、どう答えたか、という話を知っているかい。」

── これは有名ですよね。老後に備えたい、って言ったんでしょ。

「そうだね。ただ貯蓄率の今後は日本人の生活態度や習慣の変化につれて、変わってくるかもしれない。たしかに今のお年寄りは質素に暮らしているかもしれない。でもこれからの若い世代が年を取ってから、どうなっていくかはわからないだろう。」

世代間移転の手段と動機

── ライフサイクル仮説っていうのは子どものことなんか考えなくて、自分のことだけしか考えないんでしょ。何だかおかしいなあ。

「これは重要なポイントだね。たしかに親は子どもの幸福を願って遺産を残す。借金を残す親もいるけどね。」

── 法的には借金は受け継がなくていいんですよね。

「このような世代間移転の問題は手段と動機をそれぞれ考えなくてはならない。

まず動機から考えてみよう。ここで大事なことは親が子どもに遺産を残したり、贈与していることが観察されたとしても、それはもちろん子どもが心配だから、とは限らない。実際の老人には、次のようにさまざまな**遺産動機**がある。

[a] 子どもが心配という**利他的遺産動機**
[b] 老後の面倒を見てもらうためや子どもの関心を引くための**戦略的遺産動機**
[c] たまたま早死にしてしまったり、死亡する時期がわからないため、財産を使いきることができないことによる**偶発的遺産動機**」

── どの動機が一番重要なんですか。

「貯蓄目的のアンケート調査から推測してみよう。アンケート調査では『老後目的』と答える人は多いけれど、『遺産目的の貯蓄』は案外少ないね。ところが現実の高齢世帯はなかなか金融資産を取り崩さないから、結果的には偶発的遺産動機による意図せざる遺産として残ってしまう。この点は後で予備的貯蓄として

第2部　個別需要項目

議論する。」

── 『子孫のために美田を残さず』なんて言いますよね。

　「甘やかしてはいけないが、人並みのことをしてやりたい、という考えが親心じゃないかな。スタートラインは同じで**機会は平等**だが、最終的な結果の平等までいたらない。この親心を考えると、既存の遺産動機の議論は少し機械的かもしれない。」

── 次は遺産の手段ですね。

　「いま遺産と言ったけれど、まず世代間移転は死亡時の遺産だけじゃなく、**生前贈与**である『教育支出』も考えなくてはならないね。

　遺産や贈与の手段として

［1］費用をかけても効果があるとは限らない『事前』の危険資産投資として**教育**
［2］貯蓄など**金融資産**
［3］親は死ぬまで住むことができる**持ち家**などの実物資産

と3分して考えることができる。また下記の頭の体操を考えてほしいが、

［4］**年金**や、
［5］**生命保険**があって、いろんな選択肢がある。」

── 難しいんですね。

　「日本の場合、遺産は不動産に片寄っており、偶発的遺産に近いとも考えられるかもしれないが、親は死ぬまで苦労して取得した『持ち家』（図1（b））に住めるし、相続したい子どもの歓心を買うこともできるからじゃないかな。リバース・モーゲージといって持ち家を担保に年金をもらう方法が合理的だとよく推奨されるが、これがあまり広がらなかった理由は、子どもも反対するし、親にも心理的な抵抗があるからだ。」

頭の体操 ● 絶対に子どもに遺産を残したくない親はどのように全財産を運用すればよいだろうか。また子どものことが心配でたまらない親はどのようにすればよいだろうか。

第Ⅴ章　家計の行動と消費関数

高齢者の予備的貯蓄

「病気や不時の災害など不測の事態へ備える貯蓄を**予備的貯蓄**というが、実は大きな貯蓄の動機だ。『家計の金融行動に関する世論調査』（金融広報中央委員会）による貯蓄動機アンケートでは７割程度の家計が予備的貯蓄が重要と答えて、2012年までは１位の回答となっている[3]。」

── 予備的貯蓄の数式の説明はないのでしょうか。

「予備的貯蓄は計算式が複雑で、きれいな解が得られない。しかもその行動は簡単に計測できない。しかし現実にはコロナ禍下でもリーマンショック下でも不安から家計貯蓄は増加した。だからショック時に家計貯蓄を補う政府からの現金給付はバラマキであるとは一概に言えない。先にも暗黙の契約理論（p.133）として説明したが、もともと日本の賃金制度自体は、企業が家計の直面するリスクをカバーするよう作られており、**生活費保障**という形で賃金が支払われているのである。」

── 長生きのリスクはどうでしょうか。

「昔はともかく、今の企業は長生きのリスクまでカバーしてくれない。そこで不安だから、政府があてにならないから、高齢者世帯は常日頃からなかなか貯蓄を取り崩さない（図１(b)）。日本の家計の貯蓄行動の最大のポイントは終末期の予備的貯蓄だ。」

── 2022年からの予期せざるインフレで預貯金も目減りもしましたね。

「家計貯蓄は預貯金に偏っており、２年間のインフレで７％も目減りしてしまった。家計預貯金1,100兆円（資金循環統計）の７％は77兆円にもなるのに、前日銀総裁は『家計は許容力があるから、インフレにしても大丈夫』と言う脳天気ぶりだった。もはや日本の年齢中央値はほぼ50歳である。老後の不安な気持ちに応えて、そんなに心配して貯金しなくても大丈夫ですよ、という制度を組み立てることが政府の役割のはずだ。」

日本人の資産選択：お金をどうやって貯めていくのか

「今まで第Ⅲ章や第Ⅳ章では、資産は貨幣と債券の二種類しかないと仮定してきたけど、実際にはたくさんの種類の資産があるよね。なかでも株式と債券の区

3）2013年以降は老後の生活資金（ライフサイクル要因）に次いで２位となっている。

第2部　個別需要項目

別、そして日本にとって土地や郵便貯金の役割は大事だね。」

—— たしかに沢山の種類がありますよね。どうやって分類すればいいんですか。

「それぞれの資産で、

* 流動性（換金性）（p.73参照）
* 危険性（リスク）
* 収益性（リターン）
* 分割可能性が異なる

との4種類の性質を考えればいいね。

　たとえば現金を持っているだけでは、何の収益性もない。しかし流動性を持つ現金は誰でも受け取ってくれる。銀行預金でも、定期預金は普通預金より流動性が低いが収益性が高い。だから資産選択は、資産の性質をうまく組み合わせて、4つの性質を兼ね備えた資産構成にすることになる。」

—— よくリスクとリターンと言われますよね。

　「いや、**流動性**も大切だ。売ろうと思うときに売れなかったら困るからね。

　1998年のロシア危機ではLTCMというヘッジ・ファンドは大損したんだけれど、この理由は持っていた米国債の29年物が売るに売れなくなってしまったから、と言われているね。円の国際化だって同じことで、日本の国債など資本市場の流動性が低く**使い勝手が悪い**から、アジア諸国の『円』使用が進まなかった。」

—— 米国の個人金融資産の約半分は株式なんですってね。日本人はそんなに株を持っていないから貯蓄は安全志向なのかしら。

　「うーん、少し変わってきたね。2023年の金融広報中央委員会の『家計と金融行動に関する世論調査』では、貯蓄種類を選択する際に最も重視することは？との問いに

* 1番が『収益性』で35％、
* 『安全性』は30％と、2003年の54％から大幅減だ。

　このような資産選択の問題は『誰がリスクをとるか』という問題として、近年のマクロ経済学の最新のトピックスだ。

　どのくらい定期預金と株式収益率に開きがあれば、株式投資をしてみようと思う？」

—— うーん、5％ぐらいかなあ。

第Ⅴ章　家計の行動と消費関数

「アメリカの国債と株式の利回りの差はだいたいそれくらいだった。実はそういった実際のデータから、人々の危険回避度を推定しようとする研究が**危険資産プレミアムパズル**といわれるもので、盛んに研究されているんだ。」

V-5　少子高齢化と公的年金問題

少子高齢化の実態

「国立社会保障・人口問題研究所による日本の将来推計人口では

- 65歳以上の高齢者は、1998年には、初めて2,000万人台に乗った。2024年9月は約3,625万人で急速な増加を続けている。後続の中高年人口が減るので、65歳以上の高齢者数のピークは2043年になる。

- また**合計特殊出生率**（1人の女性が一生涯に産む子どもの数）は2005年には1.26となり過去最低となったが、一時は少し持ち直して1.45（2015年）となった。しかしコロナ禍後、急減しており、2024年の出生数は70万人割れと予測されている。

状況をまとめると、**消費が停滞すると、出生率が低下する**と、言ってよい。」

── これはどのくらいひどい数字なんですか。

「総人口を維持するための出生率は2.08なんだね。なぜ2でないかという理由は、男性が女性より若干多く生まれること、子どもを生むまでに女性が死んでしまう確率などを考えるからだ。

今の状態が続けば日本の人口は2004年12月の1億2,783万8,000人がピークで、2056年には1億人を割り、2070年には8,024万人になると推計されている。

当然、高齢化が進むと、人口構成比も大きく変わる。65歳以上の人口構成は1997年の17.1%から2050年には33%（高位推計）から39%（低位推計）にまで高まるという。実に3人に1人は老人という時代を半世紀後には迎えることになる。」

── 高齢化社会は恐れることはないという意見もあるけれど、どうなんですか。

「それは子どもが減るから、**従属人口**と呼ばれる養うべき人間が一方で減るということだね。子どもを養う代わりに、老人を養うだけだという意味だが、やっぱり長期的にこれでいいのかという疑問は残る。」

── 出生率向上の政策をどんどん打つべきじゃないかしら。

139

第2部　個別需要項目

「その意見には大賛成だ。このままでは日本は消滅してしまう。」

日本の公的年金のあらまし：三階建ての構造

　「この少子高齢化はとても大きな問題だが、そのなかでも、とりあえず差し迫っているのは年金問題だ。年金問題は複雑だし、制度も入り組んでいる。

　まず図5を見てごらん。いくつものカテゴリーに分かれているだろう。」

── そうですね。同じような名前が多いですね。

　「まず年金制度は**三階建て**だということを確認しておこう。

［1階：**基礎年金**］全国民に共通する基礎年金（国民年金）。ほぼ一定額で40年間加入の満額で6万6,000円程度。

［2階：**厚生年金**］民間サラリーマンの厚生年金（保険料に応じて年金が増える**報酬比例部分**）や、公務員などの共済年金

［3階：**企業年金**］大手企業の一部に設けられている厚生年金基金などがある。その上に個人年金が来るから、一部は四階建てかな。」

── 職業によっても違うんですね。

　「かつては4種類の被保険者に分けられた。

［第1号被保険者］自営業者・パート等
［第2号］民間サラリーマン
［第3号］民間サラリーマンの被扶養配偶者に
［4］公務員だ。

　現在では［4］が［2］に統合されており、また第3号保険者の問題が議論されている。」

── 3×4で結局12種類カテゴリーがあるから、こんがらがるわけですね。

　「どの分野でも言えるけれど複雑な制度を理解するためには自分でマトリックスを書いていけば、どうなっているかわかるんじゃないかな。

　一時、話題になった**年金未納**4割というのは、国民年金の第1号被保険者の約2,200万人の未納分のことだ。もちろん大問題だが、年金加入者7,200万人全員の4割ではないね。」

── 一元化というのは、これらのカテゴリーを統合するということですよね。

140

第V章　家計の行動と消費関数

図5　年金制度の体系

○ 現役世代は**全て国民年金の被保険者**となり、高齢期となれば、基礎年金の給付を受ける。(1階部分)
○ 民間サラリーマンや公務員等は、これに加え、**厚生年金保険**に加入し、基礎年金の上乗せとして報酬比例年金の給付を受ける。(2階部分)
○ また、希望する者は、iDeCo（個人型確定拠出年金）等の**私的年金**に任意で加入し、さらに上乗せの給付を受ける事ができる。(3階部分)

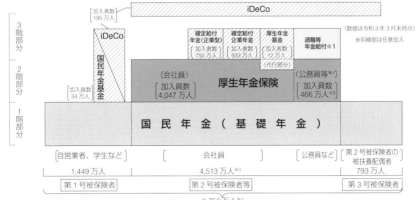

※1　被用者年金制度の一元化に伴い、平成27年10月1日から公務員および私学教職員も厚生年金に加入。また、共済年金の職域加算部分は廃止され、新たに退職等年金給付が創設。ただし、平成27年9月30日までの共済年金に加入していた期間分については、平成27年10月以後においても、加入期間に応じた職域加算部分を支給。
※2　第2号被保険者等とは、厚生年金被保険者のことをいう（第2号被保険者のほか、65歳以上で老齢、または、退職を支給事由とする年金給付の受給権を有する者を含む）。
※3　公務員等、第2号被保険者等及び公的年金全体の数は速報値である。

（出所）http://www.mhlw.go.jp/topics/nenkin/zaisei/01/01-01.html

「たしかに複雑だけれど、加入者への連絡や徴収体制が整っていれば、このカテゴリーの区別自体がさほど問題とは思えない。民間の銀行や生命保険のしくみだって充分複雑だ。問題はもう少し別のところにあるように思う。」

賦課方式と積立方式

「まず収益率を中心とした方式から考えよう。大きく分けて2つある。」
── 我々国民が老後のための貯金を国に預けているんじゃないですか。
「それは『**積立方式**』の年金のことだね。『若年期に積み立てた資金を老年期に受け取る』システムで、原理的には普通の貯蓄や私的年金と同じだ。もちろん公的年金は強制的に徴収する点が違うけどね。
　もう1つの方法は『若年期に払い込んだ保険料をそのまま老年期の人々に支払う』システムである『**賦課方式**』だ。」
── 日本はどっちなんですか。

141

第2部　個別需要項目

「そこが問題のところだね。最初は積立方式で始まったんだけれど、現在では事実上は賦課方式になってしまった。だから、政府が若い人から集めたお金をほとんどそのまま老人に分けてしまっている。しかしこの方法では高齢化社会になり、老人の比率が増えたら、まかないきれなくなる。これが**年金不安**の問題だね。」

―― どのくらいの量なんですか。

「年金積立金は計算の方法にもよるが150兆円程度で、4、5年分しかない。今後支払わなければならないのに積み立てておらず、保険料のあてもない部分が年金純債務だ。」

―― 若い世代では大損だって言うじゃないですか。

「それは『**世代間の不公平**』と呼ばれる問題だね。たしかにこの面を強調する人もいるけれど、ちょっと強調されすぎだと思うね。まず不公平を

● 収益率で比較するのか

● 効用で比較するのか

という問題がある。たしかに同じ1万円を払ったとしても、これまでの世代が受け取る年金額と今後の世代の年金額は違うだろう。でもじゃあ古い世代が得られた効用はどうだろうか。」

―― どういう意味ですか。

「物質的に得られた効用は古い世代は少ないね。戦争体験までさかのぼらなくても、昔は狭い家で貧しい食事をしていたものだ。昔の日本映画を見てごらん。小津安二郎の傑作『東京物語』では、尾道の両親が大決心をして東京の子どもたちに会いに来る物語だ。母親は60歳代で死んでしまうが、『大往生』だと言われているんだよ。」

―― そういった考え方は理論的にも正しいんですか。

「経済成長モデルには『**移行過程**』という概念がある。着実な安定成長軌道に乗る前にはものすごいスピードで成長するが、そこでは資産の収益率はとても高い。第Ⅲ章で説明したように、成長率と利子率は順相関するから、利子率一定の想定で世代間不公平を計算することは疑問がある。

もともと戦後日本はものすごいスピードで成長した。資産選択の面からいっても、たとえば土地の価格は何十倍にもなったんだから、年金だって、ある程度増えて当然だ。第一、スマホもカラオケもない時代に年金が得だからといって生ま

第Ⅴ章　家計の行動と消費関数

図6　年金方式と二重負担

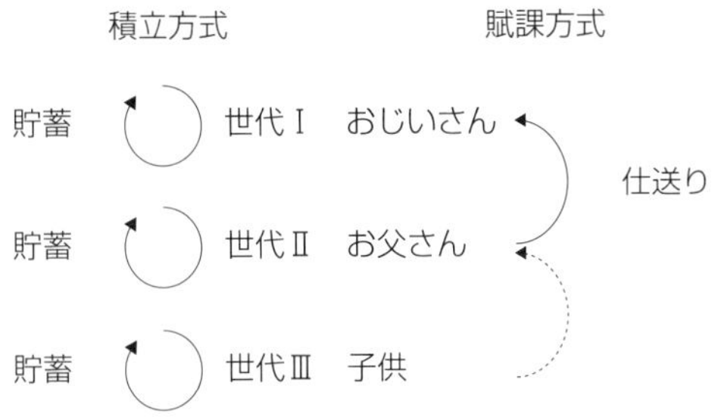

積立方式　　　　　　　　賦課方式

貯蓄　　　世代Ⅰ　おじいさん

貯蓄　　　世代Ⅱ　お父さん　　　　　仕送り

貯蓄　　　世代Ⅲ　子供

れたいのかい。」

── そりゃあ、ちょっと考えちゃいますね。

年金改革の争点：二重負担と初期時点

── でも賦課方式に問題があるなら、どうしてやめてしまわないんですか。

　「その理由はいったん賦課方式になってしまったからだね。こうなると途中で積立方式に切り変えるのは難しい。なぜなら賦課方式では最初の世代Ⅰは負担を行わず、次の世代Ⅱから移転を受ける。次の世代Ⅱは、その次の世代Ⅲから移転を受けることを期待するわけだが、ここで積立方式に切替えると、世代Ⅱは第Ⅰ世代の年金をまかなったばかりか、自分の世代の年金も積立てねばならず、この世代だけが**二重負担**となるからだ。」

── そう早口で言われても、もう一つよくわからないんですけど。

　「じゃあこう言い換えればどうだろう。図6のように、

- おじいさん（世代Ⅰ）をお父さん（Ⅱ）は養ってきた。
- 順送りでお父さん（Ⅱ）は子ども（Ⅲ）が老後の面倒をみてくれると思っていた。しかし
- 子どもは面倒をみたくない（賦課方式から積立方式への移行）なら、
- お父さんはおじいさんを養ったうえに自分の老後のための貯金もしなくてはならない。

　これはかえって不公平だから積立方式への切り替えを主張する人たちも、何十年もの長い期間をかけて国債を発行しながら移行すべきだ、と言っている。この

143

第2部　個別需要項目

方法では結局は増税が必要だから、どこかで負担が生じてしまう。」

── 社会的な親孝行と年金は言われるんですよね。

　「このような賦課方式の年金は、若年世代から老年世代への移転であるので、言わば『**負の遺産**』あるいは『**未来からの補助金**』ととらえることができる。積立方式なら積立てられた資金は物的資本となって生産に寄与する。しかし賦課方式による年金は、言わば政府が次の世代から受け取って給付を与えてくれるため、一般に貯蓄意欲や資本蓄積を阻害するんだね。」

── じゃあ最初から積立方式で頑張れば良かったわけですね。

　「まあそれも難しいね。積立方式だからと言って、積立を始めた若者が退職するまで何もしない、いま困っているお年寄りを無視するわけにもいかない。」

考えよう　**V-4** ●　次の政策手段のうち、最も早い世代から負担が生じるものは何か考えなさい。

(a)年金給付削減　(b)消費税増税　(c)年金保険料増額　(d)年金支給年齢繰り下げ

付論1　ライフサイクル仮説から動学モデルへ

── 本文にあったライフサイクル仮説の2期間モデルはそれなりに理解できますけど、でも人生は2期間じゃありませんよね。

　「そうだね。貯蓄や投資決定の問題は若年期と老年期、あるいは現在と将来の2期間モデルで扱われているが、もちろん問題はこのように単純じゃない。多期間どころか無限の彼方まで計画期間を考えなければならないか、あるいはいつ死ぬかわからないので、毎日生涯の消費計画を考え直さなければならない。

　このように時間を通じて、毎日計画を順々に立て直す性質がマクロ経済学の動学最適化問題では重要であり、この**逐次決定**を考察する必要が生じる。」

── ミクロ経済学の効用最大化問題では、結局、ミカンとリンゴの購入量を同時に決めているわけですよね。

　「そうそう、いい例だ。逐次決定では、ミカンを買ったあとに、リンゴをどのくらい購入するのかを考えることが必要となってくる。そこで通常の無限期間動学モデルへ橋渡しするために、以下の代表的消費者の多期間動学的最大化問題を考えよう。

第V章　家計の行動と消費関数

$$\max U = \sum_{t=0}^{T} \beta^t u(c_t) \quad subject\ to \quad A_{t+1} = (A_t + d_t - c_t)(1+r_t)$$

$$t = 0, 1 \cdots\cdots T, \ A_0 = \bar{A}_0 \tag{2}$$

であり、ここで c_t は t 期の消費、A は資産、d は配当、r は利子率、β は主観的割引要素だ。」

── Σ がついていますけれど……。

「目的関数を書き下すと

$$u(c_0) + \beta u(c_1) + \cdots\cdots + \beta^t u(c_t) + \beta^{t+1} u(c_{t+1}) + \cdots\cdots + \beta^T u(c_T) \tag{3}$$

だね。各期の予算制約式に付随するラグランジェ乗数を λ_t と表記して、動学的なラグランジェアンを書き下すと、

$$u(c_0) + \lambda_0 [A_1 - (A_0 + d_0 - c_0)(1+r_0)] + \cdots\cdots + \beta^t u(c_t) + \lambda_t [A_{t+1} - (A_t + d_t - c_t)(1+r_t)]$$
$$+ \beta^{t+1} u(c_{t+1}) + \lambda_{t+1} [A_{t+2} - (A_{t+1} + d_{t+1} + c_{t+1})(1+r_{t+1})] \cdots\cdots + \beta^T u(c_T) \tag{4}$$

だ。ここで d や r はこの消費者にとって所与とすると、未知変数は 0 期から T 期までの c_t, A_t, λ_t だね。

まず c_t で微分して

$$\beta^t u'(c_t) - \lambda_t (1+r_t) = 0 \tag{5}$$

次に A_{t+1} で微分して次式となる。

$$\lambda_t - \lambda_{t+1}(1+r_{t+1}) = 0 \tag{6}$$

だね。」

── どうして A_t で微分するんじゃないんですか。

「t 期には A_t は所与で、次期の資産額 A_{t+1} を選ぶからだね。少し上級のことを言えば、このような A_t は動学モデルでは**状態変数**と呼ばれるもので、c_t は**操作変数**だね。**状態変数**とはある時点では**操作変数**の影響を受けないが、次の時点に移るときに影響を与える変数で、状態変数の異時点間の動きを表すものが**遷移式**だ。

145

第2部　個別需要項目

目的関数に入って、効用をもたらす消費だけでなく、逐次決定だからどのようにお金を残していくか、その残し方にも条件を加えなくては最適と言えない。」

── 具体的にはどう解くんですか。

「さてt期に成立する式は1期ずらして、$t+1$期にも成立する。この点は動学モデルの解き方のポイントの1つだね。

$$\beta^{t+1}u'(c_{t+1})-\lambda_{t+1}(1+r_{t+1})=0 \tag{7}$$

(5)と(7)を(6)にそれぞれ代入して、一階条件は

$$u'(c_t)=\{\beta(1+r_t)\}u'(c_{t+1}) \tag{8}$$

となる。これが通常よく推定される**オイラー方程式**だ。実証研究ではrとcを実際のデータからとって、効用関数のパラメーターであるβとσ（(10)式参照）を（非線形）推定するんだね。このオイラー方程式を直接推定する方法は現時点では当然のように広まっているが、それまでの消費を所得に回帰するなどの方法とは全然違う。この方法は、その後の**マクロエコノメトリックス**の発展に大きく寄与したんだ。」

── ホールの議論はランダム・ウォーク仮説と言うんですよね。

「そうだね。まずもともとのホールの定式化では確率的ショックが導入されている。それからホールは上式で$\beta(1+r)=1$とおいて、二次効用関数$c^2/2$を仮定すると、限界効用はcとなり、ε_tをショックとして消費は

$$c_{t+1}=c_t+\varepsilon_t \tag{9}$$

のように**ランダム・ウォーク**となるんだね。」

── この結果は一般的なんですか。

「少し、読者を驚かせてやろうというところもあるね。普通は二次効用関数の代わりに相対的危険回避度一定の効用関数を仮定して、問題は

$$\max \quad U=E_0\sum_{t=0}^{\infty}\beta^t\left\{\frac{c_t^{1-\sigma}-1}{1-\sigma}\right\} \quad subject\ to \quad A_{t+1}=(A_t+d_t-c_t)(1+r_t) \tag{10}$$

であり、一階条件の非条件付き期待値をとると、

146

第Ⅴ章　家計の行動と消費関数

$$E\{\beta(1+r_t)\}\left(\frac{c_{t+1}}{c_t}\right)^{-\sigma}=1 \tag{11}$$

となる。ここで利子率と消費の成長率は σ が正ならば正の相関が示される。」
── いずれにせよ、時間を通じた動きを理解しなくてはならないわけですね。
　「そうだね。このような差分方程式は動学的な最適化問題の解として導出される場合が多い。最適成長モデルなど、動学的な最適化手法により分析されるモデルでは、最適性の条件は通常、

[A] **オイラー方程式**と呼ばれる**差分方程式**（連続型の場合は微分方程式）と、
[B] **横断性条件**など**端点条件**

で示される。つまり
[a] 今日の消費 c_t と明日の消費 c_{t+1} はどのような関係でなくてはならないか、という変化率を示す差分方程式だけでは充分でなく
[b] 水準を考える端点条件 $A_0=\overline{A}_0$ が必要だ。
　ホールのモデルに戻ると、解の条件は $E_t c_{t+1}$ を c_{t+1} の期待値として $E_t c_{t+1}=c_t$ で表される最も単純なオイラー方程式である。しかしこれでは消費が月額10万円であれば、来月の予想消費も10万円というように、現在と将来の変化を示しているに過ぎない。月額50万円であれば、来月の予想消費も50万円という関係も差分方程式を満たすわけである。そこで初期値などの端点条件が必要なんだね。」

付論2　世代間移転とマクロ動学モデル

　「現在の上級のマクロ経済学で使われる代表的な動学モデルは2つある。違いは世代間移転を行うかどうかという点だ。

（a）代表的経済主体が無限の期間に渡って最大化問題を解く**最適成長モデル**
（b）若年期に貯蓄し、老年期に子どものことを考えず、貯蓄を取り崩すといった行動を考えている**世代重複モデル**」

── 無限の期間って、人は死なないと考えるのですか。
　「いや、それはこれから説明しようとするところだ。バローは子どもの効用が

147

第2部　個別需要項目

高まれば親も喜んで自分の効用が高まるとする利他心があれば、たとえ個人が死ぬ世代重複モデルであっても、『家』は永遠であり、最適成長モデルと同様の結果が生じることを示したんだね。」

── 具体的にはどう考えるんですか。

「数式で表すほうがわかりやすいので、ちょっと我慢して聞いてごらん。ここで V_t を自分の効用、V_{t+1} を子どもの効用とし、θ を自分の割引率、R を子どもの効用から得られる自分の効用に対する割引率、y を若年期、o を高年期を表す添字としよう。ここで R と θ が同じである必要はない。

$$V_t = u(c_t^y) + (1+\theta)^{-1} u(c_{t+1}^o) + (1+R)^{-1} V_{t+1} \tag{1}$$

ここで親の効用 V_t は子どもの効用 V_{t+1} しか含んでいないが、子どもの効用は自分の子ども、つまり孫の効用を含んでいる。そこで前向きに将来の値を代入していくと

$$V_t = \sum_{i=0}^{\infty} (1+R)^{-i} [u(c_{t+1}^y) + (1+\theta)^{-1} u(c_{t+i+1}^o)] \tag{2}$$

となる。」

── つまり、直接的には子どものことしか考えないけれど、子どもは孫が心配だから、間接的に親は孫以下を考えるわけですね。

「そうだね。この目的関数は微妙な違いはあるものの、代表的家計の通時的効用最大化を目的とする関数とほぼ同じだ。だから、この定式化で以下のような無限期間の最適化モデルの使用が正当化される。

$$\max_{c_t} U = u(c_0) + \rho u(c_1) + \rho^2 u(c_2) + \cdots = \sum_{t=0}^{\infty} \rho^t u(c_t) \tag{3}$$

ここにクルーソーの直面する資源制約式

$$k_{t+1} = f(k_t) - c_t \tag{4}$$

のもとで最適化を考えたのが最適成長モデルだ（より詳しくは脇田 ［1998］ 参照）。」

── このモデルは親から子への愛情を考えたものですよね。逆に子どもが親の面

第Ⅴ章　家計の行動と消費関数

倒をみることは考えないんですか。

　「もちろん考えなくてはいけない。ただ子どもが親への愛情から老後の面倒を
みることを考えると、現在から未来への『遺産』のみならず、子どもから親への
『仕送り』という時間の両方向に『利他心』が流れることになり、数学的にはモ
デルはとても複雑となってしまうけどね。

　さらにもっとややこしいことに子どもが結婚することを考えると、結婚相手の
財産目当てで遺産が公共財となることも考えられる。ところが、通常金持ちは金
持ち同士結婚するのでこの問題は大きなものにならないかもしれない。」

── なんだか殺伐とした話ですね。

　「それはそうだが、世代間のリンクはマクロ経済学にとって、とても重要な問
題だ。第Ⅶ章で学習する公債の負担の議論にもつながってくるね。」

149

⦿第Ⅵ章⦿ 企業と投資関数

投資とは基本的にどのように考えればよいのか

「家計の『消費・貯蓄』行動が終わったから、次は企業の『投資』行動だ。この両者は密接な関連がある。」

── 第Ⅲ章で言っていた資本財の供給が貯蓄で需要が投資ということですね。

「その点に加えて、両者とも『時間を通じた最適化行動』という点が重要だ。

- **貯蓄**とは家計の**時間を通じた最適化行動**から導かれるもので、現在の消費を犠牲にして、将来の消費を増加させて長期の効用を増大させる行動だが、
- **投資**とは現在の利潤を株主に配当として配分することを犠牲にして、将来の配当をより多く支払うために設備や工場を拡張する企業の時間を通じた行動

だ。」

── どのくらいの規模なんですか。

「国民経済計算では投資を総資本形成といい、GDPの20％程度を占め、そのうち民間は2/3程度と大きなシェアを占めている。固定資本・住宅・在庫に分かれ、住宅投資はGDPの5％程度だ。

投資変動は消費に比べて激しく動いていたが、現在ではそうでもない（図1）。

第 2 部　個別需要項目

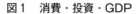

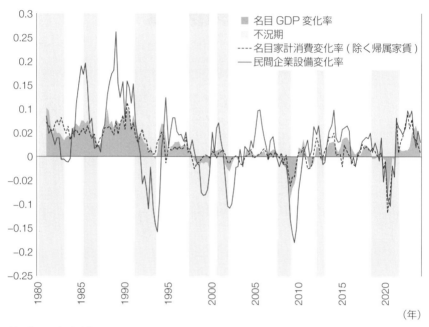

（出所）国民経済計算

利子率の変化も昔から投資を説明しないので、実証分析はなかなか難しい。だから現在では消費関数の推定は極めて盛んだが、投資関数はそれほどでもない。」

考えよう　Ⅵ-1 ● *IS-LM* 分析で、投資の利子感応度が低い場合を表しなさい。

1990年代バブル後の投資低迷

—— 90年代以降、投資は低迷していますね。

「まず90年代はバブル期の過剰投資の影響が大きい。当時は『資産倍増計画（宮沢内閣）』や『ストック・エコノミー』などの言葉が叫ばれ、迫り来る少子高齢化社会に対して、（社会）資本整備が唱えられた。その行き過ぎにより生じたことが**バブル**であり、その後の財政政策による公的債務増大だ。」

—— でもバブルって昔ですよね。

「バブルの後始末に失敗し、日本経済は長期停滞に陥った。図2は純投資が実

図2　粗投資と純投資／企業貯蓄

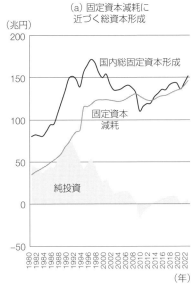
(a) 固定資本減耗に近づく総資本形成

(b) 増大する企業貯蓄・減少する家計貯蓄・一定の民間貯蓄比率

（出所）国民経済計算

はゼロに近づいていること、余ったお金は企業貯蓄に回っていることを示している。結局、日本経済は**拡大再生産**していない。」

── 投資をすれば生産性は上がるんじゃないですか。

「いやいやそうとも限らない。起爆剤となる新製品は少ない（図3（a））し、国民経済計算でみれば、資本増大の中身はほとんどが**建造物**だから、これでは生産性増加に結びつかない。一方、生産性増加をもたらすであろう**機械**の対GDP比率は安定している（図3（b））。『失われた10年』は建造物の比率が正常化するプロセスであったとさえ言える。」

減価償却と資本減耗

「さらに過剰投資は巨額の減価償却費をもたらしている。第Ⅳ章では、資本のコストの中で減価償却費をゼロと簡略化したが、本来は資本の費用に含まれる。物的資本に関する費用を『**資本の使用者費用**』と言い、金融資本の場合は『**資本コスト**』と呼ぶことが多い。」

第 2 部　個別需要項目

図 3　建造物と機械／IT 投資

（a）　IT 名目投資フロー / 名目投資フロー

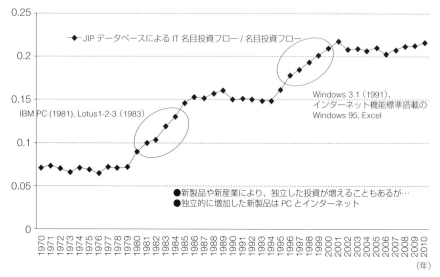

注：JIP データベースにおける IT 投資は、各産業の IT 資産への投資額と定義。
IT 資産とは、JIP 資産分類のうち、14複写機、15その他の事務用機器、17民生用電気機器（除ビデオ・電子応用装置）のうち、テレビ、ラジオ、電気音響機器、18コンピュータ関連機器、19電気通信機器のうち有線・無線電気通信機器、20ビデオ・電子応用装置、21送配電機器のうち電気計測器、31その他の製造工業製品のうち、カメラ・理化学機器等、38受注ソフトウエアを指す。なお、IT 投資・IT 資本ストックの推計方法の詳細については、以下を参照。
http://www.rieti.go.jp/jp/database/JIP2013/index.html

── 減価償却が直観的にわからないんですけれど。

「減価償却費は固定的な資本の費用を時間を通じて、計上しようというものだ。500万円の機械を 5 年間しか使えないとしたら、概ね 1 年間に100万円ずつ費用を計上することになる。これが10年ならば 1 年50万円だ。使い捨てのコンタクトレンズとそうでないコンタクトレンズの費用を比較検討する場合、見かけの値段だけでは比較できないよね。安くても使い捨てならば、減価償却費用は大きい。

なお SNA では減価償却費に『資本偶発損』（火災、風水害等の偶発事故による損失）を加えて、**固定資本減耗**という。」

── この費用はマクロ経済で大きな問題なんですか。

「実は過剰投資により、固定資本減耗比率は GDP の 2 割にまで上昇している。

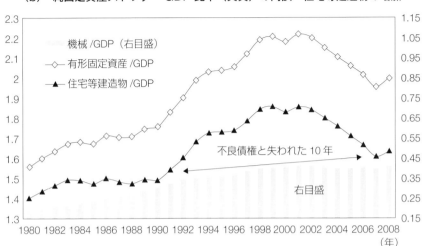

(b) 純固定資産ストック−GDP比率（実質）の内訳：住宅等建造物の増加

そこでいろんな計算にバイアスをもたらしている。

たとえば賃金が高止まりして、高い労働分配率が設備投資を圧迫しているという意見も一時はあったが、国民経済計算（93SNA）では、GDPに占める雇用者所得の割合は極めて安定している。」

── でも国民所得に占める割合は上昇してますよ。

「そこが固定資本減耗の問題だ。少し複雑だが、コブ=ダグラス型生産関数でGDPを表すと、たいていの場合は労働分配率（雇用者所得／GDP）は一定となる。しかし国民所得概念に近づけて、分母から固定資本減耗を引いて分配率を計算すると（雇用者所得／（GDP−固定資本減耗））、分配率が一定にならない。」

── でも、国民所得概念を使うと、どうして労働分配率が上昇しているんですか。

「これまでの過剰投資は固定資本減耗を増やして分母を小さくして、労働分配率を増加させるように見せるんだね。」

── 投資変動の実証的なポイントは何ですか。

「日本経済の場合
[a] サイクル的には、企業利潤の上昇から少し遅れて投資が盛り上がるものの
[b] トレンド的には、90年代以降の失われた30年の低迷を考える必要がある。」

第2部　個別需要項目

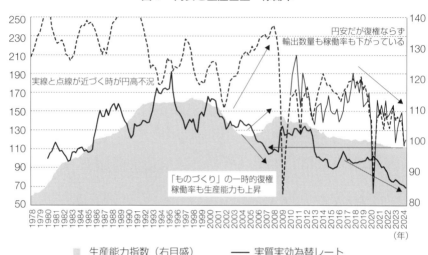

図4　円安と生産基盤・稼働率

（出所）経済産業省、日本銀行

海外投資の落とし穴

── 企業が純投資をしないこと、余った資金は企業貯蓄に流れていることは図2（b）でもわかりましたが、その企業貯蓄はどう使われているのでしょうか。

「第Ⅷ章でまた議論するが、半分は流動資産、半分は海外関係会社への投資であると推定される。この海外投資は

[1] 古くから指摘されるように国内の設備投資や雇用にメリットはなく、**空洞化**を招くだけでなく、
[2] 海外M&Aなど直接投資のかなりが失敗し、そして
[3] たとえ利益を上げて株価に反映されたとしても株式保有が少ない国内家計にはメリットはない、

という国内家計にとって**三重苦**にある。特に[2]が、投資立国論が下火になった理由として重要だ。」

── 海外より国内に投資してほしいですね。

「伝統的製造業が輸出先で海外生産を迫られることは政治的には必然だし、輸

第VI章 企業と投資関数

出大国だった日本があまりに一国主義的なことは言うべきではない。しかし流れ
に付和雷同した非製造業等の無理な海外投資は巨額損失をもたらしている。」
── 工場の国内回帰は起こらないのですか。
　「それは難しい。日本の輸出品である自動車など機械は重くて高価なものだ。」
── でも円安で工場がどんどん戻ってくると言っていた政治家もいましたね。
　「大事なことは**設備稼働率**が盛り上がって始めて、設備が拡張されることだ。
図4が示すように2000年代には一時的なものづくり大国の復権があり、製造業の
設備は増加したが、その前触れとして設備稼働率は上昇している。現在の超円安
でも、製造業の設備基盤が戻ってくるという議論があったが、稼働率も生産（第
Ⅰ章図2、p.11）も上がっていないのに設備が国内回帰するわけがない。」

VI-1　加速度原理

さまざまな投資理論

　「これから景気循環理論に即して、どのような変数が投資行動を説明するか、
つまりどのような場合に企業規模を拡大するという観点から、代表的な投資理論
を説明しよう。

[a] GDPの変動から投資を説明する**加速度原理**
[b] 株価と利益の変動から説明する**トービンのqの理論**
[c] 企業の最適化問題を基礎としたジョーゲンソンの**新古典派投資理論**
　[d1] 人的資本や組織の**調整費用投資理論**
　[d2] **流動性制約**を重視した投資理論
　[d3] ファイナンス理論を基礎とし、寡占的状況を重視した**ヒステレシスとタ
　イミングの投資理論**」

── なんだか難しそうですね。
　「投資は経済変動の大きな割合を占めるので、さまざまな経済の動学モデルに
応じてさまざまな理論が考察されている。[a] や [b] はケインズ的な消費関数
とともに価格変動を分析しない数量調整のモデル、[c] や [d] は新古典派的な
最適化モデルだ。マクロ経済学が複雑な理由の1つは2つの流れがあるからで、
これは消費の動学的定式化や財政の等価定理と共通している。」

157

第2部　個別需要項目

加速度原理とマクロ・ダイナミックス

「投資の**加速度原理**とは以下のように GDP など産出量 Y の増加分に比例して投資 I が行われるという単純な投資理論だ。

$$I_t = \beta(Y_t - Y_{t-1}) \quad [= K_t - K_{t-1}]$$

ここで β は加速度因子と呼ばれるパラメーターだ。K は資本ストックだ。」

── IS-LM 分析で仮定したように、投資の決定要因は利子率じゃないんですか。

「この利子率の影響を考えない点が加速度原理の特徴だね。

投資の加速度原理をミクロ経済学的に解釈すると、β は**レオンチェフ型生産関数** $Y = \min(L/\alpha, K/\beta)$ における**資本係数**にあたる。レオンチェフ型生産関数を仮定することは、資本と労働の代替性を無視することだ。」

── 代替性って何ですか。

「おやおやミクロ経済学で習わなかったのかい。人手が足らない分を機械で補ったりできるかどうかという意味だ。普通、資本と労働で生産を行うと考えるわけだが、これは利子率の変動など、考えていないから、かなり乱暴な理論だ。ところがこの簡単なモデルが実証的パフォーマンスは最も優れていることがよく知られている。」

── じゃあ利子率はあまり関係ないんですね。

「実証結果は昔からそうだね。ただしここ30年は超低金利政策でそもそも名目金利が変動しないことも影響している。第Ⅱ章図8では全産業で見たが、図5は製造業と非製造業に分けて、輸出と消費の影響を見たものだ。」

── 非製造業の投資は今でも消費に反応していますね。

「一方製造業の投資は輸出に反応しなくなってしまった。これは大問題だね。

なお景気観測なんかで『ストックは積みあがっているから、新規投資に火がつかない』みたいに言われることがあるが、これは**ストック調整原理**と言って、加速度原理を修正したもので、望ましい資本ストック K^* と現実の資本ストック K との乖離をある一定割合だけ毎期毎期埋めていくように投資を実行し、数期間をかけて望ましい資本ストックに到達しようとする原理だ。」

確かめよう ● レオンチェフ生産関数の等量曲線を2生産要素の図で示しなさい。

第Ⅵ章　企業と投資関数

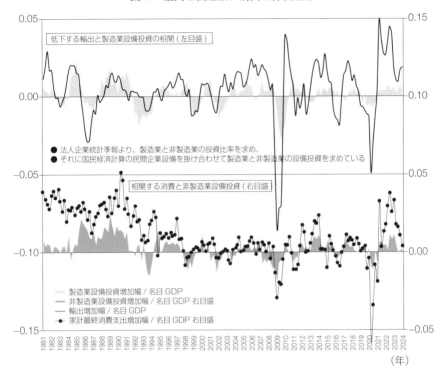

図5　輸出と製造業、消費と非製造業

（出所）国民経済計算　法人企業統計季報

Ⅵ-2　トービンの q から新古典派アプローチへ

トービンの q

　「加速度原理がGDPの変動により投資を説明する理論とすれば、株価から投資を説明しようとした理論がいわゆる**トービンの q** 理論だ。トービンは V を企業の市場価値、そして γ（ガンマと読む）をその企業における資本ストック K の再取得費用として、次のように

$$\frac{V}{\gamma K} \equiv q$$

159

第2部　個別需要項目

q を定義した。q は 1 が通常の値と考えられ、投資 I はこの q という変数の増加関数 $I=I(q-1)$ になる。」

── 分子の企業の市場価値なんてわかるんですか。

「それはいい質問だ。企業の市場価値とは実証的には株価の時価総額で代用する場合が多かったんだね。

● 分母はある特定の企業の資本ストック K の価値であり、

● 分子の株価はそれらから生み出される将来の配当の現在価値であり、式では

$$V=\pi_t+\frac{\pi_{t+1}}{1+r}+\frac{\pi_{t+2}}{(1+r)^2}+\frac{\pi_{t+3}}{(1+r)^3}+\cdots\cdots$$

と表される。第Ⅱ章図 8（p.45）で企業利潤から投資への流れを強調したが、利潤と株価は大きく相関するので、経験法則通りだ（図 7 も参照）。

ある企業が買い直せば 1 億円の価値がある資本ストック K をもっていたとする。この場合株価も 1 億円になる、つまり $q=1$ が通常であり、物的資本と金融資本の関係に問題はない。」

── どうやって分析するんですか。

「ここで 2 つのケースについて考えてみよう。

● q が 1 より大きい場合、その企業の保有する資本ストックを現時点ですべて買い直すよりも、株式市場が評価するその企業の価値のほうが高く、より大きな期待利潤を示している。そのため、さらに**投資を増やして生産を拡大**することが企業にとって有利であることを示している。

● 逆に q が 1 より小さい場合、資本ストックを買い直したほうが価値が高いので、経営者が資本ストックを有効に活用しておらず、何らかの**経営の失敗**が示唆される。このような場合、経営陣の交代が要求される基準とも解釈される。」

── これは乗っ取りのことですか。

「そうだね。米国では企業ガバナンスの手段として重視されている。また q が 1 より大きすぎるとバブルかもしれない」

新古典派投資理論と企業規模の制約

「もともとの q モデルはケインズ経済学的なモデルから発想されたものの、分

第Ⅵ章　企業と投資関数

子の株価は新古典派的な企業の市場価値から求められている。そこでデール・ジョーゲンソンらにより始められた新古典派的な企業理論との接合が図られた。**新古典派投資理論**とは、完全競争下の企業の割引現在価値最大化に基づいて投資を考察するものだ。

　まず一番簡単な場合として、機械など資本財を借りる場合、具体的には

● 資本財である『鉄板』を借りてくる学園祭のタコやき屋
● 中古財市場が発達している航空産業などを考えればいい。」

── どうして航空産業なんですか。

　「飛行機というものは高価なものだ。だから中古市場が発達しているんだね。LCC の飛行機は中古が多い。

　さて P を生産物価格、Y を生産物数量、W を賃金、N を労働力、K を資本ストック、r を資本のレンタル費用として以下の利潤最大化問題を考え、ここから最適資本ストックを計算してみよう。

$$\pi_t = P_t Y_t - W N_t - r K_t \tag{1}$$

　これを狭義の新古典派投資理論と言うが、そこで一つ問題が明らかになった。」

── これは標準的な考え方じゃないんですか。

　「普通、ミクロ経済学では以下の仮定を置く。

● **完全競争企業**　⇒　これは一定の値段で好きなだけ売買ができる、という意味。
● **一次同次の生産関数**　⇒　いくら作っても単位費用は変わらない、という意味。

　両方とも標準的な仮定だが、実は大きな問題がある。この仮定を組み合わせると個別の企業の規模を確定できないし、フローとしての投資の大きさも決定できない。数式で書くと、1 次同次関数では

$$a f(N, K) = f(aN, aK)$$

であり、資本 K をいくら増やしても、労働量である N を同率で増やせば生産性は変化しない。」

考えよう　Ⅵ-2　● 1 次同次の生産関数を使って、生産量を a 倍すると、完全

161

第2部　個別需要項目

競争企業の利潤は比例して a 倍になることを確かめてみよう。

―― どうしてですか。ミクロ経済学では標準的な仮定と習いましたが。

「まず一次同次の生産関数とは収穫一定とも言うが、どれだけ分量を作っても生産要素の比率を一定のまま、生産性は変わらないという意味だ。企業が突然、大きな投資を行って巨大になろうと1人1人の社員に分かれようと生産性は本来、変化しないことになる。」

―― それはそうですね。

「次に完全競争はさっきも言った通り、一定の値段で好きなだけ売買できるという意味だから、どれだけ生産しても、売り上げにも費用にも限界がない。

ここが労働力や資産の保有量から生じる予算制約式に縛られている家計と、企業が違うところだ。」

調整費用関数の導入

―― じゃあどういったふうに解決するんですか。

「だからそこでルーカスや宇沢弘文らは機械の据え付けや組織の変更といった投資の際にかかる**調整費用**を新たに企業の最適化問題に導入した。

さらに機械をレンタルするのではなく、ずっと据え付ける場合を考えるのだから、将来にわたる利潤を考えなくてはならない。そこで利潤の割引現在価値を考え、投資 I が資本ストック K を増やしていくプロセスを考えるから、**動学的な最大化問題**を考えることが必要だ。」

―― 調整費用とは直観的にはどういうふうに考えればいいですか。

「『引っ越しの費用』と考えればいいね。新しい家を買うと、家の代金だけではなく、引っ越しのお金がかかるだろう。つまり調整費用とは

- 新規投資のたびに1回かぎりの費用が余分にかかる。
- 規模を拡大すると余分に費用がかかってしまうが、同じ規模なら余分な費用がかからない、と考えることが多いね。」

―― どうやってモデルに組みこむんですか。

「具体的な定式化には、いろんなものがあるが、たとえば投資を I だけすれば全体に I^β $(\beta > 1)$ だけ余分に費用がかかる、というように定式化する[1]。」

第VI章　企業と投資関数

── 現在のことばかりでなく、将来のことも考えるわけですね。

　「そうだね。この調整費用が存在すると、たとえ収穫一定の生産関数を持つ完全競争企業であっても、企業規模を拡大するためには追加的な費用が生じる。そこで瞬時に拡大するのではなく、ゆっくりと規模を拡大するため、なだらかなフローとしての投資が導出され、企業規模の拡大の限界が生じてくることになる。」

調整費用投資理論とトービンの q 理論との接合

　「この調整費用投資理論はトービンの q 理論とも接合されることになった。」

── なんだかあまり関係なさそうですけれど、どこに関連があるんですか。

　「トービンの q 理論でも問題なのは、投資が継続的に行われるためには、q が１より持続的に大きい状態が続かねばならないことだ。しかし完全競争下では q が１より大きければ瞬時に投資や参入が行われ、q は常に１に調整されるはずである。そこでやはり**投資の調整費用**の存在を考えると、q が１より乖離することを示すことができる。

　そこで現在の投資理論では新たに q を精緻化した**限界 q** と呼ばれるものを導入し、盛んに実証分析が行われている。」

── じゃあどんどん難しくなるんですね。

　「まあそうだね。もともとの q モデルの有利な点は分子に株価総額をあてはめて簡単に実証分析を行うことができて、便利だということだった。」

── でも株価なんて、あてになるんですか。

　「そこが問題だね。たしかに限界 q を導入して、より精密に実証分析を行うならば、必ずしも q にこだわる必要はないし、また後述するタイミングのモデルでは q と投資の関係は複雑なんだね。」

新しい投資のモデル：集計・タイミング・流動性制約

── 最初に言っていた新古典派的なモデルとケインズ的な数量調整のモデルはトービンの q を媒介にしてうまくつながったわけですね。

───────────

1）本書の通常の記号にならって定式化すると

$$\max_{I_t, L_t} \sum_{t=0}^{\infty} \rho^t (P_t Y_t - W N_t - \gamma I_t^{\beta}) \quad \text{subjedt to} \quad K_{t+1} = I_t + (1-\delta) K_t$$

となる。ここで ρ は割引要素、δ は減価償却率、γ は資本財価格、I は投資である。

163

第2部　個別需要項目

上級トピックス ◆ デリバティブとはどんなもの

　「デリバティブは金融派生商品と訳されるが、なかでも**オプション**とは、何かをする『権利』のことで、条件付きの手付け金と考えればいいね。」

──『手付け』って家や車を予約するときのお金ですか。

　「マンションを探すとき、たとえば4月にはきれいな部屋が空くとする。そこで、10万円手付け金を不動産屋さんに入れて、その部屋を2,000万円で買う権利を手に入れる。実際には不動産の『手付け』の権利は売り買いできないが、ここでは仮に売り買いできると考えよう。4月になって、その部屋の値段が3,000万円になっていれば、10万円の手付け金が1,000万円の価値を持つことになる。逆に1,500万円にしかならなかった場合、その手付け金を放棄すればいい。」

── 先物とはどう違うんですか。

　「オプションは権利だから、これを行使する義務はないんだね。ところが先物は必ず売買しなくてはならない。」

── でもそんなに便利なものなら、なぜ大損したりするんですか。

　「言ってみれば一種の保険だからね。地震がないときには保険会社は儲かるけれど、本当に地震が起こったならば、巨額の保険金を払わなくてはならない。こんな時に大損するんだね。」

　「そうなんだけれど、実はこれらの理論だけでは投資の激しい変動をうまく説明できていないことが問題だ。もともと投資というものは、将来を見越して行うものだよね。ところが第Ⅱ章図8で見たように、実際には現在の利潤がどうなっているかに影響されやすいんだな。」

── いま財布の中にいくらあるかによって決まるようなものですか。

　「そうなんだね。考えて見れば、投資は機械を借りてきてさっと行えるものではない。そこで重要となってくる要素を3つ説明しよう。

- [1：金融市場] まず大きな理由は企業の手元に投資資金がないこと（**流動性制約**）だ。銀行の**貸し渋り**も指摘されるが、とにかく企業は資金調達ができないと投資ができない。これは中小企業にとってはとても重要だ。

第Ⅵ章　企業と投資関数

- ［2：労働市場］先に考察した調整費用投資理論は、調整費用として企業内の組織変更など、人的な側面の調整を含んでいる。
- ［3：生産物市場］次に近年重視されている理由は、投資の**タイミング**の問題だ。企業が投資をどのようなタイミングで行うかは、各家計の支出のタイミングに比べて、はるかに重要だ。普通、個別企業の投資は大きな工場を建てるか建てないかというように、断続的な行動になる。」

── もともとビールのように寡占企業だと、キリンが工場を建てればアサヒもというような大きな問題になるわけですね。

「そうだね。そこでこれらを**集計**した結果も、各企業の『横並び』の結果、変動が激しくなるのか、それとも『かわりばんこ』に投資をするので集計した結果、個別の断続性が消えるのか、という問題になる。」

── でもどうやってタイミングを分析するんですか。

「それは数式が難しくて、具体的には説明できないね。ただ麻雀でリーチをかけるタイミングを考えるとイメージがつかめるかもしれないね。リーチをかけると、あとでよい牌がきたとしても手を変更できなくなってしまい（**不可逆性**という）、より大きな役作りを狙うことができなくなってしまう。しかし他人を警戒させることもできるし、上がった時の得点も増える。そこでタイミングを見計らってリーチをかけるわけだね。」

── でもいつもリーチはかけませんよね。

「そうそう、だからどんなときにリーチをかけづらいかと言えば、それはひょっとしたら点数の上がる大きな役につながるときだよね。言い換えると、大きな収益の可能性があるので（つまり分散が大きい）、そのため『待っている価値』が大きく、意思決定を遅らせるわけだ。これを**オプション価値**（上級トピックス参照）という。」

── つまり、とりかえしのつかない選択をするときかしら。

「そうだね。たとえば為替レートが乱降下している時にいつ海外に工場を建てるべきか、という問題と一緒だ。為替レートや金利が乱高下するとき、投資のタイミングの決定は難しい。円高だといってあわてて工場を海外に移転すると、その後、為替レートが円安に戻したからといって、すぐに工場を日本に戻すわけにはいかない。すでに工場を立ちあげる費用（**埋没費用**）を使っており、もはや取

第2部　個別需要項目

返しがつかないからだ。

　ここでの議論は他の企業への転用が効かない**資本の固定性**を前提にしていることに注意してほしいね。」

── 投資について、どう理解しておけばよいのでしょう。

　「まず投資は実証的には企業利潤から誘発されるということだ。理論的には完全競争下の理論よりも、寡占や断続性などを重視すべきだと思う。」

Ⅵ-3　在庫投資

　「設備投資はこれぐらいにして、在庫投資を考えよう。」

── 在庫変動は実際には大きい振幅があるんですか。

「いや分量としてはさほど大きくない。しかし在庫投資はキチン・サイクルと呼ばれる3、4年の短期循環の主役として、現実の景気循環を考察する際には非常に重要だ[2]。

　在庫変動は四半期ベースでも5兆円程度に達することもあり、景気循環の振幅を拡張している。現在の600兆円程度のGDPやノーマルな成長率2～3％から考えると、大きな比率を占めるものだ。

　在庫は売上増加を予想するため在庫を増やしているのか、売れ残りが増えて在庫を増えてしまったのか、どちらの種類であるかを見極めるのは大変だ。

　バレンタインデーに備えてチョコレート会社は増産しておくものだが、

● 2月14日以前は売れることを**予期した在庫**

● 2月14日以降は売れ残りである**予期せざる在庫**

の2種類がある。」

── 普通はどうやって見分けるんですか。

　2）サイクルにはさまざまな周期のものがある。普通、

　　● 1サイクル40から50カ月程度の在庫循環（キチン循環）は在庫の増減で生じる循環であり、景気循環は基本的にこの在庫循環である。他にも

　　● 1サイクル10年程度の設備（投資）循環（ジュグラー循環）

　　● 1サイクル20年程度の建築循環（クズネッツ循環）

　　● 1サイクル50年程度のコンドラチェフ循環（技術革新循環）

　　などが指摘されており、この後者3つについては、その存在を疑問視する声もある。

第Ⅵ章　企業と投資関数

図6　サイクルを表す在庫循環図（製造業・実物経済中心）

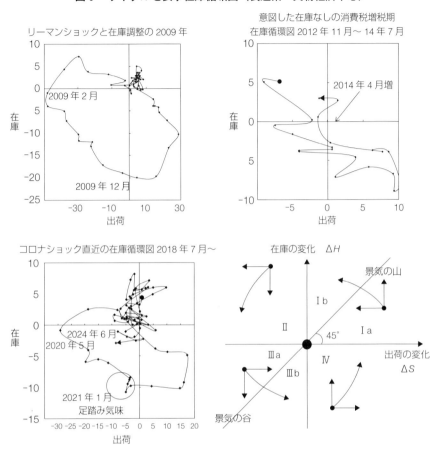

（出所）経済産業省

「完璧な方法はないので、国民経済計算では区別していない。
　しかし日本の実務家は**在庫循環図**という便利な手法を発展させてきた。出荷が上昇していれば予期した在庫であり、出荷が減少していれば売れ残りだ。この図を使えばその判定が容易であり、これから説明するように景気の進行プロセス、特に『谷』の部分でその威力を発揮する。
── なんだか面白い図ですね。
「もともと在庫循環図とは、経済産業省発表の鉱工業生産指数が通常使われ

第2部　個別需要項目

- 出荷指数（あるいは生産指数）の対前年同期階差（比）ΔS を x 軸に
- 在庫指数の対前年同期階差 ΔH を y 軸に

取り、反時計回りの動きで在庫循環を示したものだ。図6は戦後景気循環におけるいくつかの循環を示しており、反時計回りのサイクルを描いていることが容易に読み取れる。

　本書では横軸に出荷、縦軸に在庫を取って、日本銀行流の描き方をしているが、他機関発表の図では異なる描き方もされている。

　図6の右下の図は在庫循環図の概念、考え方を示しているので見てほしい。そこでは $\Delta S = 0$ の y 軸と $\Delta H = 0$ の x 軸により、4つの象限に分類されている。さらに $\Delta H = \Delta S$ の直線式（45°線）が描かれて、第Ⅰ象限と第Ⅲ象限が2分割されている。

- まず**景気の山**（peak）は正の在庫の変化 ΔH が出荷の変化 ΔS を追い越して在庫過剰になる第Ⅰ象限における時期となる。
- 45°線を切った後のⅠb〜Ⅲaは**景気後退期**だ。そこでは ΔH は ΔS より大きくなる（$\Delta H > \Delta S$）。
- **景気の谷**（bottom）は負の出荷の変化 ΔS が、在庫の変化 ΔH を追い越して在庫が減少する第Ⅲ象限における時期となる。
- Ⅲb〜Ⅰaは**景気上昇期**であり、ΔS は ΔH より大きくなる。

　このように45°線を切るかどうかが、景気の山谷を判断する材料となる。」
── ゴットン・ゴットンと一定の速度で在庫循環は繰り返すわけですか。

　「いや一定の速度ではないね。以上を考えると、在庫循環は一定の速度で回転しているのではなく、「**在庫調整モード**」という不況期があり、それに入るかどうかが重要であることがわかる。

　在庫循環図を簡便化したものとして、**出荷・在庫バランス**と呼ばれるものがある。これは、出荷の伸び（季節階差）から在庫の伸びを引いたもの $\Delta_{12}S_t - \Delta_{12}H_t$ と表されるが、正ならば、45°線より下、負ならば上にあることを示している。」

第Ⅵ章　企業と投資関数

Ⅵ-4　企業貯蓄と失われた30年

純投資と一進一退期

　「以上で設備投資と在庫投資について説明した。ここで企業行動の側面から、失われた30年とも呼ばれる日本の長期停滞を説明しておこう。まず第Ⅰ章図2をもう一度見てほしい。図上のＢ点以前に**一進一退期**があるよね。本章の議論と関連があるかな。」

── 企業は純投資はほとんどしていない（図2）のですから、生産は拡大しません。

　「そうだ。企業は**拡大再生産**をしていない。図2にもあるように、企業は貯蓄をして、その貯蓄の約半分は海外に流れている。」

── 賃金も上がらないから、このごろ**賃上げ**と盛んに言われるのですね。

　「企業は賃上げも設備投資もしないコスト節約モードだ。利益だけがたまっていく。このような事態になったきっかけはバブル崩壊後の不良債権問題が関係している。まず一企業の動きになぞらえて説明してみよう。経営不振企業の経営が小康状態に戻るとどうなるかな。」

── そりゃあ借金、債務を返済してほしいので、銀行がうるさくなりますね。

　「返済すると拡大再生産の原資がなくなって、成長しなくなってしまう。これが『直接』の影響だ。」

── 最悪期を脱したところで、借金は整理しなくてはならないわけですね。

　「財政悪化も言わば公的な借金拡大の結果だから、このあたりで整理しようと増税論議が高まる。これが1997年頃の日本の状況だ。」

銀行危機から企業要塞化誘発

── なるほど、危機時のどさくさにまぎれて、乱暴に棚上げした不良債権処理が、また問題となるわけですね。

　「借金整理は負担の押し付け合いになるものだ。日本の場合はメインバンクなど銀行間の負担比率でもめた。話はそれだけで終わらない。日本の場合、不良債権の多い業種は建設・不動産・流通など内需関連の産業に限られていたが、そうした企業が増えると**銀行危機**が生じて、マクロ経済全体が停滞し、不良債権を抱

169

第2部　個別需要項目

図7　企業利潤と比例する株価

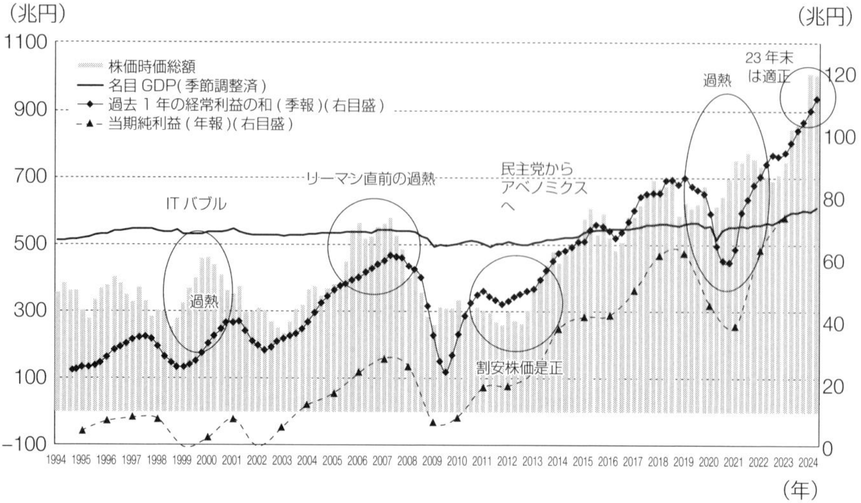

（兆円）　　　　　　　　　　　　　　　　　　　　　　　　　　　　（兆円）

凡例：
- 株価時価総額
- 名目GDP（季節調整済）
- 過去1年の経常利益の和（季報）（右目盛）
- 当期純利益（年報）（右目盛）

23年末は適正

過熱

リーマン直前の過熱

民主党からアベノミクスへ

ITバブル

過熱

割安株価是正

1994 1995 1996 1997 1998 1999 2000 2001 2002 2003 2004 2005 2006 2007 2008 2009 2010 2011 2012 2013 2014 2015 2016 2017 2018 2019 2020 2021 2022 2023 2024　（年）

（出所）日本取引所グループ・国民経済計算・法人企業統計年報・季報

えていない企業までが自己防衛に走り**『要塞化』**することが問題を悪化させてしまう。この『波及』プロセスも重要だ。」

── 自己防衛策は借金を返して自己資本を積み上げることですね。

　「そういうことだ。手っ取り早く利益を高める方法は人件費を切り詰めることだ。しかしすべての企業が人件費を切り詰めると家計の消費余力がなくなって、消費不振という**合成の誤謬**に陥ってしまった。」

── 脇田［2019, p.168］などで示したように生産性上昇率以下の賃金上昇率を示していますね。

　「つまり企業貯蓄の原資は人件費削減にあるね。人件費を切り詰めて設備投資は確保したとしても、それではやはり合成の誤謬に陥ってしまう。全体の家計所得水準が低下してしまえば需要がついてこず、投資収益を挙げられない。以前は企業利潤が上昇後、

● 人件費・設備投資・自己資本の3者が同時にバランスよく上昇していたが、

● 98年度以降、経験法則が崩れ、優先度が自己資本・設備投資・人件費の順になってしまった（脇田［2014］p.200）。

　図7が示すように、アベノミクス期以降、株価が4倍5倍になったのは実体の

170

第Ⅵ章　企業と投資関数

図8　増加する内部留保と横ばいの資本と労働

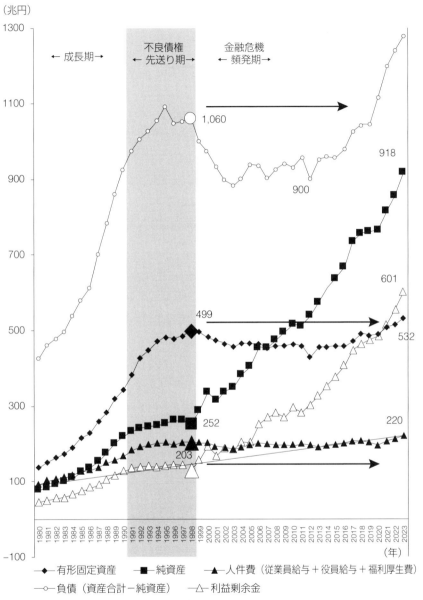

(出所) 法人企業統計全産業（金融保険業除く）全規模

第2部　個別需要項目

ないバブルではない。企業の利益が上昇しているからだ。利益は上昇しているが、図8が示すように、人件費も設備水準も横ばいでいわゆる内部留保を示す利益剰余金だけが上昇している。

—— 賃金低下は**デフレ**にもつながりますね。

　「企業主導で人件費を節約すれば、非正規雇用の拡大につながり、組合が我慢すれば一般労働者の賃金は伸び悩む。両者はいずれもデフレにつながる。失われた30年に生じたことは**家計でなく企業貯蓄過剰のケインズ的需要不足**となる。この悪循環を打破するため賃上げが必要だ。」

—— いくつか質問があります。企業が貯蓄していると考えるより、国内投資が採算がとれないため企業は設備投資を控えているのではないでしょうか。

　「国内向け投資が増大しない理由は家計に消費余力がないからだ。消費余力がない理由はフローの賃金停滞とストックの家計資産過少だ。このきっかけは企業の要塞化にあり、生産性以下の賃金によって永年にわたって生成されてきた。より正確に言えばバブル後の不良債権処理の特別損失が賃金を押し下げ、それがリーマンショックやコロナショックで常態化した。少しずつでも家計の余力を取り戻す必要がある。」

—— 製造業企業の利益の過半は海外からです。国内の労働者に報いる必要はないのではないでしょうか。

　「海外投資の原資は賃金を節約した利益剰余金だ。この投資のリターンを受け取る権利が国内の労働者にある。」

—— 企業がきっかけといっても、一社だけ賃金を上げても需要は増加しないのではないでしょうか。

　「問題は合成の誤謬にあり、一社だけの賃上げでは無理があることは確かだ。しかし日本ではその誤謬を克服するために、各社一斉に賃上げをする春闘という統合的メカニズムがある。」

—— 消費増大のため企業が賃金を上昇させても社会保障負担が大きく、労働者に回らないのではないでしょうか。

　「そういった面はあるが、最終的な企業の利益水準は上昇しており、賃上げ余力はある。また社会保障費が増大すれば、所得再分配の結果、消費増大に寄与するはずである。」

第Ⅵ章　企業と投資関数

日本企業とガバナンス問題

「もう少し日本企業の問題をめぐる問題の背景を説明しておこう。

まず新古典派経済学では、**企業は生産関数で表される生産技術の集約**という存在だ。生産関数 $F(N, K)$ は労働 N と資本 K で生産を行うことを示したものだが、実際の企業は人間が行うものだから、さまざまな思惑やごまかしが入ってくる。」

―― 株式会社とはどう考えるんですか。

「資本を提供する株主のために利潤をあげて、その利潤を配当や株価の上昇として株主に還元する存在だね。」

―― もう少し詳しく言ってもらえませんか。

「事業には大量の資金が必要だが、その資金を小口に分けて多人数から借りる証書として**株式**を発行する。会社の利潤があがると株主は株式数に応じて配当金を受け取る。株式発行は利潤に応じて配当を支払うという意味で、経営者にとって裁量の自由度の高いものである。そこで経営者のモラルハザードが入る余地がある。」

―― そんなに配当はもらえるんですか。

「株価の値上がりでもいい。たとえば 1 株100円の株があったとする。株主にとっては『10円配当を貰う』でも『10円値上がりする』でもどっちでもいい。そういう意味では企業内部にため込んだ資金（留保）が株価に反映されればいいんだね。

消費者の効用最大化とは、自分自身の効用を最大化するものだよね。しかし企業の利潤最大化問題を考える場合、実際に経営を行う経営者と所有者である株主は分離しているから、経営者がどう行動するか、あるいは企業の目的関数をどう考えるかが、必要だ。これをバーリとミーンズという学者たちの研究以来『**所有と経営の分離**』の問題というね。」

―― もう少しごまかしについて説明してもらえますか。

「基本的な新古典派のモデルでは企業は株主のために行動すると仮定されているが、経営者と株主の間の情報の非対称性などの理由から、経営者は恣意的な経営に走りやすく、そこから**エージェンシー・コスト**と呼ばれる費用が生じてくる。だから経営者の監視の問題が重要となってくる。このような問題を**企業統治（コーポレート・ガバナンス）**と言うが、これは広い意味ではプリンシパル・エ

173

第2部　個別需要項目

ージェント問題の1つだね。」

── プリンシパル・エージェントってなんですか。

　エージェントは代理人と訳され、**プリンシパル**は主人や依頼人と訳されるね。小作人と地主なら、エージェントは小作人、地主はプリンシパルだね。プロ野球で選手が代理人交渉を認めよ、というのは、このエージェンシーだね。弁護士もエージェントだ。大リーグ選手はプリンシパルで、代理人はエージェントだ。

── あの1つ、わからないんですが、経営者が株主のエージェントなのか、それとも労働者がエージェントで、経営者がプリンシパルなんですか。

　「それは両方正しいね。だから現実はさまざまなプリンシパル・エージェント関係が組み合わさっている。これまでの日本は前者の株主-経営者の関係を軽視し、後者の経営者-労働者の関係を中心に考えてきた。だから日本の企業は従業員管理企業的側面を持つと言われていたんだね。」

── じゃあ、もともと企業は株主のものなんですね。

　「『株主のもの』という言い方には難しいところがある。きちんと賃金や利子を支払った『残り』が株主のものという意味だからだ。『残り』というところが大切で、何でも好きにできるというものではない。労働者の待遇を悪くして、やる気を失わせたり、逃げられたりするのがいい、というわけでもないから難しいね。

　ここでハンバーガーショップとフランス料理店があったと考えよう。オーナーとシェフの関係は違っている。」

── ハンバーガーショップの料理人はシェフとは言わないですよね。

　「工場からきた製品を最低限加工すればよいから、両者の関係や契約は簡単だ。しかしフランス料理店ではシェフのやる気を引き出すことが必要だ。」

── いろんな工夫をしてもらうためにボーナスをはずむとかですね。

　「日本企業はフランス料理店に近い。だから企業は従業員や取引先などの関係者一同、つまり**ステーク・ホルダー**（利害関係者）を大事にするのが、日本的なやり方と言われているけれど、それが必ずしも間違っているわけではない。」

── じゃあ特に日本企業のあり方に問題があるわけじゃないんですね。

　「そうとも限らない。図8は企業の資金調達上、株式や内部留保からなる純資産比率の上昇を示しているが、これは企業が銀行借り入れなど借金（他人資本）を返してしまっていることを示している。」

第Ⅵ章　企業と投資関数

── 銀行に口出しされず、経営が安定化していていいんじゃないですか。

　「ミクロではそうだが、マクロでは合成の誤謬に陥ってしまう。預金の貸出先がなければ家計は困ってしまう。これらの現象が起こる理由には、日本企業像のあいまいさがある。従業員には株主還元、株主には従業員に還元と言って、経営者がどちらにも利潤を還元せず、立ちすくんでいる状況がある。」

◉第Ⅶ章◉ 政府の役割と財政政策

政府の役割

「日本は市場経済の国ということは知っているかな。」

── そりゃあ知っています。

「具体的に言うと、君たちが洋服にお金をたくさん使えばアパレル産業が盛んになるが、外食によりお金を使えば外食の関連産業が盛んになる。」

── なるほど。スマホにお金を使うから、CMも多いわけですね。

「そういうふうに日本経済は民間の家計や企業の選択が価格の動きを通して、資源配分を決める**市場経済**だ。一方、政府が服や外食の規模を上から決める経済も考えられる。これは旧ソ連のような生産計画を政府が構成する**計画経済**だね。」

── 日本でも政府は経済に介入しますよね。

「そうだね。無制限に競争すればいい、というものではない。格闘技においてルールが定められ、レフェリーが主導するように、市場経済にもルールとレフェリーが必要だ。そしてルールを作り、レフェリーの役割を果たすのが政府だ。」

── 市場と国家の折衷ということですね。

「純粋な市場経済という国はなく、どの国でも限られた領域で政府は資源配分に介入する。これを**混合経済**という。政府とは何か、どこまで介入するか、とい

第2部　個別需要項目

う問題にはいろんな見方があるが、まず『日本国』というパック旅行に参加した、と考えてみよう。」

── 旅行代金が税金で、ツアー添乗員が政府の役人ということですか。

「そうそう、この旅行は日本人は強制参加だね。」

── パック旅行は自由がないから、好きじゃないですね。

「そう考えると『小さな政府』がいいのかな。豪華旅行だと、代金つまり税金が高くついてしまう。」

── でも一人旅だと、外国じゃ不安ですよね。

「パック旅行じゃ添乗員が世話してくれるし、保険もついている。病気になっても安心だ。」

── おばさんとかで、添乗員さんにすごく頼み事をしている人がいますよね。私なんかあまり頼み事をしないから、あれを見ると損をしているような気になるんですよね。

「政府になんでも要求することは典型的な**モラルハザード**だね。政府が提供する保険に甘えてしまう、ということだ。これでは旅行代金にはねかえってしまう。税金という代金を考えると、どのくらいの規模の政府が良いのか、悩ましいところだ。

　経済学的には政府の役割は大きく2つに分けることもある。

- ［1］ミクロ経済学的には公共財や外部経済効果、非対称情報の改善、資源分配の調整、福祉政策など所得と富の再分配を行い『**市場の失敗**』に対応する役割（資源配分機能）、
- ［2］マクロ経済学的には有効需要管理のための裁量的な**財政金融政策**が考えられる（景気の安定化機能）[1)]。」

── じゃあ、ここで学ぶのは後者のほうですね。

「いや、実はそうと限った話でもない。たしかに公害のような市場の失敗は景

---

1) 政府支出増大のようなその時その時に応じた政策を**裁量的な政策**と言い、税率のような時間を通じて固定化した政策は**ルール化された政策**に近い。また累進課税は好況期には税収を増加させるが不況期には税収が減少して**自動安定化装置**（ビルト・イン・スタビライザー）の役割を果たす。

気にあまり左右されないかもしれない。しかし頻発する金融危機が世界不況をもたらす現象は、金融市場のモラルハザードから生じたミクロ的な市場の失敗が原因だといえる。ミクロとマクロが絡み合った問題だから、政府のとるべき政策も複雑になっている。」

政府の行動：収入・支出・再分配

「ここではまず政府の収入・支出・再分配について分けて考えてみよう。

政府が家計や企業から資金を調達し、財やサービスとして家計や企業に還元していくことを**財政**という。財政を具体的にどのように実行するかを決めることを財政政策という。

まず政府の**収入**から考えると、選択肢は大きく分けて

- 租税を徴収するか
- 国の借金証文である国債を発行するか

のどちらかだね[2]。収入に関して
- **財政赤字**は本当は誰が負担するのか、という問題があるし、
- 国の借金をどうやって今後返していくのか、そしてそれに伴う増税はどのような歪みを経済活動にもたらすのか、という問題も生じてくる。」

── 次は**支出**ですね。

「● 効果のない無駄な公共投資はどうして生じるのか、という問題
を考えなくてはならない。このためには日本の制度として重要な

- 政府の投資や融資活動である**財政投融資**や**特別会計**についても知っておく必要がある。

さらに政府の行動を考える場合、収入と支出だけでは十分ではないね。」

── というと、どういうことですか。

「政府には年金や生活保護などの**所得再分配機能**がある。[1] ミクロの資源配分機能、[2] マクロの景気安定化機能に合わせて、この [3] の所得再分配機能は、第Ⅴ章で学んだ

- 少子高齢化が進行する中で、**公的年金**は今後どうなるのか、

2）低開発国では貨幣発行に伴うインフレ税や関税も政府の収入として考えられる。

第2部　個別需要項目

という問題も踏まえて、考えなくてはならない。

Ⅶ-1　財政の3つの考え方と現状

財政政策の3つの考え方と日本の現状

「日本の財政の現状をめぐる議論には、大きく分けて以下の3つの議論がある。

[A：**財政中立論**] 日本人から日本人に借金をしているのだから、財政赤字は大丈夫という意見

[B：**積極財政論**] 貯蓄過剰であるから、より積極的に政府が支出しないとマクロ経済が失速してしまうという意見。第Ⅳ章で学習した *IS-LM* 分析が対応するね。

[C：**財政破綻論**] このまま放置しておくと長期金利が上昇したり、日本政府が破綻するという懸念。」

—— どの意見が一番正しいのですか。

「どの意見にも一長一短がある。まず理論的には中立論を基礎に考えなくてはならないが、そのなかで積極論も破綻論も一理ある。」

—— それはおかしくないですか。互いに矛盾していると思うんですけど。

「1つずつ説明するから、ゆっくり考えてほしい。

まず日本は貯蓄過剰の国であり、資源が有効活用されておらず、政府がお金を使わないとマクロ経済が失速してしまうという主張が**ケインズ的積極財政論**だ。」

—— 第Ⅰ章のクルーソーの例で考えると、家計はタネまき（家計貯蓄）のために小麦をため込んでいても、企業はタネまきを行わない（企業投資）といった状況なわけですね。

「それは第Ⅳ章で学んだ一般的なケインズ経済学の想定だ。日本経済の場合は第Ⅵ章で考えたように、家計が貯蓄するのではなく企業が貯蓄をしている点が異なっている。しかし貯蓄過剰で需要が減少していることには変わりはなく、リーマンショックやコロナショック時には大規模な財政出動が行われた。」

—— 新古典派的には財政政策はどうなんでしょう。

「新古典派の体系では基本的に資源はすべて有効活用されており、余分に需要を追加すると民間の需要が押しのけられてしまう。」

180

第Ⅶ章　政府の役割と財政政策

── 第Ⅳ章で学習したクラウディングアウトですね。

「*IS-LM* 分析では貨幣市場のみについて、クラウディングアウトを考えたが、労働市場でも生産物市場でも同様な**民業圧迫**は生じる。

一方、ケインズ体系ではそういった事態は想定されていない。資源は有効活用されていないから、政府が借金をして貯蓄を使ったり、失業者に働いてもらおうというのがケインジアンの発想だ。」

── それでは、財政政策をどんどん打てばいいじゃないですか。

「どんどん打てば後で借金は膨らんでしまう。結局、問題は財政政策はある程度、景気の下支えに有効だが、あとで増税が不必要なほど経済成長をもたらすわけではないことだ。」

── そうすると、後で借金返済が必要ですね。

「そういうことだが、借金をゼロにしなくてはいけないというわけでもない。GDP などに比べて、一定の比率に収束すればよいと考えられている。」

考えよう　Ⅶ-1 ● 労働市場・生産物市場・貨幣市場に即して、財政政策の妨げになる状況を考えなさい。

財政は破綻するのか：フローの状況を表すプライマリーバランス

「次に**財政破綻論**が適当かどうか、現状のデータを見てゆこう。財政の問題は

［A］毎年の借金増加幅であるフローの「新たな借金」と
［B］これまで累積したストックの面（「これまでの借金」と「その利払い」）

に分ける必要がある。」

── 財務省のホームページで調べてきました。

2024年度の一般会計の予算規模は112.6兆円ですが、歳入の35.4兆円は新規国債発行によってまかない、税収は70兆円弱、税外収入は7.5兆円を見込んでいます（図1）。

「税収が70兆円としても、1億2,500万人で割ると一人当たり56万円ぐらいだね。」

── さらに国債には期限があるので、借換債が135.5兆円もあり、毎年、巨額の

181

第 2 部　個別需要項目

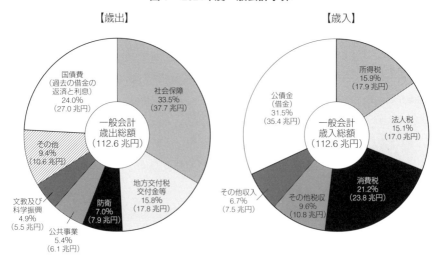

図1　2024年度一般会計予算

資金調達が必要です。

　一方、支出面には過去の借金の返済と利息などの国債費が27兆円含まれます。支出項目別に見ると

- [a] まずピーク時には15兆円近くあった**公共事業費**は激減しており、小泉政権以降、公的資本形成はかなり削減されました。
- [b] **社会保障費**は37.7兆円であり保険料に加える公費負担の分となります。
- [c] 地方分権改革で、よく話題となる**地方交付税交付金等**は17.8兆円です。
- [d] さらに現状は国債発行による新たな借金増加に加えて、過去の借金の利払いや借り換えなど国債に関する要因が大きいことがわかります。国債費は過去の借金に規定された分があるわけですね。

「そこで過去の借金を仮に棚上げできるとしたら、状況はどうなっているのかを表す概念が**プライマリーバランス（PB、基礎的財政収支）**だ。具体的には国の予算から公債金収入（借金）と国債費を除いた基本収支を指すものだ。

　　　歳出　＝　国債費［A］　＋　一般歳出・地方交付税交付金［B］

第Ⅶ章　政府の役割と財政政策

$$\text{歳入 ＝ 国債発行額 ［C］ ＋ 税収等 ［D］}$$

とすると

$$\text{プライマリーバランス＝D － B}$$
あるいは歳出＝歳入（A ＋ B ＝ C ＋ D）なのでA － C

となる。」

──　累積した借金（国債費）がなければ、新たに借金をしなくてもよいという状況ですね。

　「そうだね。過去に発行した国債に対する元利払い以外の歳出が税収などでまかなわれていると、収支は均衡していることになる。つまり、基本収支が黒字になれば、過去の借金は残っていても、新たな借金のつけを次世代に回さないことを意味する。ただこれまでの債務があるので、金利が上昇すればPBはバランスしていても借金は増えるけどね。」

──　PBの推移はどうなんですか。

　「ショック時には急激に悪化する。2007年度からリーマン後の最悪期の2010年度まで、プライマリーバランス赤字は6兆円から、34兆円まで急激に悪化した。これは税収が15兆円強減少し、歳出が18兆円増加したためだ。中でも法人税は9兆円近く減少したが、歳出の増加は総花的すぎて何が無駄という批判もできない。」

──　大震災の影響も大きいでしょうね。

　「震災前の2011年度一般会計予算で見ると、歳入総額約92兆円のうち、公債金収入は44兆円。これに対し、歳出の国債費は21兆円で、予算の当初の段階でプライマリーバランスは約23兆円の赤字になっており、少しは改善していた。2000年代の巨額の赤字はリーマンショック以降の世界的金融不況と東日本大震災が大きく影響しており、問題は問題だが、まず2007年当時の歳出構造を基本として考える必要がある（表1）。コロナ禍時の財政状況については本章末尾を見てほしい。

　積極財政論と財政破綻論が両立している理由は大規模ショックの直後、積極財政論が盛り上がって収支が悪化し、その後に破綻論が一般的となるからだ。これではいつまでたっても長期的課題に取り組めない。」

183

第2部　個別需要項目

表1　2007年、2010年、2024年の歳入・歳出の構造

(億円)

	2007 年	2010 年	2024 年
（歳入）			
1. 租税及び印紙収入	525,510	368,610	764,500
所得税	165,450	126,140	179,000
法人税	147,444	59,530	170,000
消費税	102,719	96,380	238,000
2. その他収入	58,212	122,422	75,000
3. 公債金収入	254,320	534,550	354,000
合計	838,042	1,025,582	1,126,000
（歳出）			
1. 国債費	204,676	192,515	270,000
2. 地方交付税交付金等	149,316	165,733	178,000
3. 一般歳出	484,050	667,334	678,000
合計	838,042	1,025,582	1,126,000

日本経済トピックス ◆ 国の債務

　国の債務・借金には、さまざまな言い方がある。構成要素を表2にまとめて分類すると、

- [1]「日本の公債残高」………………［A］のみ………………1,026兆円
- [2]「国と地方の公債等残高」………［A］＋［B］＋［C］………1,191兆円
- [3]「国と地方の長期債務残高」
　　　…［A］＋［B］＋［C］＋［D］……1,244兆円（財務省がよく使用）
- [4]「国債及び借入金並びに政府保証債務現在高」
　　　…［A］＋［B］＋［E］＋［F］＋［G］…1,280兆円（IMFの公表基準）

となる。同じようだが、それなりに意味のある区分である。また以上の集計は

- [i] 一般会計と特別会計を合わせ、企業会計の手法を用いた「国の財務書類」に基づいたものだが、方法の異なる集計もあり
- [ii] 国民経済計算体系（SNA）による「一般政府」の金融資産・負債

第Ⅶ章　政府の役割と財政政策

では2009年度に始めて負債超過となった（2022年度の負債は1,412兆円だが、金融資産745兆円、非金融資産844兆円を差し引くと約176兆円となる）。

　政府の資産や埋蔵金はどのくらいか、債務だけでなく資産を相殺して純資産で考えるべきではないかという意見がある。たしかに債務だけを強調するのでは、何のためにバランスシートを作っているのかわからない。厳密な計算は難しいものの、政府の資産は665兆円の半分程度は、売却可能な資産としてカウント可能ではないかと思われる。

表2　国の債務の構成要素

		（兆円）	
[A]	普通国債	1,026	
[B]	国の借入金	29	一般会計借入金＋交付税特会借入金など
[C]	地方債	136	
[D]	地方の借入金	53	
[E]	財投債	90	財投債とは財政融資資金特別会計が資金調達のために発行する国債であり、財投機関債とは公庫や公団、独立行政法人、あるいは旧政府関係会社などの財投機関が発行する債券
[F]	政府短期証券	104	日本政府が一時的な資金不足を補うために発行する短期国債のこと。FB という略称で呼ばれることが多い
[G]	政府保証債務	30	特殊法人等に対する保証

Ⅶ-2　財政中立論の限界

「日本人から日本人が借金」という議論は成り立つのか？

　「結局、財政支出はある程度は効果はあると考えられているものの、債務が多いことは確かだ。財政は一時はある程度好転したが、大ショックが重なり、やはり増え続けている。これを理論的にどう整理するのかが課題だ。」

── よく『日本人が日本人から借金しているから大丈夫だ』と言われますよね。

　「父が母から家庭内で借金しているようなもの、と言われることもある。実際、

185

第2部　個別需要項目

日本国債の93％は国内の銀行や生保経由で買われている（図2）。その原資は国民の預金などだから、日本国民が日本国民に借金をしていることになる。ヨーロッパの小国や中南米諸国のように海外から借金をしているわけではない。

　また10年国債の名目金利が1％を切っていることも多く、物価停滞の影響もあって先進国の中で名目金利は最低水準である。」

── だから財政赤字はそんなに心配しなくていい、という人もいますよね。

　「たしかに、国債も増税も同じ効果をもたらすというリカード＝バローの**等価定理**があるが、実はこの定理は注意深く使わなければならない。」

── 増税しなくていいなら、ずっと借金し続ければいいんですか。

　「そうじゃない。そういう意味じゃないから大きな問題だ。順に説明しよう。まず最初に『定義』だが、

リカード＝バローの等価定理とは、財政支出が一定時、以下の資金調達方法、

- **租税**によりまかなおうと、
- 借金証文である**公債**発行によりまかなおうと

どちらでもその効果はまったく同じということを主張しているんだ。」

── まず『財政支出が一定』というのは具体的にはどのような意味でしょうか。

　「とにかく支出規模は一定で、その支出は有益だろうと無益だろうと定理自体には関係ない。もちろんマクロ経済運営の観点からは有益な支出がよいが、そこのところはこの定理では問題としていない。」

── 資金調達というのは、英語で言えばファイナンスということですよね。

　「そうだ。より具体的には税金を取るか、公債を発行するか、という問題だ。しかし公債を発行しても返さなくてはならない。」

── いずれは増税だが、とりあえず借金ということですか。

　「そうなんだね。大事なポイントは『いずれ増税』によって借金返済（公債償還）が必要なことだ。車を買う場合になぞらえて説明しよう。

- 即金で支払うか
- ローンで支払うか

という選択肢は国の財政にどう対応するかな。」

── 即金が増税、ローンが国債発行に対応するということですか。

　「そうそう。まず2期間で政府の予算制約式

第Ⅶ章　政府の役割と財政政策

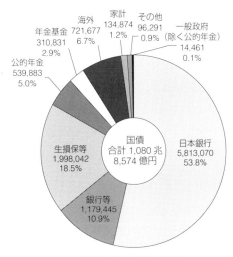

図2　国債等の保有者別内訳

令和5年12月末（速報）

注1：「国債」は「財投債」を含む。
注2：「銀行等」には「ゆうちょ銀行」、「証券投資信託」および「証券会社」を含む。
注3：「生損保等」は「かんぽ生命」を含む。
出所：日本銀行「資金循環統計」

$$\bar{G} = t_1 + \frac{t_2}{1+r}$$

政府支出 ＝ 第1期税額＋第2期税額

を考えてみよう。添え字1は現在を表し、2は将来を表している。とりあえずここではローンだから割得ということはないし、損ということもない状況を出発点と考えよう。

　まず政府支出 G の上部に線が引かれた（バーと読む）$\bar{G}$ は、G が既に外生的に定められていることを示している。第1期現在の税額は t_1、第2期の税額を t_2 とすると、t_2 の現在価値は $t_2/(1+r)$ になる。」
── 即金でもローンでも、増税でも国債発行でも、支払額は同じ状況ですね。
　「次に民間主体の予算制約式に上の式を挿入しよう。y は所得、c は消費、r は利子率というのはいつもの通りだ。

第 2 部　個別需要項目

$$c_1 + \frac{c_2}{1+r} = y_1 + \frac{y_2}{1+r}\left[t_1 + \frac{t_2}{1+r}\right] = y_1 + \frac{y_2}{1+r} - \left[\bar{G}\right]$$

政府が t_1 を増やそう（増税）と、t_1 を減らして t_2 を増やそう（国債増発）と、その効果は変わらない。

● 第 1 期に $G = t_1$ として、政府支出の財源をすべて租税でまかなってもいいが、
● 国債を発行して、税金取立てを第 2 期に繰り延べてもいい

から、民間の予算制約式は変わらない。」

—— 結局、税金で政府がお金をいつ民間からとりあげるのか、タイミングが違うだけで家計が使えるお金は変わらない、という意味になるわけですね。

「そういうことだ。数値例で考えてみよう。利子率はゼロと簡単化して、毎期 100 ずつ収入がある家計からなる国で 20 の政府支出をすると考える。この場合、家計はまんべんなく消費をすることを好むので、どのような財政方式であっても消費額は一定だ。」

—— $y_1 = y_2 = 100, \bar{G} = 20$ で考えると、どんな財政パターンでも $c_1 = c_2 = 90$ になるということですね。

「そういうことなんだが、財政パターンにより、家計貯蓄 s は変動する。

● $t_1 = 0$ のとき、$s = y_1 - c_1 = 10$ で貯蓄が必要だが
● $t_1 = 5$ のとき、$s = y_1 - t_1 = 5$ で貯蓄が必要だが
● $t_1 = 20$ のとき、$s = y_1 - t_1 = -10$ と貯蓄がマイナスになってしまう。」

—— 貯蓄がマイナスということは、借金ということですよね。

「公債の発行は将来の増税を意味するので、民間の経済主体は先回りして、消費を減らし**自発的に貯蓄を増加**させることになる。ローン支払い準備のために、先回りして貯蓄を増加させると考えるとよい。この『先回り』というところが、ポイントになるんだね。」

—— 等価定理から考えると、**財政再建**も意味がないんですか。

「そうだね。政府の資金調達の方法は実体経済に影響を与えないので、政府の借金が増えようが減ろうが関係ない。」

確かめよう　● $u(c_1, c_2)$ という効用関数を本文中の予算制約式のもとで、c_1, c_2 で最大化して、等価定理を数式で確かめてみよう。

第Ⅶ章　政府の役割と財政政策

等価定理の限界

―― 借金を早く返そうと遅く返そうと合理的な個人だと同じ、という話はわからなくもないんですけれど、やっぱり国の借金と個人のローンは違いますよね。

「もちろん国の借金と個人の借金は違う。ここでは以下の３つのポイントに分けて、順に考えてみることにしよう。

[a：利子率] 貸し借りの金利が変わらない『完全な資本市場』
[b：返し方] 働いても働かなくても借金を返さなければならない『一括固定税』
[c：返す人] 異なる世代間とのリンクがある『一体化した個人』」

―― 複雑ですね。

「現実の借金と対応させて考えてほしい。

[a] **完全な資本市場**：まず等価定理には、貸し借りの金利が変わらないという『完全な資本市場』という仮定が必要だ。」

―― たしかに。普通、ローンで払うと割高じゃないですか。

「通常、ローンで払う利子率と、銀行に預けておく利子率では、ローンのほうが高くなるが、ここでは理想的な完全な資本市場を考えて、利子率は同じとしているね。またマイナスの貯蓄がこれは分量的にはまあ大した問題じゃない、と考えられている。

[b] **一括固定税**：次に重要なポイントは**一括固定税**という仮定だ。」

―― 一括固定税って、そもそもなんですか。

「一括固定税とは人々の『頭割り』に税金がかかるというもので、**人頭税**とも言われる。普通、税金は所得税であったり、消費税であったりするが、勤労や消費など**何らかの行動に応じて課税**されるものだね。でも一括固定税なら、失業し財産も持たず、消費を何もしなくても、生きているだけで税金を収めなくてはいけない。」

―― これは重要な仮定なんですか。

「実はとても重要な意味がある。普通、借金というものは、借りた本人がとにかく返さなくてはならないものだよね。」

―― そりゃそうですけど。

「でも国の借金返済はそうじゃない。税金をどう取るか、に依存して誰が借金を返すのかが決まる。主立った税は消費税・所得税・法人税だが、公的債務返済

189

第 2 部　個別需要項目

が、たとえば所得税増税によってなされるなら、借金を返す人は国民全体ではなく、所得の高い働きものの人に集中することになるよね。そうすると、どうせ税金がとられるなら、働かないほうがいいという社会になってしまう。」

── なるほど、思わぬところに影響があるわけですね。

「そうなんだね。実は働くか、働かないかだけでなく、経済主体の選択に影響を与え、『資源配分の歪み』をもたらす問題は『課税の経済学』の中心問題だ。

考えよう　**VII-2** ● リンゴとミカンからなる 2 財の選択問題において、一定の税収を上げるために、リンゴとミカンにまんべんなく課税するのがよいか、リンゴだけに課税するのがよいか、考えなさい。

実はバロー教授は等価定理を示した論文の後に、一括固定税の替わりに所得税を使って公債の効果を考えた 2 番目の論文を書いているんだね。そこでバロー教授は公債の負担は 2 次的なもの、と述べている。つまり 1,300 兆円の借金総額が問題なのではなく、借金を返済するためには増税する必要がある、そしてその増税は資源配分の歪みをもたらすから負担があるといっているんだね。」

── 2 次的なもの、というのは、たいしたことがないという意味ですか?

「少しの赤字ならたいしたことがない、ということだ。ところが現状では金利負担だけでもたいへんだ、と説明したよね。そうすると、その利子がもたらす資源配分の歪みがたいへんな大きさになるよね。」

── 他の税金、たとえば消費税だと、資源配分の歪みは少なくなりませんか。

「もちろん他の税金、たとえば消費税を考えてもいいけれど、消費を行うためには、所得を得て働く必要があるわけで、やはりこの場合も勤労意欲が減退し、資源配分に歪みが生じてしまう。」

── あと思うんですけど、財政赤字の場合、根本的に借りた人と返す人が違うってことが重要なんじゃないですか。

「そうそう、それが根本的な問題だね。それが 3 番目の
[c] **一体化した個人** という仮定だね。等価定理は借金をした人と返す人が同じ、あるいは一体化された家計が想定されているけれど、必ずしも正しくない。」

── 同じ日本人だから、と言って、ドンブリ勘定じゃ困りますね。

「そうなんだね。どうせ後でうやむやになるから、どんどん借金をしようとす

第Ⅶ章　政府の役割と財政政策

る危険もあるわけだね。」

── でも政府が増税する前に死んでしまえば、『食い逃げ』をすることができるんじゃないかしら。

　「たしかにこの『世代の違い』を考えると、現在の世代がお金を使って、将来の世代が借金を払うことになってしまう。そこでバロー教授は『人は死んでも家系はつながっている』と考えた。財政赤字が増えると親は孫子の代の増税を予想して、子どものために貯蓄を増加させると考えたんだね[3]。」

── そこまで子どものことを心配しないんじゃないかしら。

　「確かにそういう批判をする人は多いね。ただ第Ⅴ章でも検討したように、世代間移転は金融資産だけでなく教育も含まれ、その役割は大きい。これから社会が不安定になるとしたら、しっかりとした教育を受けさせようといったように、広い意味で等価定理に近い状況が成立するとも言えるわけだね。

　それにもともと孫子の世代の増税が心配なら、自分の孫に遺産を遺せば、とりあえず自分の家計の問題は解決する、とも言えるわけだね。」

── たしかに１つずつ説明されれば、そうなることはわかるんですけれど、全部を合わせるとそうなのかなあ、と思うんですね。

　「このリカード＝バローの等価定理には他にもいろんな批判がある。たとえば

● 人々はそんなに合理的ではない、とか
● 子どものいない人がいる、

とかいうものだ。しかしここまで説明してきたように、基本的な新古典派経済学の想定を一つずつ考えて見れば、こうなることがわかるはずだ。そしてリカード＝バロー定理は結果をそのまま鵜呑みにするためのものではない。」

── というと、どうとらえればいいんですか。

　「繰り返しになるが、ベンチマークとしての役割だ。ここから現状を分析することを始めるためのモデルなんだね。」

───────────

　3）等価定理はバロー教授が標準的な新古典派のモデルに子どもや孫の将来世代を考慮した効用関数（p.147参照）を導入して計算したら、こうなったという結果である。このため等価定理を理解することは、新古典派の暗黙の想定がどのような結果につながるか、を学習することにもなる。そして19世紀の経済学者リカードも同様の内容を述べていることから、リカード＝バローの等価定理と呼ばれている。

191

第2部　個別需要項目

最適課税理論から具体的な税制へ

「**最適課税理論**とは政府の支出を所与と置いた上で、どのような税のパターンが良いのかを考えるものだ。一括固定税の場合と違い、もともと資源配分に歪みがあるため**政策が原理的に有効・有害**であるといった世界で、税体系がどうあるべきかを考える理論だ。」

── やはり税金は必要なんですね。

「それはそうだ。これを理解するために、第Ⅲ章で学んだクルーソーの選択を思い出してみよう。クルーソーには大きく分けて2つの選択があったよね。

● 1つめは働くか働かないかの選択だ。この場合の選択に影響するのが、**所得税**だ。所得税は勤労意欲を阻害し、余暇と消費の選択に歪みをもたらすことになる。**課税平準化のモデル**では、所得税による歪みを回避するため、なるべくまんべんなく税をかけることを主張しているんだね。

● 2つめは貯蓄するか消費するかの選択で、これには**消費税**や資産課税が影響する。これは現在と過去の消費のトレード・オフだね。また、税ばかりでなく賦課方式年金は貯蓄意欲を阻害することになる。

この所得税、消費税に法人税を合わせて、**主要三税**という。」

── 具体的な最適課税論のイメージが沸かないんですけれど。

「送別会を焼鳥屋ですることを考えよう。送別される人の予算をどこからかひねり出さなくてはならない。これが公共的な政府の支出だ。

次にビールか焼き鳥か飲み食いした個人の分量に依存して、余分に出してもらうことにすると……。」

── ビールに依存して支払いが決まると、皆がビールを飲まなくなります。

「だから特定の財に依存するのは止めたほうがいい。一方、頭割りの会費制（人頭税）だと、お金のない人が嫌がる。そこで給料の高い上司が余分に出すのは所得税的な考え方だ。」

混乱する税制の議論

「理論モデルの帰結は明快だが、日本の状況とは異なる。まず政府は『安定財源』を求めるという、一見堅実な理由で消費増税を追求しており、社会保障重視論者を味方につけた。」

第Ⅶ章　政府の役割と財政政策

―― これがいけないんですか。

「しかし『安定』『財源』ともに問題のある考え方である。まず『安定』はケインズ経済学の基本的考え方、つまり政府がリスクをとって不況期には税収を減らし財政の**自動安定化装置機能**（ビルト・イン・スタビライザー）を働かすという原則に反している。『財源』についても、個別の税を特定の目的にあてる『目的税』は課税理論の原則上、本来は好ましくない。社会や技術が変容していく中で、柔軟な対応や規制緩和が必要だ。」

―― どんな税が今後の財政再建に望ましいんですか。

「最適課税理論において消費増税・法人（正確には資本課税）減税が理論的帰結となることは事実だが、それは海外流出を考えない**一国モデル**上で、法人擬制説に基づき家計に残余利益がすべて還元される**家計内労使共存状態**が前提となっている。現状の日本でこれらの仮定は成立していない。脇田［2024］を通して強調しているように、企業貯蓄増大が長期停滞の主因であり、法人減税はそれを加速してしまう。」

税外収入の増加を

―― どんな税が今後の財政再建に望ましいんですか。

「一つ一つ考えていくと主要三税の増税は難しいと思う。そこで筆者は**税外収入**の充実を図るべきだ、と考えてきた。政府財政には国債利払い負担に匹敵する**財産収入**（国債金利に連動する財投機関債や為替介入の結果である米国債の高金利収入など）が存在する。米国債を時価で評価すれば元本は毀損しているが、円安と利上げで利子収入は増加するはずで、2022年度の一般政府の純財産所得はついにプラスとなった。今後検討される金融所得課税等や資産価格変動を考えて、政府の（財産）収入がネットで大きく負にならないように、資産と負債の両建てで政府資産を持つことが望ましいだろう。」

―― 政府財産は大きいんですね。

「それはそうだ。**745兆円も金融資産があり**（2022年度国民経済計算ストック編付表一般政府の部門別資産・負債残高）、2018年より4年間で127兆円も増えているのに、運用益を反映するはずの税外収入（政府の一般会計予算のその他収入、図1）は7.5兆円で1％未満というのはひどくないか。

断っておくが、財政が大丈夫だというつもりはまったくない。我が国に大きな

第2部　個別需要項目

図3　一般政府の受取利子と財産所得

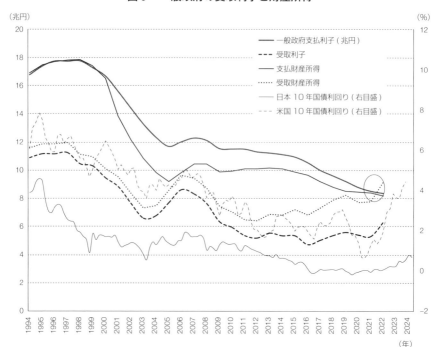

（注）一般政府の受取財産所得は支払国債利子など支払財産所得を超えて10兆円近く存在している（2022年度）。受取財産所得の過半は米国債からの受取利子収入であり、他に企業配当などの投資収益がある。世界的物価高騰期には米国債利回りは日本国債より上昇するため、利払い以上の収入増加が見込まれる。
（データ出所）国民経済計算・財務省・FRED

公的債務が存在し、人口減少のもとで将来世代に大きな負担がかかるということは事実だ。しかし政府や財政学者は大げさに言えばよい、実態を隠せばよい、とオオカミ少年化して、まったく建設的な議論が進まない。いつのまにか2025年には**プライマリーバランスは黒字化**が見込まれることになったが、この間、日本経済の国際的地位は下落し、人口減少は加速化した。」
── よく言われるように、政府資産を引いた**純債務**と**総債務**は違うんですね。
「現在、国の総債務1300兆円とそこから政府資産を引いた純債務は大きく乖離している。国民経済計算では一般政府の純資産は実はプラスだし、このところ増加している。ところが、財務省発表の『国の財務書類』では純債務は500兆ほどになる。この差の理由は、財務書類では年金積立金を今後年金として支払う必要

のある債務と扱う点と、地方政府の扱いによると思われる。」

── どうしてこんなことになるのでしょう。

「短期証券を発行し銀行借入を行って為替介入のために米国債購入を行えば、借入は負債に米国債は資産になるが、総債務では借入だけをカウントして米国債の価値は無視することになる。既に GPIF や日銀は株式を購入し、高額のキャピタルゲインや配当を得た。2022年度に一般政府の純財産所得がプラスとなった背景だ（図３）。

埋蔵金騒動などで政府のストック収入の議論もタブー視されているが、各国でも議論がないわけではない。知らず知らずのうちに多方面で公的保有のストックの議論が必要とされてきている。ところが政策の議論は国内総生産などフロー中心の見方を脱しない。」

── 新聞や著名大学教授は総債務で説明していますよ。

「それは日本語の文章に限られている。多くの学術論文は既に純債務で政府の持続可能性を考察しており、総債務1,300兆円を考察しているわけではない。既に日本の統合政府のバランスシートまで考察した海外の研究も現れている。国内では多くの研究者が政府に忖度し、総債務一点張りの終末論的レポートを多数執筆して国民の疑心暗鬼をまきおこしている。正直言って困ったことだ。」

Ⅶ-3　財政問題をどう考えるか

── やっぱり財政の問題をもう少し精密に考える必要がありますね。

「企業が家計に所得を返すと言っても、すべての家計が賃金や配当を多額に受け取れるわけではない。やはり政府による**所得再分配**が必要だ。その原資としてもストック経済に対応した新たな政府財政のあり方を模索していく必要がある。

財政問題とは、**どのあたりで財政破綻の防衛ラインを引くか**という問題だ。

- ［ストック］政府のバランスシートで債務超過の分量が大きくなり続けない
- ［フロー］具体的には**資金繰り**がつくかどうか、国債を引き受けてもらえるかどうかの問題だ。

日銀の国債購入が大規模な時期には、政府と日銀が財政危機とインフレで共倒れにならないようにしなくてはならなかった。」

第 2 部　個別需要項目

図 4　資金循環より見た財政再建速度

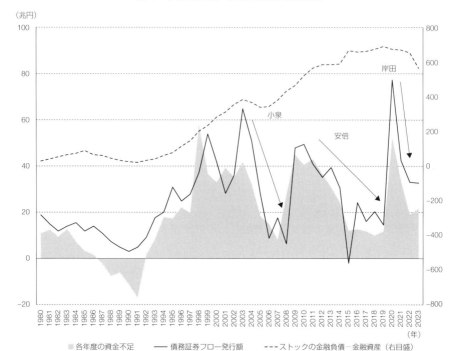

(注) 98年金融危機・リーマンショック・コロナとウクライナショック時には財政支出が増え、資金不足（面グラフ）を反映して公債発行（赤線）が増加する。その後に小泉改革や安倍期の消費増税が行われて財政再建モードとなるが、岸田期には急速な緊縮が行われたことがわかる。（データ出所）資金循環統計

—— どういう統計で状況がわかるのでしょうか。

「あまり良いものはない。財務省は冊子体を PDF 化したものでしか発表していない。それもまた 1 年以上後にだ。簡便なものとしては日銀の資金循環統計から類推する方法がある。図 4 は財政関連の変数をプロットしたもので、面グラフで表されるフローの資金不足が高まると、国債などの発行額が増大することを示している。グラフの形状は多くの図と同様にノコギリ型であるが、外的ショックによる急アクセルの後、債務証券発行額削減速度は

$$岸田 > 小泉 > 安倍$$

であることが明瞭に見てとれる。」

第Ⅶ章　政府の役割と財政政策

── 構造改革を掲げた小泉内閣より、岸田さんは増税メガネで財政再建したのですか。

「よくそう言われるが、岸田内閣が大きな増税を実行したわけではない。ロシアのウクライナ侵攻から予期せざるインフレが生じて財政に（意図せざる）増収が生じたと言えよう。筆者は脇田（［2008］p.176）以来、税収見積もりの杜撰さを指摘してきたが、危惧が的中した。

岸田内閣の場合、中国の台湾侵攻に備える体制になった不運や基金導入による変動もあるものの、本来、この時期はコロナ禍脱却のリバウンド状況を生かして日本経済は高成長が可能であったし、日本経済の長期的課題に取り組むことが可能だった。」

── じゃあ安倍政権が良かったんですか。

「安倍政権期の雑駁な議論の応酬が良かったとは言えない。今にも破綻の瀬戸際にあるのか、自国通貨があるから破綻しないのか、空中戦での対立ではまったく財政の現状に理解が進まない。自国通貨は商品券や引換券であり、生産が増大しなければ引換券だけ配っても一時しのぎにしかならない。通貨の信認を失って、ハイパーインフレと財政の共倒れだ。

図4を見ると、攻防は案外、細かいところで行われていることがわかる。ショックによる財政赤字拡大期には政治家や世論もうるさく、景気を下支えするため急アクセルを精一杯踏む一方、その後の緊縮期には赤字支出削減に努力を集中して急ブレーキを踏む。ショック時には30兆円にも上るプライマリーバランス赤字は確かに続けていけないが、急速な緊縮は経済を疲弊させ政局の混乱を生む。この繰り返しでは、いつまで経っても少子化やデジタル化など、長期的な課題に取り組むことができない。

官民が共通に使えるデータの『ものさし』と『積算根拠』が財政にも必要だ。財務省はデータを使いやすく開示し、たとえば（現状は景気把握中心の）『月例経済報告』等を拡充して報告すべきだし、研究者は特定の省庁から離れて、中立的な立場で分析を進めるべきだ。」

人口減少対策を

── 最悪のシナリオはどういうふうになるのでしょうか。

「筆者は今後、財政が万全だ、と思っているわけではない。財政悪化は最終的

第2部　個別需要項目

にはマクロ経済スライドという名称で年金支給にしわ寄せが行く計画になっており、団塊世代を中心に多くの人の老後に問題が出る。高齢者が年金切り下げに反対すれば、民主主義のもと、政権は継続できない。この財政悪化問題はもともと少子化に由来しているが、財政悪化で子育て支援が不可能となって少子化を加速させれば日本は消滅だ。」

—— それは深刻ですね。

「これまでの消費増税は家計を緊縮させて消費比率の低下をもたらしたため（第Ⅴ章）、世論や政治の財政出動論を結果的にかえって誘発している。問題を解決する最善策は財政を使わず景気を良くすることだが、それだけでは多くの人々が救われない。企業部門の富と所得を家計に移す分配政策に加えて、財政出動も必要だ。」

—— 人口減少対策はどうでしょうか。

「以上の財政危機回避という意味でも少子化対策は必要だ。子や孫のために財政赤字を削減、といって、少子化対策を怠ると、子や孫を減らして次世代の一人当たりの負担を増やしてしまう。

とにもかくにもプライマリーバランス目標達成の目処が立った現状では、本来は将来の納税者確保とも言うべき人口減少対策を強力に行うべきだが、家計はインフレで疲弊してそれを受け止める余裕がない。」

—— 出生数も恐ろしいほど減っているんですってね。

「2018年には約92万人だった出生数は、2024年にはコロナ禍後の混乱のもとで70万人割れ予想と激減したという現状もあり、さらなる少子化対策が必要だ。1947年から49年に生まれた団塊の世代は1学年で270万人、70年代前半の団塊ジュニア世代も出生時200万人にもなる。小学校のことだけを考えても、廃校や統合で縮小再生産のためにエネルギーを使ってきた。税や社会保障のシステムは少子化克服のために全般的に組み直すべきだ。バラマキだと否定的な報道もあるが、ここで列挙したような税収拡大や出生数減という統計数字を出して政府発表するなり事情が報道されたりすれば、風向きは変わったのではないか。

SDGsとは持続可能な開発目標という意味だが、はたして日本は持続可能なのだろうか。」

⦿第Ⅷ章⦿ 中央銀行と金融政策

貨幣をめぐる2つの代表的な考え方

「財政政策の次は金融政策について学ぶことにしよう。中央銀行は金融政策を行って、貨幣量の調節を行っている。その基本は

- 貨幣量を増やしすぎると、財・サービスへの需要が増加して物価は上昇して**インフレ**になってしまうし、株や土地を買う人が多ければバブルが発生する。一方、
- マクロ経済が拡大すると、取引のための貨幣もより多く必要とされる。貨幣量が不足すると、資金不足のため取引や設備投資が進まない。」

── 第Ⅲ章で貨幣は商品券だと習いました。商品券だから、引き換えられる財・サービスの分量と見合った貨幣を適度に供給することが大事なわけですね。

「適度というところが大事だね。これまで学んだ**極端な2つの代表的な考え方**を復習してみよう。」

── IS-LM分析（第Ⅳ章）と貨幣数量説（第Ⅲ章）ですね。

「貨幣数量説の式、$MV = PY$ を使って考え方をまとめてごらん。」

── 貨幣ストック M を増やすと、

第 2 部　個別需要項目

- **[a]** 利子率低下から投資が活発化し、所得 Y が増加する $IS\text{-}LM$ 分析と、

$$M\uparrow \cdot \bar{V} = \bar{P} \cdot Y\uparrow$$

- **[b]** 直ちに物価 P が上昇してインフレになるのが貨幣数量説です。

$$M\uparrow \cdot \bar{V} = P\uparrow \cdot \bar{Y}$$

「ところが、近年の日本経済では好況もインフレも共に生じなかったことが問題だ。『**流動性のわな**』と言われるように、皆が貨幣を貯めこんでしまって

- **[c]** 貨幣の流通速度 V が下がってしまったのが日本経済の経験だ。

$$M\uparrow \cdot V\downarrow = \bar{P} \cdot \bar{Y}」$$

―― この点も勉強するわけですね。

「2 つの問題があると考えればいいだろう。

［1］M の増加に対して、P と Y への影響をどう分けるかという古くからの標準
　　的な問題に加えて

［2］なぜ V が低下したか、という日本経済特有の問題だ。

　最初の問題に対する標準的な考え方は、『短期と長期の区別』だ（第III章図 7、
　p.78）。

- 短期的には分析で仮定するように**名目価格が硬直的**（$\bar{P}=0$）なもとで数量
　が増加して好況になるが、

- 長期的には名目価格は伸縮的になり、**貨幣数量説**で考えるようにインフレに
　なって物価水準に反映する、

というものだ。付論で学ぶ米国の金融政策の図 6（p.223）は状況を上手くまと
めているものの日本では成り立たない。また短期的に名目価格が硬直的な理由に
ついてはさまざまに考えられてきた（p.95）。」

―― 短期と長期の分け方は曖昧なものだ、と前に言ってませんでしたか？

「そうだね。すべり台から滑り落ちるためには、ある程度の角度や勢いが必要

第Ⅷ章　中央銀行と金融政策

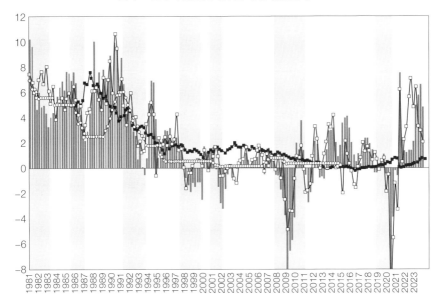

図1　日本の成長率と利子率は相関がない

凡例: 名目GDP変化率　10年国債利回り　名目消費変化率　基準割引率（公定歩合）

[A] 名目GDP変化率(棒グラフ)と市場長期金利(■)はほぼ比例している(新古典派オイラー方程式)が
[B] 市場長期金利が高止まりする(ケインズ的状況)ため
[C] 不況期には短期政策金利(○)を引き下げる余地はない(金融政策)
[D] インフレ率は高まらないため、プロットしていない

（データ出所）内閣府・財務省

だ。貨幣量と物価だって、スムーズに比例して動くわけじゃない。だから金融政策のタイミングと勢いが重要となってくる（図1）。」

—— 2つめの流通速度低下の問題はどうでしょう。

「貨幣の流通速度が低下するという意味は、貨幣の全体量を日銀が直接コントロールできないということだ。そこで貨幣供給について詳しく考え、新たな登場人物として、中央銀行以外の銀行を**市中銀行**と呼んで、分析に導入する。」

—— 普通の銀行が登場するわけですね。

「本章では
- 第Ⅲ章で学んだ現金をやりとりするだけの**日銀輪転機モデル**に加えて
- 第Ⅷ章はいわば**キャッシュレス決済**の要素を加えたモデル

を学習することになる。」

第2部　個別需要項目

表1　マネタリーベースとマネーストック（数値は2024年9月）

MB（HPM）	現金通貨＋中央銀行における預金	約67兆円
M1	現金通貨＋要求払預金(当座・普通など)	約1,092兆円
M2	現金通貨＋国内銀行に預けられた預金	約1,252兆円
M3	現金通貨＋全預金取扱機関に預けられた預金	約1,604兆円
広義流動性	M3＋金銭の信託＋投資信託＋金融債＋銀行発行普通社債＋金融機関発行ＣＰ＋国債＋外債	約2,184兆円

Ⅷ-1　マネーストック：銀行行動と信用創造

なぜマネーストックにさまざまな種類があるのか

「財布からお札を取り出してごらん。どう書いてあるかな。」

── 日本銀行券と印刷されていますね。

「紙幣は中央銀行である日本銀行が**唯一の発券銀行**として発行するものだ。しかし貨幣といっても、この他にもさまざまな種類がある。まず実態を知るためにマネーストック統計をみよう。表1を見てごらん。」

── うーん、お金といっても、いろんな分類があるんですね。

「そう、普通は貨幣というといまの日本銀行券、つまりお札やコインだけを考えがちだけど、そうじゃないね。大事なことは**銀行預金が含まれる**ことだ。」

── **マネーストック**っていうんですね。

「2008年以前の日銀統計ではマネーサプライといったが、今はマネーストックと表記する。もともとデータとして観測されるマネーストックは貨幣需要曲線・供給曲線の交点を示しているし、これから説明するように銀行預金を含むから、中央銀行である日銀が一手に供給するわけではない。」

── 『預金を含む』というところが、直観的にわかりにくいですね。

「これまで貨幣需要を直観的に理解するために、支払のために財布の中にどのくらい現金を入れておくか、を考えればよいと説明してきた。しかし実際には現金払いだけで取引をするわけではない。」

── **キャッシュレス決済**もあるということですね。

「大きな買い物をするとき、代金は銀行振り込みによって支払うし、企業は銀

行の当座預金を使って支払をするだろう。そう考えると、銀行口座に置いておく預金も、貨幣需要に含めて考えなくてはならない。」

── クレジットカードや電子マネーは預金口座にお金があることが前提ですね。

「お札で支払うのは貨幣を使った取引で、カード決済はそうじゃないというのはおかしい。だから銀行預金がいわば電子的な財布の中のお金として考えることが必要だ。

ただし銀行預金といっても、普通預金は支払いに多用されるが、定期預金はそうでない。そこでM2やM3など、Mの後の数が大きくなるほど、使いやすさや流動性が低下し、現金から遠ざかる定義をするわけだ。」

── 技術が進めば、貨幣の定義や重視される貨幣は変化するんですね。

「そういうことだね。代表的なマネーストックの定義も、以前のマネーサプライと呼ばれた時代はM2+CDだったが、統計が大きく組み替えられて今はM3だ（図2）。」

マネタリーベースとマネーストック

「銀行振り込みを考えるためには、分析に市中銀行を導入する必要があるし、貨幣の種類も以下のように2種類の区別が必要となる。

- **マネタリーベース（MB）**とは**日本銀行が供給する貨幣**であり、ハイパワードマネー（HPM）やベース・マネーとも言われる。形のあるお札と市中銀行が日銀に持つ当座預金に分かれる。正確には現金通貨（C）『① 日本銀行券（具体的には紙幣）発行高』＋『② 貨幣（具体的には硬貨）流通高』と中央銀行への銀行準備と呼ばれる『③ 日銀当座預金（R）』の合計値だ。

$$H = C + R \tag{1}$$
[マネタリーベース]＝[現金通貨]＋[中央銀行への銀行準備]

- **マネーストック（MS）**とは銀行預金などを含む概念であり、『**金融部門から経済全体に供給**されている通貨の総量』を示している。具体的には、一般法人、個人、地方公共団体などの通貨保有主体（＝ 金融機関・中央政府以外の経済主体）が保有する通貨量の残高を集計したもので、④預金通貨（D）を加える。

第2部　個別需要項目

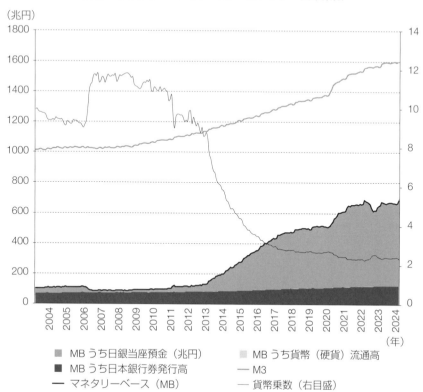

図2　マネタリーベース・マネーストック・貨幣乗数

（データ出所）日本銀行

$$M = C + D$$
$$[マネーストック]=[現金通貨]+[預金通貨] \qquad (2)$$

―― まず『貨幣』が具体的には硬貨とはどういう意味なんでしょう。

「紛らわしいが、法令用語としての貨幣は硬貨のみを指すことになっている。本書で貨幣という場合、硬貨を指すことはしない。」

―― 『日銀当座預金』の具体的なイメージが湧きません。

「中央銀行は『銀行の銀行』という役割も果たしている。我々が銀行からお金を借りるとき、自分の口座にお金を振り込んでもらうように、市中銀行も中央銀行に口座を持ち、手持ちの国債を日銀に売ったり、他の銀行から資金を融通して

もらえば、その代金や資金を日銀にある当座預金口座に振り込んでもらう。その口座が日銀当座預金だ。図2を見てごらん。超金融緩和で増えた貨幣のほとんどが日銀当座預金だ。」

── 4種類の貨幣（①紙幣②硬貨③日銀当座預金と④銀行預金）のうち、直観的にわかりやすい紙幣や硬貨の分量は実は少なく、銀行預金を含むマネーストックの量がマクロ経済では重要なわけですね。

「日銀当座預金は中央銀行と市中銀行のキャッシュレス決済の舞台だ。非伝統的金融政策でも重要な役割を果たしていた。」

信用創造と万年筆マネー

「貨幣需要の側面からは、マネーストックに銀行預金が含まれることは理解できたと思う。次に検討する問題は貨幣供給の側面から、『銀行預金を含んだマネーストック全体がどのように増減するか、マネタリーベースを通してどのようにコントロールするか』という点だ。」

──『全体』というところがポイントですね。

「これまで説明したように貨幣需要から考えると銀行預金は預金通貨という貨幣だ。それでは銀行預金はどのように供給されるだろう。」

── 預金者が銀行に行って預金するからじゃないですか。

「その預金するためのお金はどこから来ただろう。」

── 我々が貯金をするからではないのですか。

「そうではなく、もともとの預金通貨の供給は、ミルトン・フリードマンがかつて言ったように、銀行の貸付係の万年筆のペンの先から、銀行貸出が預金口座に振り込まれて、銀行預金が生じる部分がほとんどだ。**万年筆マネー**と呼ばれて銀行貸出から生成される。これを**信用創造**という。」

貨幣乗数を数式で理解する

── 万年筆でマネーが作れるなら市中銀行は無制限に貸し出しを行い、マネーストックは無制限に増大することにならないでしょうか。

「そうならないように、中央銀行がコントロールしている。コントロールがどの程度可能か、については論争があり、貨幣乗数という概念を導入してその数値が安定的かどうかを調べることが便利だ。

第2部　個別需要項目

　中央銀行が供給するマネタリーベース H が何倍のマネーストック M をもたらすか、この M を H で割った数値を**貨幣乗数**という。」

── 言葉がいくつかわからないんですけれど。

　「M を H で割り、さらに右辺の分母と分子を D で割ると**貨幣乗数**が得られる。

$$\frac{M}{H} = \frac{C+D}{C+R} = \frac{C/D+D/D}{C/D+R/D} = \frac{c+1}{c+k}$$

貨幣乗数の定義式　　(3)

小文字で表される記号 $c\,(=C/D)$ は通貨・預金比率、$k\,(=R/D)$ は預金準備率だ。」

　まとめるとマネーストックを構成する要素は3つだ。

[a]『中央銀行』のマネタリーベース H

[b] 預金準備率 $k\,(=R/D)$ に制約される『市中銀行』の貸出 D

[c]『民間』の現金通貨・預金通貨選択比率 $c\,(=C/D)$

この3要因がからみあって、貨幣供給が決定される。」

── 貨幣乗数は安定的なんですか。

　「ここが論争点だ。安定的に動くと考える**通貨主義**と、変動してあてにならないと考える**銀行主義**の考え方がある。実際の数値を図2で見るとまったくあてにならないので、この用語は使われなくなりつつある。」

Ⅷ-2　金融政策の手段

3つの主要な金融政策の手段

　「さて具体的な金融政策の手段をここでまとめておこう。一番重要な手段は

[1] 国債の買いオペにより現金を増加させる**公開市場操作**だ。

　オープン・マーケット・オペレーションを翻訳した用語で、金融機関が保有する国債を売買して貨幣量を調節するものだ。」

── どうして国債を売り買いすることと貨幣の増減が関係あるのですか。

　「それは中央銀行が貨幣で国債を買うからだね。我々が国債を売り買いしても貨幣量は増減しない。民間のなかで持ち主が移転するだけだが、中央銀行はちが

第Ⅷ章　中央銀行と金融政策

う。

　ただ公開市場操作のためには発達した公開市場がないといけない。日本で多少とも公開市場操作が行われるようになったのは、1980年代以降のことだ。」

── 他の手段はないのでしょうか。

　「伝統的には他に2つの手段があるが、これらを発展させて新しい金融政策を行ってきたというより、別の方向に進化してきたといえる。後で必要だから、ともかく説明しておこう。」

［2］基準割引率操作（公定歩合・基準貸付利率）

　「**基準割引率**とは、以前は公定歩合と呼ばれ、中央銀行が銀行などの市中金融機関に貸出しを行う際の貸出金利のことだね。」

── 銀行は日本銀行からもお金を借りているんですね。

　「そうだね。貸出しを規制する方法には、貸出しの条件である金利など**基準割引率**を変更する方法と貸出量を直接規制する方法の2つがある。直接規制には、貸出限度額を金融機関ごとに前もって決めておく**貸出限度額規制**のほか、**道徳的説得**などがある。」

── 基準割引率や公定歩合はずっと低いままなんでしょう。

　「そうだね。1995年に0.5％に下げられて以来、超低金利政策が続いている。以前の公定歩合政策は金融政策の方向を示すシグナルとして重視されていた。ドカーンと花火を打ち上げる、とも言われていたが、現在ではあまり有効視されていない。」

［3］預金準備率操作

　「金融機関は預金の一定割合を現金または中央銀行への預金の形で保有しなくてはならないが、この割合つまり**法定準備率**を変更する政策だ。準備率が引き上げられると、金融機関は貸出し等を抑制することになる。1991年10月16日に定期性預金2.5兆円以上の部分には1.2％となった。」

── あまり聞いたことがないんですけれど。

　「少しの割合の変化でも巨額になるからあまり使われない。この他にも、**窓口規制**（窓口指導など）で市中貸出しを直接規制することも行われた。」

207

第2部　個別需要項目

図3　完全予見を仮定した事後的実質利子率（国債10年利回り）

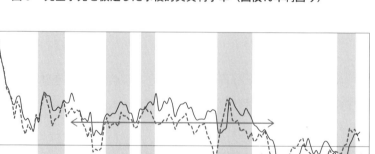

（データ出所）内閣府・財務省・総務省

Ⅷ-3　非伝統的金融政策と失われた30年

「ここまでは伝統的な金融政策の説明だ。ここからは日本で2023年まで行われた非伝統的金融政策の説明だ。最終的な名称を調べてきたかい。」

── **長短金利調整付き量的質的金融緩和**ですね。

「伝統的な金融政策のやり方を一言でまとめると短期金利調整だ。それが

① 名目金利の**ゼロ金利制約**で限界に達し、
② 金利調整から**量的緩和**に変化し、
③ **インフレ目標**導入から
④ **長期金利も調整**（YCC）するようになり
⑤ **マイナス金利**まで踏み込み
⑥ 国債とは**質**的に違う株式など金融商品を購入することに最終的になった。

これらの政策は2023年4月就任の植田新総裁のもとで順次、廃止されてきた。図3を見ると、いろいろな政策のもとでも実質利子率はあまり変わっていないこ

とがわかる。2010年代と20年代で違うのは国際環境の違いであり、それは本章後半で説明する。いずれにせよ論争が有益とか、政策が有効だとか私はまったく考えていない。」

—— 新総裁が新しい長短金利調整付き量的質的金融緩和とかを始めなくてよかったですね。

ゼロ金利政策とは何か

「それでは順に説明しよう。まず**ゼロ金利政策**の説明だ。どの金利がゼロ金利なのだろうか。」

—— 預金金利はゼロに近いけれど、ゼロではないですね。

「ゼロ金利政策とは**コール市場**と呼ばれる銀行間市場で名目金利をゼロに誘導する政策だ。金利がゼロとは日銀がタダで資金を貸しているということになる。話は1998年11月に遡る。長期金利が一時急上昇して、99年2月に日銀はゼロ金利政策に追い込まれた。名目金利はマイナスにできないから、究極の政策と当時は考えられていた。」

—— マイナスは無理なんですか。

「そうだね。それが**名目金利のゼロ制約**だ。名目利子率は負の値を取れない。」

—— どうしてなんですか。

「金融資産というものは債券を買ったり、銀行に預けたりして、始めて利子が付くものだろう。でもマイナスの名目利子率とはどういうことがわかるかい。」

—— 利子を逆に払わなければいけないということですか。

「そうだ。負の名目金利とは銀行預金や債券投資をすれば、預金者が銀行に預け賃を支払ったり、目減りすることが確実な金融資産を買うということになる。」

—— それは損ですね。貨幣でじっと持っていたほうがいいですね。

「そうだね。だから貨幣をいくら増発しても、債券に需要が向かわない『**流動性のわな**』に陥った、と考えられたわけなんだ。」

—— ゼロ金利政策はいったん解除されたんですよね。

「そうだ。だがその後の景気悪化を受けて、日銀は新たな政策を迫られた。」

量的緩和の2つの意味：「量的」な調整と「緩和」の部分

「ゼロ金利政策の次に打ち出されたのが、**量的緩和**政策だ。これまでの金利の

209

第 2 部　個別需要項目

操作、つまり『価格』を中心とした政策とは別に、『数量的』な政策であること
が特徴だ。より詳しく言うと日本銀行は2001年 3 月19日、

[a：量的緩和政策] 主な金融調節の対象を、無担保コール翌日物金利から、日
　銀当座預金の残高に変更
[b：時間軸効果] そしてこの量的緩和政策を、消費者物価指数（全国、除く生
　鮮食品）の前年比上昇率が安定的にゼロ％以上となるまで続けることを約束

の 2 点を発表した。このような政策は2006年 3 月に量的緩和、 7 月にゼロ金利政
策が解除されるまで続いた。リーマンショック後の米国でも同様の政策が試みら
れた。」

── そもそも量的緩和政策というものを、どう理解すれば良いんですか。

　「量的緩和の説明だが、『量的』と『緩和』に分けて考えるといいね。

　まず『量的』の説明だ。価格や数量など、どのような指標を見て金融政策を行
うかを考える場合、『量的』とは貨幣の数量を見るということだ。伝統的な金利
の操作、つまり『価格』を中心とした政策とはここが異なる。実は第Ⅲ章図 4
（p.74）のような通常の『価格』と『数量』の図で分析できる。」

── なるほど、そう考えると簡単ですね。

　「いままで日銀はゼロ金利政策というように金利をターゲットに政策を行って
いた。この政策は名目金利がゼロになると、もうそれ以上動けない。第Ⅲ章図 4
で言うと『上下の動き』だね。

　しかし現預金などの流動性の量を直接操作し、マネタリーベースの伸びを操作
する方法がある、つまり第Ⅲ章図 4 で言うと『左右の調整』だ[1]」。

── タテで見るか、ヨコで見るかですね。

　「通常の状況なら、『量的指標』を見るか、『価格指標』を見るか、どちらにす
るかという問題は、中央銀行がやりやすいようにやればよく、価格指標を見るほ
うがほとんどだ。しかし量的緩和では『緩和』がついているから問題が複雑だ。

---

1 ）なおもともとの「量的緩和」の「量」には、いろいろな目標がある。操作目標であるマネ
　タリーベースや中間目標であるマネーストックなどだ。普通、金融政策では段階的に目標を
　定めるが、操作目標とは、中央銀行がオペなどで直接的にコントロールする金融指標であ
　り、中間目標や最終目標とは異なる。

第VIII章　中央銀行と金融政策

　第III章図4を見ると、マーシャルのk（＝M2＋CD/名目GDP）は大体1.1程度で、対応する金利はゼロとなっている。これ以上、量的に増やして意味があるかどうかが問題となった。」

量的緩和の役割
── どうしてこういう量的緩和をするんでしょうか。
　「まず本章で考察している量的緩和政策は、

[A]　通常の金融政策として意味があるかを検討している、しかし他にも
[B]　流動性危機に備える役割、また
[C]　第IX章で検討する為替レートへの影響を重視する見方がある。

　まず通常の金融政策としての量的『調整』政策から検討しよう。具体的な量的『調整』金融政策の遂行の理解には、マネタリーベース（MB）とマネーストック（MS）の違いと重要な3つの利子率の関係を理解しなくてはならない。

● [1]　日銀が国債を購入する（買いオペ）と、債券の特性から国債価格は上昇し**国債利子率**は逆に下がる。日銀が国債を購入し、代金を市中銀行が持つ日銀当座預金に振り込むと、MBは増加する。
● [2]　国債購入代金が増えて日銀当座預金残高が増えれば、コール市場全体として資金余剰となり**銀行間取引の利子率**も下がる。
● [3]　コール市場の利子率が下がれば、裁定関係にある市中銀行の**貸出利子率**も下がり、銀行融資が増加してMSも増加する。」

── 三者がどのくらい関連があるかどうかがポイントなんですね。
　「A銀行の資金を
● 他のB銀行に貸して獲得するコール市場内の銀行間取引の金利と、
● 企業Cに貸し出して獲得する貸出利子が同じ
になる**金利裁定**の状態を利用して、日銀の国債売買の影響はMB市場からMS市場に波及していく。」
── MB市場で金利が上がれば、MS市場でも金利が上がるわけですね。
　「そういう意味だ。冷たい水からなるMSに熱い石（MB）を投げ込めばMS

211

第2部　個別需要項目

の温度も上がってゆく。

── 裁定という言葉をもう少し具体的に説明してもらえますか。

　「東京と大阪で株式取引所がある。どちらで買っても株価も収益率も同じだ。ここで大阪のほうが万一株価が安く株式収益率が高い場合、東京より大阪で株を買ったほうが得だ。この場合、大阪に需要は集中して東京と同じ価格まで大阪の株価は上がって収益率は同じになる。この価格や収益率が同じになることを裁定という。」

── なるほど。

　「このプロセスの中間を端折って説明すれば、貨幣乗数論が示すように、MB供給が増大すれば、MSも増大することになり、しかも両者は利子率が上がれば数量が増える右下がりの関係となる。」

── じゃあ量的緩和も有効ではないですか。

　「いやいやここで説明したのは平時の場合の量的調整で、裁定が完全な場合だ。このように市場機能が完全な場合、わざわざ東京と大阪の株価の違いを検討する必要はなく、株価は一つとひっくるめて考えて、伝統的な教科書的な扱いでいいかもしれない。しかし平時ではない場合が問題だ。

　区別すべき状況が2つあり、

- 名目利子率がゼロ以上かそうでないかが、両市場の裁定の有無を決定
- 経済が平時か金融危機が生じているかどうか

合わせて以下の4つのケースがある（表2）。順に説明しよう。」

量的緩和の有効性の主張：時間軸効果とポートフォリオ・リバランス効果

　「まず経済が流動性危機下になくとも、名目利子率がゼロに張り付いている場合、銀行にとって収益はない。先の例でいえば東京でも大阪でも収益はないのだから、金利裁定は生じないし、量的に増加させても政策効果はない。」

── つまり収益を生まない資金がどれだけ大量にあろうと、意味はない、ということでしょうか。

　「そうだね。表2③のケースであるゼロ金利のもとでの準備預金増加の効果はない。」

── 私もそう思いますが、ゼロ金利下で量的緩和が導入された理由は何でしょ

212

第Ⅷ章　中央銀行と金融政策

表2　金融政策の効果の4つのケース

	平時	金融危機 資金繰りリスク有
名目金利プラス	① 伝統的利子率ターゲティング	② まず金利引き下げ
名目金利ゼロ以下	③ ここが論争点	④ 量的緩和有効

う。何か効果があると思われていたのではないですか。

　「実は以下の3つの効果が指摘されていた。

[1] ゼロ金利の期間が延びると市場参加者にシグナルを送る**時間軸効果**

[2] **ポートフォリオ・リバランス効果**そして

[3] 第Ⅸ章で考察する筆者には疑問だが円安や株高をもたらす効果だ。」

── この政策を消費者物価指数が上昇するまでずっと続ける、と日銀は言っていたんでしょう。

　「そうだね、『ずっと続けるという約束』が**時間軸効果**と言われるものだ。もともとのゼロ金利政策はオーバーナイト金利をゼロにする、つまり一晩という超短期の金利をゼロにする意味だった。しかし住宅ローンを考えればわかるように、金利にはもっと長い期間のものが当然あるから、その金利も下げたい。しかし中央銀行は短い期間の金利操作が伝統的手段であったので、ゼロ金利を長く続けますよ、と述べて市場にシグナルを送っているわけだ。」

── 次は、**ポートフォリオ・リバランス効果**ですね。

　「財産三分法という言葉を聞いたことがあるかな。」

── 財産を預金・株式・不動産に分けて、運用しろということですね。

　「ポートフォリオ戦略というものは、いくつかの金融資産に分けて共倒れのリスクを軽減せよという意味だ。金融機関に安全だが利息を生まない日銀当座預金が積み上がると、よりリスクはあるがリターンも期待できる有利な運用先を求めて金融機関がポートフォリオ再構成を行うということを期待するものだ。この結果、貸出が増加に向かえば、設備投資などが促進されることになり、外債の購入等が進めば、円安をもたらすことを通じて、輸出が促進されることになる。」

── その効果はあったんですか。

　「量的緩和政策の採用以前と比べて、銀行のリスク資産のウエイトが高まったわけではない。日銀が大量供給した資金が市中に回らず、金融機関に滞留し、も

213

第2部　個別需要項目

ともとの余剰資金は国債などの資産に回り、企業への貸出や株式などリスクの高い投資には回っていない。」

流動性危機下での量的緩和の有効性

「流動性危機下では、量的緩和が有効性を持つ可能性がある。」

―― **流動性危機**というのはリーマンショックの時のようなことを言うのですか。

「そうだ。もともと金融機関同士では大量の借り貸しを相互に行っている。突然、金融機関が破綻すれば、貸した資金は取り返せない。そこで**疑心暗鬼**にかられた金融機関が互いに資金を返せ、もう新たに貸さないと言い出すと、取引が急停止してしまう。これが流動性危機だ。

- 日本でも1997、98年には三洋証券・山一證券・北海道拓殖銀行・日本長期信用銀行などが破綻し、金融市場は凍り付いた。
- リーマンショック後の2008年には世界中の市場が動揺した。」

―― こういった場合に量的緩和は有効なのですか。

「たしかに突発的な金融危機に対しては、市場に出回る資金が潤沢となって、金融機関が借りやすくするわけだから、応急措置としての効果はある。」

―― 数式ではどうでしょう。

「資金額 A に金利 r をつけて、$A(1+r)$ を返してもらうのが通常の取引だ。この場合、$(A(1+r)-A)/A$ と計算して収益率は r だ。ところが資金を返してもらえないリスク θ がある場合、予想収益率は $((1-\theta)A(1+r)-A)/A = (1-\theta)(1+r)-1$ となり、θ に依存する。つまり量的緩和が金融機関の延命など、デフォルトリスクを軽減するならば効果があるだろう。」

―― 世界的にも量的緩和政策は使われているんですね。

「当時はいろんな事件（米国での同時多発テロや大企業の経営破たん）があったが、金融市場がさほど動揺しなかったのは、日銀がお金をジャブジャブに出しているからだ、と考える人もいる。つまり金融システム不安の沈静化には、一定の下支え効果がみられたわけだね。また2008年の世界的金融危機後においても、各国中央銀行において類似の政策が実施されているとおりだ。」

―― じゃあ流動性危機下で量的緩和は有効なんですね。

「ただ日本で流動性危機が厳しかったのは、1997、98年と2003年前後とリーマン危機時に限られる（第Ⅱ章図10参照）。また日本銀行の説明も流動性危機に備

えるためというより、マクロ経済への影響を中心に説明していた。応急措置としては容認されるが、日本のように何年もやるものではない、ところがやり始めるとなかなか止められない、というところではないか。」

Ⅷ-4　黒田日銀総裁と異次元金融緩和

異次元緩和 黒田総裁就任後の具体策：資金フローのバイパス手術
── 次はいよいよ黒田日銀の異次元緩和ですね。
　「2008年のリーマンショック直後には民主党への政権交代が起こったが、自民党は2013年には安倍新総裁のもと、金融緩和を旗印に政権を奪還した。日銀はデフレ脱却のための２％**インフレ目標**を掲げ、政府が財政健全化や成長戦略を推進するという共同声明（**アコード**）を発表した。」
── 具体的にはどのような政策を始めたのでしょうか。
　「黒田総裁就任後の具体策としては2013年４月４日に２年後の２％インフレに向けて、資金供給量を14年末には約２倍の270兆円に拡大し、長期国債の購入量も２年で190兆円と２倍強に増やす、など具体的な金融緩和策を決定した。」
── いわゆる２年で２倍２倍というやつですね。
　「よく覚えているね。当時の資金フローの問題点を需要と供給に分類すると

■ アベノミクス期の金融政策の経緯
　① 銀行の外部融資減少 ＝ ② 銀行の国債購入増加
　　　▶ 2013年３月 **異次元緩和**で日銀は国債大規模買取
　⇒ ③ 量的緩和による日銀の国債購入、日銀保有残高増大
　　　▶ 2016年１月 **マイナス金利**（日銀利子負担軽減）
　⇒ ④ 銀行の日銀当座預金増加 ⇒ ⑤ 当座預金付利の一部をマイナスに
　　　▶ 2016年９月 **イールドカーブ・コントロール**と利子率調整への回帰
　⇒ ⑥ ロシアのウクライナ侵攻による超円安・輸入インフレ
　　　▶ 2023年４月 **植田新総裁・金融政策正常化へ**

第2部　個別需要項目

- ［資金需要］企業貯蓄増大による資金需要減
- ［資金供給］銀行の国債保有

という2つだ。この問題に対して、国債の新規発行高の7割は日銀が買いとるため、金融機関はカネを貸すしかない、というように、専ら**資金供給**の立場から銀行の国債購入をせき止め、民間へ貸出を増加させようとバイパス手術を意図していたと解釈できる。より大きく見れば、円安誘導で製造業生産基盤の国内回帰を図ったと解釈できる。」

マイナス金利政策は非線形料金
―― あまり効果がなかったんですね。

「超緩和は結局のところインフレ率の上昇をもたらさず、日銀は新たな戦略の作成を迫られた。まず2016年1月の**マイナス金利の導入**である。民間銀行の日銀当座預金にある超過準備のある部分に対して −0.1％のマイナス金利を課すものだ。当初の計画では当座預金残高のうち、プラス0.1％が適用されるのは約210兆円、ゼロ％が約40兆円、マイナス0.1％が適用されるのは約10兆円としていた。」
―― さっきの話ではマイナス金利はそもそも不可能ではないのですか。

「家計が貯蓄する場合は難しいだろう。しかし巨額資金のやり取りを行う企業や金融機関相手にはお札をやり取りするわけにはいかないから、一定のマイナス金利は可能だいうことだろう。」
―― でも企業はお金を借りないわけですよね。

「そうなんだね。もともと企業が貯蓄主体であり資金市場には借り手がいないから、マイナス金利が可能になった。

　具体的には日銀はMB市場では独占力を持つから、『基本料金』と『従量料金』からなる**非線形料金**が可能だ。地銀には『基本料金』分は長く維持し、『従量料金』分はマイナス金利で当座預金縮小を促す。既存の出口戦略危機論はすべての預金残高に均一に付利をつける、売却が可能といった想定に基づいていたが、日本銀行は独占主体なので非線形料金により徐々に調整が可能だった。」

イールドカーブ・コントロールと長期金利の背景
「ただしマイナス金利政策は金融機関の苦境をさらに招き、短期金利に加えて

図4 量的緩和と裁定の崩壊

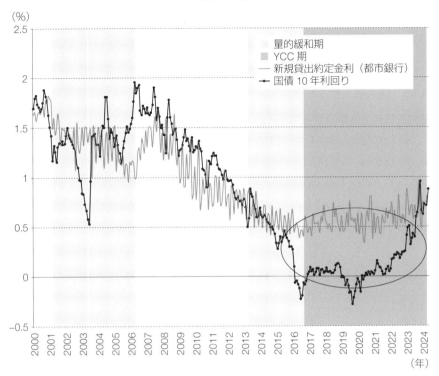

（データ出所）財務省・日本銀行

長期金利も操作する**イールドカーブ・コントロール**（YCC）が導入された。ここで国債買入の増加ペースが政策の操作目標から外され、オペレーションは現場主導となり、『年間80兆円程度』から、2017年12月には、1年前との比較で58兆円となっており、金融緩和の操作対象を量から金利に切り替えたことを意味する[2]。」

── こういった場合に政策は有効なのですか。

「以前は日銀は短期金利はコントロールできるが長期金利はできないとの判断

2）より詳しくは［i］国債保有「量的緩和（500兆円）」・［ii］上場投資信託（ETF）など保有「質的緩和（37兆円）」・［iii］翌日物短期金利をマイナス（本来の金融政策）・［iv］長期金利に上限設定（0.5%）をし、無制限に国債を買う政策を行った。

第2部　個別需要項目

を表明してきた。コントロールが可能となった理由は、資金需要者の性格が変わったからである。企業は貯蓄主体化して民間の資金需要がない一方、国債買い入れを日銀がほぼ独占的に行っているからである。実際は図4が示すように、国債利子率と銀行貸出利子率は乖離しており、利子率押さえ込みは国債に限られていることがわかる。」

植田新総裁と金融政策正常化

「ウクライナ危機以前の世界金融**安定期**には問題は顕在化しなかったもののこのような異例の超緩和政策は永久に続けるわけにいかない。

もともと日米インフレ率格差は2％程度あり、米国が2％インフレに達する時日本はようやくゼロインフレを脱する。米国で引き締めが行われれば、世界的に財価格が低下する（第Ⅲ章図9、p.85）ので、日本銀行のインフレ目標は永久に2％に到達しないはずだった。言わば日銀は**FRBの傘**の下にあったと言えるだろう。」

── それが突如として崩れたわけですね。

「2022年2月のウクライナ**危機**後、米国**FRBはインフレ抑制**に失敗し、高金利から**超円安**となった。またかねてよりの**危機時の急激な円高**は過剰に克服されて今回は裏目となった。言わばエネルギー危機（1977年）の再来であるので、インフレ阻止で引き締めるべきだったが、日銀は漫然と緩和を続けて、輸入物価高をもたらし政治の混乱も生じた。」

── 国際金融用語が多くてわかりません。

「ここのところは第Ⅸ章を学習してからもう一度読み直してほしい。」

── そこでやっと総裁交代ですね。

「2023年4月には植田和男が日銀新総裁に就任し、2024年3月にはマイナス金利やYCCは終了した。7月には政策金利を0.25％とした。」

── このままスムーズに金融政策は正常化するのですか。

「どう止めるか、**出口戦略**は実は大きな問題だ。まず日銀保有国債を金融機関に売却する**売りオペ**を実施すると、日銀までが国債を売却したことで国債価格は暴落、長期金利は急上昇という結果を招いてしまうと言われている。

日銀が買い取った国債の代金は日銀当座預金に超過準備として滞留しているため、出口においてその氾濫を防ぐため、当座預金利子（付利）を引き上げて金融

を引き締めていく必要があるとされる。これは景気過熱状況下の引き締め時の問題であり、たとえ名目金利が2％上昇したとしても、各年の当座預金金利負担は7兆円、トータルでの日銀損失は50兆円と見積もられており、まったく吸収不可能という数字ではない。また預金準備率を引き上げて、銀行に当座預金残高を維持させれば良いとの指摘もある。」

Ⅷ-5　金融政策をとりまく環境の変化

企業の黒字化という「容態」の変容

「ここまで

［1］預金通貨と貨幣乗数の議論

［2］非伝統的金融政策の議論を説明した。

── マネーストックが伸びないのは、銀行貸出が伸びないせいで、『非伝統的金融政策』は有効でないということですね。

「そういうことだ。実は日本のマクロ経済は大きく変容しており、言わば『容態』が変化している。大きく分けて（1）**企業の黒字化**と（2）**国際的な金融市場の一体化**による**世界実質利子率の収斂**という論点がある。」

── 世界で実質利子率が同じだと、金利を下げる金融政策の効果はありますか。

「完全に実質利子率が同じということはないが、効果はやはり限られる。この点は次の章で検討しよう。

まず第Ⅲ章で学んだ3つのやりとりを覚えているかな。」

── 家計が企業に資本と労働を供給し、消費財を購入することですね。

「家計の資産が企業に委託され、その資本から企業が得た収益を家計に還元するのがマクロ経済の基本だ。ところがこの**資金の流れ方に大きな変容がある**。問題は、**資金の分量や利子率ではない**んだね。」

── 図5では企業は黒字になっているんですけれど、これでいいんですか。

「フローの部門別の**資金過不足**の推移を見ると、

● 縮小傾向にあるものの一貫して黒字の家計

● 90年代以降大きく赤字になった一般政府

● 金融危機以降黒字が定着した民間非金融法人企業部門

第2部　個別需要項目

図5　貸出化する企業部門：制度部門別の純貸出（＋）/純借入（－）

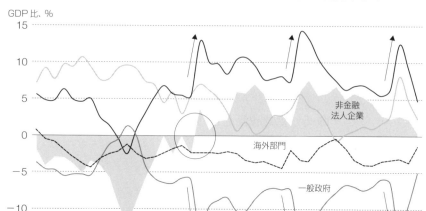

（データ出所）国民経済計算

のうち、民間資金余剰の中でも企業の状況を表す面グラフが重要だ。

　正負の転換点は金融機関が次々と倒れ、金融危機が生じた1998年だ。前年には不良債権の先送りが限界となって、山一證券や北海道拓殖銀行など金融機関が相次いで破綻し、金融危機が勃発した。」

── 図の矢印はカタカナのレレレのような形をしていますね。

　「図の上方の太線はお金の貸し手、つまり国民経済計算における民間資金余剰（企業・金融機関・家計からなる民間貯蓄から投資を引いたもの）を表し、下方の太線は借り手である海外と政府部門を足したものを表している。」

── これで金融緩和は実体経済に波及するのでしょうか。

　「企業は黒字だから、資金需要はない。現状は自動車工場（貯蓄主体）にレンタカー（資金）を貸しに行くようなものだ。

　家計は元から、黒字だから、資金を吸収するのは政府が中心となった。つまり

発行した国債を家計や企業の貯蓄が金融機関を通して吸収していることになる。

　さらにショックの合間の資金取引は縮小傾向にあるものの、政府部門の借入が大きいうちに次のショックが生じて政府の借入がまた増えてしまっているし、政府が吸収するだけでなく海外に資金が流れていることも国内経済に悪影響だ。」
──　企業の黒字化は望ましいことなんですか。

　「まず『個別の企業経営の立場』から考えると、**無借金経営**は銀行介入に煩わされることなく経営方針を定めることができる一方、経営者の現状維持志向やモラルハザードを招いてガバナンスの欠如を招く恐れもある。しかしマクロ経済全体では**合成の誤謬**をもたらしている。」
──　じゃあ企業経営は糸の切れた凧のようになるかもしれないですね。

　「もちろんこれまでの累積ストックでは家計が企業に資金を提供しているという形は変わらないものの、企業部門のこの変化を頭に入れて置く必要がある。」

設備・運転・投機資金

　「企業の資金需要を3分して金融政策との関係をまとめると

- ［1］**設備**資金は不要 ⇒ 1998年以降は内部金融で（第Ⅵ章図2（a））
- ［2］**運転**資金は潤沢 ⇒ **レパトリ**なしで超円安をもたらした（次章）
- ［3］**投機**資金転化 ⇒ 円キャリー？などバブル輸出？

となる。伝統的なモデル分析は設備資金需要しか考えていない。しかし資金循環統計が示すように、住宅以外の新規設備資金は総額でわずか10兆円台であり、日銀当局自体が運転資金中心であることを認めている（脇田［2024］p.180）。さらに問題は投機資金との関係だ。日銀の金融緩和がバブル時のように投機資金を提供していないかどうか、食料品工業を中心に検討が必要だ。

　金融の根本的な問題は、長らく続いた過剰設備のもと企業の資金需要減にある。インフレ目標やリフレ政策はに反対する人々は一言、**企業は貯蓄主体であるから資金需要はなく、金融緩和に効果はない**、と言っておれば良かったのではないかと思う。」

金融政策と日本経済

　「以上で金融政策の議論をまとめてみよう。

第2部　個別需要項目

[1：**数量**] 貨幣量の増加がインフレをもたらすと言っても、マネーストックには
　　銀行預金が含まれ、銀行貸出が増えなくては、マネーストックが増えない。
[2：**利子率**] 実質利子率が高止まりとは認められず、世界的な利子率均等化傾向
　　から日本独自の金融政策の余地は乏しい。
[3：**市場**] 日本経済の資金の流れは家計から企業へというオーソドックスな流れ
　　ではなく、企業から政府へ、という異例の事態になっている。
[4：**金融政策**] 非伝統的金融政策は資金の流れ方を考慮しておらず、有効性に乏
　　しい。」

── 金融政策の議論は期待しすぎということでしょうか。

　「そういうことになる。もっと初心に帰って考えれば

● 経済政策の目標は、新古典派的に家計消費最大化であるべきで

● 金融は金融市場や金融機関のためでなく実体経済のためにある

ということができるだろう。」

── 金融機関のためというのはどういうことですか。

　「銀行がつぶれないようにとか、株価が暴落しないようにとかだけでは、結局
は家計やマクロ経済のためにならないということだ。

　物価に関しても問題ある認識が多い

● 日銀の目標は**株価**より**物価安定**であるべきで

● 物価安定は消費者のためにあり**輸入物価**を含むと考えるべきだ。

　『市場との対話』とかを重視するあまり、家計の苦しむ物価高を放置するのが
中央銀行の役割かどうか再考する必要がある。」

付論　米国の金融政策とニューケインジアンモデル

── 図6は米国の金融政策をグラフにまとめたものですね。

　「今後どうなるかは別問題だが、米国経済の場合にはシステマティックなパタ
ーンがあることは確かだ。ところが日本経済の金融政策のグラフ（図1）を見る
と、そうではなく、ほとんどの時期で金融緩和一点張りだ。この状況のちがいを
考える必要がある。

　実はニューケインジアンというモデルで世界中でマクロ経済政策が盛んに研究
されていることはちゃんと理由があることだ。まず図6を見てごらん。この図は

222

第Ⅷ章 中央銀行と金融政策

図6 大安定期の米国の金融政策とオイラー方程式

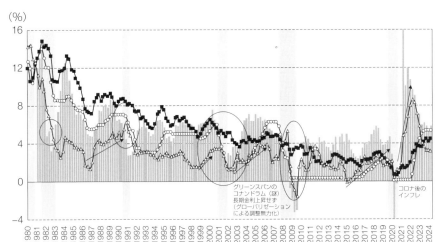

[A] 名目GDP変化率（棒グラフ）と市場長期金利（■）はほぼ比例している（新古典派オイラー方程式）が
[B] ○が示すように不況期（影）には市場長期金利が高止まりする（ケインズ的状況）ため
[C] 不況期には短期政策金利（○）を引き下げ（金融政策）
[D] 好況後期には矢印が示すようにインフレ率（実線△）が高まり、政策金利を引き上げる

（データ出所）FRED

米国のマクロ経済状況をコンパクトに表している。
［1］まず大きく見れば成長率（図6の棒グラフ）と市場長期金利（■）はほぼ相関して、だいたい以下の式が成り立つ。

$$名目長期利子率 = 名目成長率 + 定数項（約1\%）$$

この点は近年の政策論争を巡る議論において重要な結果だ。」
── 利子率と成長率の関係は、第Ⅲ章で勉強しましたね。
「そうだ、異時点間の動学的最適化の結果から導出された**オイラー方程式**だ。正確には消費の実質成長率と実質利子率の関係だが、消費とGDPはほぼ同じに動くので、GDPで代用されることも多い。この式が成り立っていると、資源配分はまず正常化されているといってよい。」
── でも利子率と成長率が乖離している時期もありますね。
「不況期と好況期に分けて観察することが重要だ。

第2部　個別需要項目

［2］不況期には利子率が高止まりして成長率と乖離している。」

── それで両者を近づける政策を行うわけですね。

　「まず政策当局が**短期政策金利**を引き下げたり、財政支出を増やしたりする。これらが財政金融政策だ。好況末期はどうかな。」

── 好況が続くと、インフレ率が上昇していますね。そこで

［3］中央銀行は政策金利を上昇させるので景気は下落しているようです。

　「つまり通常の米国経済は、以下のように、インフレ懸念を中心に景気循環を考える。

　　　金融緩和（利子率引き下げ）⇒ 銀行借入増大 ⇒ 投資増大 ⇒ 生産増大
　　　　　　⇒ 過熱 ⇒ 金融引き締め（利子率上昇）⇒ 不況

　インフレサイクルとも呼ばれるこのプロセスは日本でも、たとえば固定相場制時代の景気循環には同様に当てはまる。まとめると

● 金利と成長率が相関する長期（新古典派的メカニズム）と
● 乖離する短期（ケインズ的メカニズム）

の2つでもって、マクロ経済をとらえるわけだね。」

── なるほど現実のデータとマクロ経済学は密接に関連しているわけですね。

　「しかし本章で学んだように日本の現実はちがう。米国のデータに合う米国のモデルをそのまま日本にもってきても役に立たない。金融政策などモデル分析をする場合、日本の経済学者はシステマティックな誤りを犯しているように思う。」

── それは困ったことですね。

　「海外著名論文をなぞって、日本の GDP や金利、インフレ率を考察する。」

── それがいけないんですか。

　「いけないね。日本の金利は海外の影響を受け、GDP 変動要因も海外景気に左右される輸出が大きいからだ。」

── 要するに一国モデルではいけないわけですね。

　「そうだ。日本の金融政策を分析する場合でも、日本の物価や GDP だけでなく、海外の変数の影響を取り込んで分析する必要がある。そうすれば日本の政策効果が消えてしまうことに気付くはずだ。さらに企業が国内投資を行わない現状で需給ギャップが金利低下に好反応するとは思えない。むしろ低金利状態は円安と輸入物価高騰を通してギャップに悪影響を与えると思う。」

◉第IX章◉ 国際マクロ経済学の基礎

　「ここまで考えてきたモデルは、1つの国しか考えない閉鎖体系の経済だった。これから外国との貿易や資本移動、為替レートを導入して、**開放体系のマクロ経済**を考えてみることにしよう。」
── なんだか難しそうですね。
　「外国が入ると、ただでさえ難解な経済学モデルがさらに複雑になる。しかし日本経済が直面している問題のほとんどに対外関係が影響している。」
── インバウンドと呼ばれる外国人観光客が激増したのは円安のためですね。
　「そうだ。一方で円安は食料やエネルギーの**輸入**代金高騰を加速してインフレを生んでしまった。」
── 物価高は困りますよね。どうして円安をやめないのでしょう。
　「輸出に有利だと考えられているからだ。かつての日本は**ものづくり大国**と言われて、自動車や家電などの製造業の**輸出額**が大きかった。ところが第Ⅵ章で見た通り、**海外現地生産**が増加して、輸出の数量自体は頭打ちだ。輸出大国の復活を夢見る政策が為替レートの円安志向や日本銀行の超金融緩和政策（第Ⅷ章）につながっている。」
── 設備投資も金融政策もインフレも日本の場合、輸出入や海外生産の推移や為

第2部　個別需要項目

替レートを考えなくてはいけないということですね。

「そこで国際マクロ経済学を学ぶことが必要となってくる。まずは輸出入や観光サービスの推移をつかむため、**国際収支**を学ぼう。そしてその『数量』を左右する『価格』ともいうべき**名目・実質為替レート**を理解する。」

── 議論の対立点はないのですか。

「『数量』・『価格』に加えて第3のポイントは『政策』だ。本書前半で学んだように、マクロ経済学には2つのアプローチがあるが、開放体系にもそれぞれ拡張され、

- ケインズ経済学的なマンデル＝フレミングモデル
- 貨幣数量説を拡張した新古典派的アプローチ

の2つがある。」

IX-1　国際収支の基礎

「まず国際マクロ経済学の『数量』的側面を『**国際収支**』と共に学習しよう。

　国際収支とは一国の居住者が一定期間内において諸外国の『居住者』との間で行うすべての経済取引をまとめたものだ。」

── ここでも『居住者』が出てくるんですね

「そうだ。国際収支は［1a］輸出入を表す貿易サービス収支・［1c］生産要素提供に対する報酬を表す第一次所得収支などをまとめた［1］経常収支、［2］資本移転等収支、［3］金融取引を表す金融収支の3つの大項目に分けられ、

経常収支＋資本移転等収支－金融収支＋誤差脱漏 ＝ 0

という関係式が恒等的に成立するという特徴がある。わかりにくいので表1を参照してほしい。資本移転等収支は対価の受領を伴わない固定資産の提供などを表し、分量も少ないから、とりあえず重視しなくていい。」

経常収支と金融収支

「分量の少ないものを無視すると『**経常収支と金融収支は合計値はほぼ同じ**』となる。これは1つの取引を2カ所に記入する**複式簿記**の特徴を反映している。」

第IX章　国際マクロ経済学の基礎

表1　国際収支

[1a] 貿易サービス収支の うち貿易収支	財貨（物）の輸出入の収支
[1b] サービス収支	①輸送：国際貨物、旅客運賃 ②旅行：訪日外国人・日本人海外旅行者の宿泊・飲食費 ③金融：証券売買等に係る手数料 ④知的財産権等使用料：特許権、著作権等の使用料
[1c] 第一次所得収支	生産要素（労働、資本）提供への報酬の収支（旧所得収支） 雇用者報酬及び対外金融債権・債務から生じる利子・配当等 ①直接投資収益：親会社と子会社との間の配当金・利子、 ②証券投資収益：株式配当金及び債券利子 ③その他投資収益：貸付・借入、預金等に係る利子
[1d] 第二次所得収支	対価を伴わない無償資金援助など（旧経常移転収支）
[2] 資本移転等収支	対価の受領を伴わない固定資産の提供、債務免除のほか、非生産・ 非金融資産の取得処分等（旧その他資本収支）
ここより上をabove the line 下をbelow the lineという	
[3] 金融収支	直接投資収支・証券投資収支・金融派生商品収支・その他投資収 支・外貨準備増減に分けられる
[4] 誤差脱漏	

—— でも同じ取引ならば二度も集計することはないんじゃないですか。

「それが複式簿記の利点だね。複式簿記とは

● **取引**を行って支払いや受け取りを記述するだけ（単式簿記）でなく、

● その結果生じた金融資産など、**財産**の変動も同時に記述するものだ。

　このやり方を反映して、国際収支でも2つの面から集計されている。」

—— 具体的にはどうなるのでしょう。

「日本が米国に車を輸出して代金を受け取ると、車の代金は**経常収支**に分類され、受け取った代金は預貯金や債券や株式で運用されて、**金融収支**に分類される。そこで経常収支と金融収支はほぼ同じ関係となるんだね。」

—— でもきっちり一緒にはなっていないですけれど。

「誤差脱漏や金融収支内の**外貨準備増減**があるからだね。

　政府はバッファーとして外貨を持っていて、それが変動する。たとえば為替市場に政府が介入する場合、円高阻止が目的なら、政府がドルを買って円を売るわけだ。すると、外貨準備であるドルが増えることになる。かなり昔のことだが、

第2部　個別需要項目

2003年には外貨準備は1年だけで約22兆円増となった。」

経常収支の3つの構成要素

「経常収支の主な構成要素は以下の3つだ。

[1a] 財の輸出入に対応する**貿易収支**
[1b] インバウンドや知的財産権の支払いに対応する**サービス収支**
[1c] 海外からの要素所得に対応する**第一次所得収支**

　貿易収支は財の輸出入を表している。サービス収支は形のないサービスの国際間のやり取りを表し、旅行やデジタル赤字といわれる知的財産権の収支を表している。これらを合わせた貿易サービス収支がマクロ経済学や国民経済計算でいう輸出・輸入に大体対応する。」

── 大体って具体的にはどうなるのでしょう。

　「ネットの国民経済計算のページには詳細な対応表がアップされているので、気になるなら調べればよい。

　今後は輸出入を中心に考えてゆくが、日本ではこのところ海外投資からの収益が中心の**第一次所得収支**も増加し重要性が増している。貿易サービス収支は赤字だが、第一次所得収支のおかげで見かけは経常黒字になっている。しかし海外投資収益については問題が大きいことは第Ⅵ章でも検討したとおりだ。」

── 第一次というと、第二次所得収支もあるのですか。

　「そうだね。分量は少ないが対価を伴わない無償資金援助などだ。」

国内総生産と国内総所得・国民総所得

　「第Ⅱ章でも国民経済計算でGDPとGNI（旧GNP）の概念について検討したが、海外からの所得が量的にも重要となってきた。名目GNI（旧GNP）の定義式としては、

　　　名目GNP＝名目GDP＋海外からの所得の純受取＝名目GNI（93SNA）

であり、これは68SNAでも93SNAでも変わらない[1]。

　しかし実質概念では**交易条件**が変動すれば、実質量も変わるため修正が施された。」

228

第IX章　国際マクロ経済学の基礎

── 交易条件って何ですか。

「輸出物価指数を輸入物価指数で割ったものだ。輸出品である自動車が高く売れれば交易条件は上昇し、輸入品の原油価格が上昇すれば交易条件は下落する。

68SNA での実質 GNP は実質 GDP ＋海外からの所得の純受取（実質）と定義された。しかし93SNA では

● 実質 GDP に交易利得・損失を加え、**実質国内総所得**（実質 GDI）を
● 実質 GDI に海外からの第一次所得純受取を加え、**実質国民総所得**（実質 GNI）を

推計する。つまり

実質 GNI ＝実質 GDP ＋交易利得＋海外からの所得の純受取（実質）

となっている。

2022年度の年換算では交易損失は既に20兆円にも上っており、これは GDP 総額550兆円の４％弱、消費税収（22兆円弱）に相当する。今後は為替レートの影響下にある交易利得や海外所得受取の変動を加えて、金融政策の効果を考えなくてはならないだろう。」

── これまではどうなっているんですか。

「図１は①実質 GDP や、②実質 GDI、③実質 GNI そして④実質 GNI から海外からの第一次所得受取（日本に環流しているとは考えにくい企業の直接投資収益がほとんど）を引いたものをプロットしている。④は2016年がピークであり、実質雇用者報酬やそれに家計の実質財産所得を加えたもの（図１上では面グラフ）は2018年にピークを打って、その後横ばいとなっている。」

グローバル化の進展と開放度

「輸出入の数量が国や時期によって大きく違うことを確認しておこう。図２のグラフは先進諸国の**開放度**をプロットして世界の貿易が伸展していることを示している。」

───────────

1）これらの関係の詳細は内閣府解説ページ https://www.esri.cao.go.jp/jp/sna/seibi/kouhou/93kiso/93snapamph/chapter2.html#c6を参照されたい。

第2部　個別需要項目

図1　実質国民総所得と海外からの所得受取

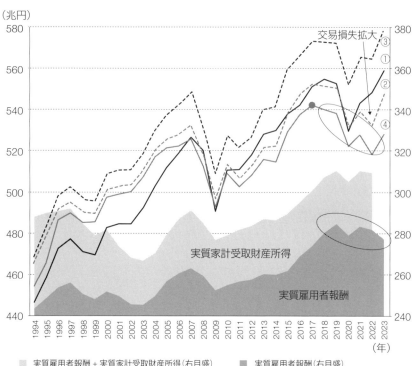

（データ出所）国民経済計算

――　開放度って何ですか。

「ここでは（1/2）（輸出＋輸入）/GDP）という定義にしている。」

――　あれ、日本の開放度は案外、低いんですね。

「日本は**貿易立国**と言われていたが、実は貿易依存度は低下している。図2を見てごらん。地続きのヨーロッパ諸国が高いのは当然だが、近年では日本の開放度は米国や中国と同程度だ。食料やエネルギー輸入依存度は高いがね。メキシコが上昇しているのは1994年のNAFTA（北米自由貿易協定）発効以来だ。経済統合だけでなく2020年の**ブレグジット**と言われるように、英国のEU離脱も話題になった。このように制度的な変更の影響は大きい。」

第Ⅸ章　国際マクロ経済学の基礎

図2　各国の開放度

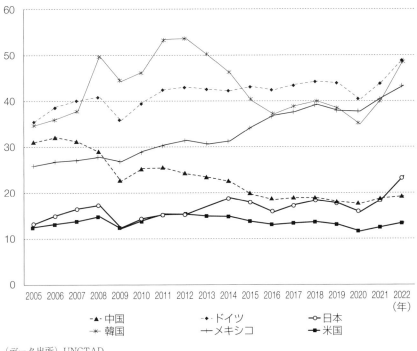

(データ出所) UNCTAD

混乱しがちな輸出と内需の見方

── 日本は**輸出主導の景気循環**が起こると言われていませんか。

「その理由は景気上昇のきっかけが輸出だったからだ。以前は以下の2つの主張があって、どちらが正しいのか、伝統的に議論となってきた。

- [輸出重視] 輸出が日本経済の生命線であり、輸出なしでは立ちゆかない。
  ⇒ [円高恐怖論]
- [内需重視] 輸出の GDP シェアは小さく、内需喚起が安定成長につながる。
  ⇒ [円高待望論]

ところが2010年代のアベノミクス期には

- [輸出数量停滞] 金額は円安のため伸びても、輸出の数量は伸びなかった
  ⇒ [円安無効論]

231

第 2 部　個別需要項目

図3　輸出入 GDP 比

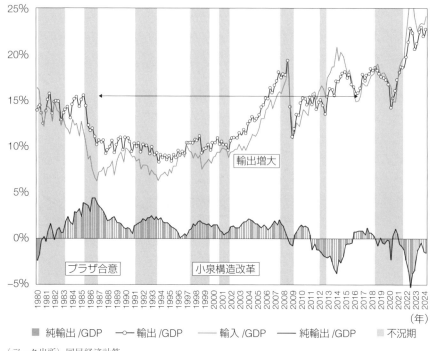

（データ出所）国民経済計算

という結果になった。先の2つの議論は円安にすれば輸出が伸びるという傾向を前提にどのような政策を打てばよいかという議論だったが、現実はもはやそういう状況ではない。」

──　輸出数量の停滞傾向という事態はどう捉えたらいいのでしょう。

「日銀の超金融緩和的な金融政策は第Ⅷ章で検討した。当時の黒田総裁は財務官という国際金融の専門家出身であり、内心は円安誘導を狙っていたと言われている。その目論見の前半部分は成功したが、肝心の輸出増にはつながらなかった。」

──　第Ⅵ章で学んだ通り、海外での現地生産が増えたからですね。

「自動車や機械は重くて高価な製品だし、現地で部分的にも作って雇用を生んでほしいと言われることは、政治的にはやむを得ない。さて先の2つの議論はどちらが正しいと思う。」

第Ⅸ章　国際マクロ経済学の基礎

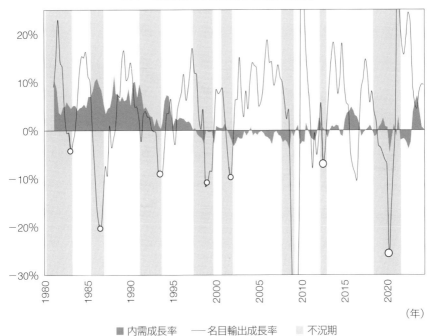

図4　好況期入りに先行する輸出成長率

── 輸出はやっぱり大事なんじゃないですか。

「静学的な『着地点』から言えば後者が正しいが、実務家の実感から言えば、『いきおい』を重視する前者が正しかったと言える。その理由は、

- ［GDPシェア］輸出のGDPシェアは20％未満であり、輸出が増え好況となると輸入も増えるので、輸出から輸入を引いた**純輸出**では非常にわずか（2〜4％）にすぎないが（図3）、
- ［景気循環］輸出増大は図4上の○印にあるように、不況脱出の『きっかけ』となるという事情があった。」

── 2〜3％じゃ、大したことはないですね。

「いやいや第Ⅱ章で見たように、好況感はGDP比2％程度に左右される。だから分量が小さくとも変動の激しい純輸出は重要だ。ただし『きっかけ』は『きっかけ』にすぎないから、内需への波及を軽視して、輸出ばかり伸ばすことを考

233

第 2 部　個別需要項目

図 5　経常収支・貿易収支の推移

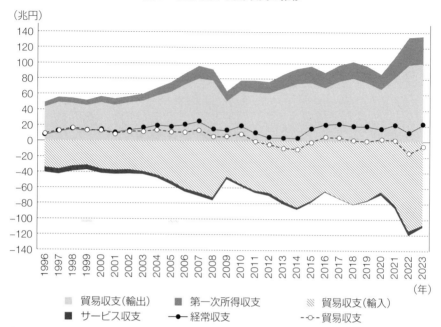

(注) 輸入の数値は負符号を付けている。
(データ出所) 財務省

えてきたことは望ましくなかった。」
── もっと正確な数字はどのくらいなんですか。
「2023年の経常収支は、約21兆円の黒字だ。2003年以降急速に上昇した。貿易収支が6.6兆円の赤字だが、それよりも投資収益などの第一次所得収支が35.5兆円の黒字で大きい（図5）。

昔は黒字になると、日本は内需拡大を迫られ、大変だった。ここは学習のポイントだね。この問題はすぐに詳しく説明するが、純輸出とは海外に貯蓄を預けているということだ。」
── 純輸出が貯蓄という点がわかりません。
「直観的には輸出は外国にモノやサービスを売って、輸入はモノを買うことだが、前者が後者より大きいのだから、その分が貯蓄になる。」
── それでは高齢化に備えて、日本は海外に貯蓄を預けているわけですね。

第IX章　国際マクロ経済学の基礎

「ただ、だからといって、ものすごく貯蓄をもっているわけではない。2023年度財務省発表によると

- 日本の政府や企業、個人が海外に持っている対外資産残高は1,488兆円
- 海外から日本への対外負債残高は1,017兆円で

資産から負債を差し引いた対外純資産は471兆円だ。経常黒字（フロー）がつもりつもった数字で、日本は海外に資産（ストック）を持っているわけだ。」

IX-2　純輸出の３つの見方

「輸出マイナス輸入である純輸出の３つの見方を考えよう。」

── えっ、３つもあるんですか。どうしてそんなにいろいろあるんですか。

「閉鎖経済の場合でも、所得は『消費＋貯蓄』と表されるけど、消費に着目するか、貯蓄に着目するかによって、消費関数と貯蓄関数の２つの見方がある。開放体系の場合、輸出と輸入が加わって複雑だから、いろんな見方があるんだね。

まず第１は定義だ。輸出金額 X から輸入金額 M を引いたもので、さっきからこれを使って説明している。

$$X-M \tag{1}$$

第２の見方は総需要の定義式を考えるものだ。

$$Y=C+I+G+[X-M]　（＝消費＋投資＋政府支出＋輸出－輸入）$$

── 輸出と輸入が加わっているわけですね。

「ここで国内の総支出、つまり内需を意味するアブソープション A を $A\equiv C+I+G$ と定義して書き換えると

$$X-M=Y-A \tag{2}$$

となる。アブソープション（内需）を上回る国内総生産は、海外の需要（外需）で吸収され、これが経常収支の黒字となる、という意味だ。これを**アブソープション・アプローチ**と言うんだね。」

── 自国で需要されるか、外国で需要されるかという意味ですよね。なんだか当たり前じゃないですか。

第2部　個別需要項目

「まあそうだけれど、伝統的に重視されてきたアプローチだ。

　第3の見方は総需要のみならず、以下のように総供給も区分して考察する。

総需要：$Y=C+I+G+[X-M]$（＝消費＋投資＋政府支出＋輸出－輸入）

総供給：$Y=C+S+T$（＝消費＋貯蓄＋税金）

総需要の式はこれまでも頻出した。総供給の式がわかりにくいかもしれない。」

── S や T がわかりません。

　「総供給は国内の家計・企業・政府の3部門からなり、それぞれ消費財用・資本財用・政府支出用の原資と考えると、S の量だけ準備して I だけ使う、T の分だけ予算があるが G だけ使うと考えるとわかりやすい。

　この両式から Y を消去して整理すると、以下の重要な**恒等式**が導出される。

$$(X-M)=\underset{[\text{純輸出}]}{}\quad \underset{[\text{民間部門の貯蓄超過}]}{(S-I)}\quad +\quad \underset{[\text{政府部門の貯蓄超過}]}{(T-G)} \qquad (3)$$

$(S-I)$ は民間部門の貯蓄超過であり、$(T-G)$ は政府部門の貯蓄超過であり、$(X-M)$ は純輸出だ。この関係はとても大切なのに理解している人が少ない式なんだね。

　しかもこの式はあくまで事後的に成り立つ恒等式であり、どちらが先に決まってどちらが後に決まるというような因果関係を表すのではない。」

── これはどのように解釈したらいいのですか。

　「実はこの式には2つの読み方がある。

　(a)　日本は高齢化社会に備えて民間貯蓄が超過 $(S-I)$ だから、純輸出が正 $(X-M)$ である、と右から左へ読める。これは右辺（IS バランス）が理由で左辺が結果と考えるもので、**IS バランス・アプローチ**と呼ばれている。

　(b)　米国は『経常黒字 $(X-M)$ は困るから、日本政府が赤字 $(T-G)$ を出して貯蓄超過を吸収すべし』と左から右へ読んで、主張してきた。

　1980年代には**双子の赤字**と言って、米国で財政赤字と経常赤字が、両方とも巨額になったことがある。そこで日本の経常黒字が問題となって、430兆円の公共投資計画なんてものが押しつけられたんだね。」

── もう一つ米国が文句言ってくる理由がわからないんですけれど。

第Ⅸ章　国際マクロ経済学の基礎

「$(X-M)$ は、日本にとっての黒字だから、米国にとっての赤字になると米国の一部の人たちは考えていたからだ。しかしそれは二国間しか考えておらず必ずしも正しい考え方とは言えないね。」

考えよう　Ⅸ-1 ●　なぜ米国の主張は正しいと言えないのか説明しなさい。

取引からの利益と経常黒字

「もう少し経常黒字を考えてみよう。よく**取引からの利益**というのが新古典派モデルの基本だと言われるね。これは英語では Gain from Trade という。学術用語でいうと交換可能性が広がるということだ。」

── 欲しいものを交換するので、両方ともハッピーになるということですか。

「そうだ。じゃあ、お金の貸し借りはいいことだと思うかい。」

── あまり貸し借りするものじゃないんじゃないですか。

「そう思うだろう。無意識のうちに、お金を返してくれないと困るとか他人が信用できない、などの事件・事故を考えるせいだ。これは結局、モラルハザードなどの情報の非対称性を想定していることになる。

ところが初歩の新古典派経済学からいえば困ったときにお金を融通しあうのは、資源を効果的に配分するということだから**パレート改善**だ。

先にも説明したけど、**経常赤字**というのはよその国からお金を借りて消費をしているという意味だ。これは完全競争を基本としたミクロ経済学では悪いことでは決してない。」

── 債務問題や通貨危機は、お金を返してくれないから起こるのでしょう。

「それはそうだ。」

Ⅸ-3　為替レートはどう決まるのか

名目為替レートと実質為替レート

「さて本章の第2のポイントは、開放経済の『価格』である**名目・実質為替レート**だ（図6）。

237

第 2 部　個別需要項目

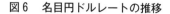

図 6　名目円ドルレートの推移

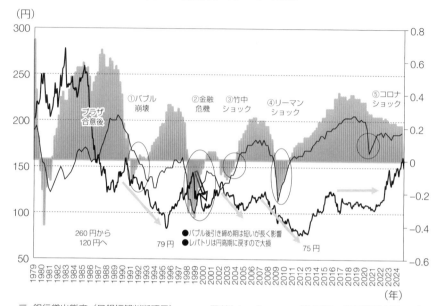

(注) 日銀短観の銀行貸出態度や資金繰り項目と為替レートを合わせてみた。
流動性危機時には資金繰り不安から海外に投資していた資金が環流（レパトリエーション）し、それがきっかけで円高を招いた（①〜④）が、コロナ禍時（⑤）はそうではない（これがかえって超円安物価高を招いた）。
(データ出所) 日本銀行

- 名目為替レートとはドルや円など 2 つの通貨の相対価格のことだ。実際に目に触れるもので、ニュースなんかで大騒ぎするものだ。一方、
- 実質為替レートとは財の相対価格のことだね。

自国通貨建ての名目と実質為替レートの間には以下の式が成り立つ。

実質為替レート(ε) ＝ 名目為替レート(e)×価格水準比率

ここで**価格水準比率**は以下で表される。

価格水準比率 ＝[外国の物価水準/自国の物価水準]

円で計算している場合は円建て（邦価建て、自国通貨建て）為替レートとい

第Ⅸ章　国際マクロ経済学の基礎

う。

為替相場制度

　もともと為替相場制度には２つの種類がある。

- 通貨の交換比率が１ドル＝360円と固定されていたような**固定相場制**と
- 市場の実勢にまかせて為替レートが決まる**変動相場制**がある。」

──　固定相場制の時代は相当昔ですよね。

　「日本の場合はそうだが、現在でも途上国では自国通貨をドルにリンクさせたりするし、ヨーロッパの通貨である**ユーロ**は固定相場制を押し進めて共通の通貨となったものだ。通貨は商品券だと説明してきた。そう考えると小さな商店街だけに通用する商品券は不便だが、大きなショッピングモールと共通にすれば便利だ、と理解すればよい。」

円高は得か損か

──　根本的なことですけれど、円高が良いんですか、円安が良いんですか。

　「それは立場によって違う問題だが、この『立場』というところがポイントだ。輸出入から説明しよう。たとえば日本の自動車会社が米国で車を１万ドルの値段で売るとする。

- １ドル＝100円の円高気味のレートならば、100万円の収入だが
- １ドル＝150円の円安のレートならば、150万円もの収入になる。

120万円の費用で国内で作っていたとすれば、１ドル100円の円高なら輸出企業は採算割れだ。米国での車の値段を上げれば、需要は減少する。」

──　じゃあ円安のほうがいいんですね。

　「でも円高だと逆に輸入品は安く買えるのだから、その分、日本国全体として恩恵もある。１万ドルの海外旅行パックの支払いは１ドル100円の時は100万円、150円の円安時は150万円になってしまう。」

──　なるほど『立場』によって損も得もあるということですね。

　「そういうことだ。まとめると

- 円安になると輸出が伸びる。

239

第2部　個別需要項目

● 円高になると石油などの輸入財が安く買える。」

―― モノの値段が高ければ売り手は喜び、買い手は困るという相対価格のロジックと同じですね。

「そうだね。ここで以下の経済主体を、自国通貨安が望ましいか、自国通貨高が望ましいか、分類してみよう。

(a) 自動車など輸出企業のような外国にモノを売る立場

　　　　　―― 受取金額が増加するので、自国通貨（円）安が望ましい

(b) 石油会社など輸入企業のように外国からモノを買う立場

　　　　　―― 支払金額が減少するので、自国通貨（円）高が望ましい

(c) 途上国のような投資超過で他国通貨（ドル）建てで資本輸入

　　　　　―― 他国通貨（ドル）建てで借りた場合、返済金額が減少するので、自国通貨（円）高方向への変化が望ましい

(d) 日本のような貯蓄超過国で他国通貨（ドル）建てで資本輸出

　　　　　―― 自国通貨（円）安方向への変化が望ましい

(e) 日本のような貯蓄超過国で自国通貨（円）建てで資本輸出

　　　　　―― 自国通貨（円）高傾向が望ましい

となる。日本では伝統的に輸出業者の声が大きく、消費者の声が小さいので、円安が良いという意見ばかり聞こえて、2022年の超円安を迎えたわけだ。」

―― 世界の各国は自国通貨安ばかりを追及しているのですか。

「いやそうでもない。対外債務の多い新興国では、自国通貨が減価すると輸出は伸びるが、外貨建て債務は増大してしまう。米国は純債務国であるから、ドル高を追求する時期もある。」

考えよう　**IX-2** ● アジア通貨危機では、現地通貨を切り下げて、輸出を拡大することにも難点がありました。上枠内の分類を見ながら、それはなぜか考えてみてください。

2つの為替レート決定理論

―― じゃあ為替レートは理論的にどうやって決まるのですか。

240

第IX章　国際マクロ経済学の基礎

　「外貨をどんな場合にほしいのか、という点から考え始めるといい。第Ⅲ章で
学んだ貨幣の保有動機はモノ・サービスが欲しいという取引動機と財産が欲しい
という資産動機に分けられた。やはり外貨の需要動機も2つで順々に考える。

［1］外国の資産が欲しいという動機のもとで、市場均衡は海外資産収益率と自
　　国資産収益率が等しくなる状態を考える**アセットアプローチ**
［2］外国の財が欲しい（輸入）ので、自国の財（輸出）と交換するという動機
　　のもとで、市場均衡は外国の財の価格と自国の財の価格が同一になる状態を考
　　える**購買力平価説**」

IX-4　為替レート決定理論（1）：アセット・アプローチ

金利平価式

　「まず考えるのは『ドルなど外貨建ての株式や証券などの資産ストックが欲し
い』という資産に関する動機がある。これを**アセット・アプローチ**という。

　モノの市場は中期的・長期的には均衡するかもしれないが、外国為替市場は
『短期的』には資産を取引する市場であると考えるこのアセット・アプローチが
為替レート決定理論の主流だね。」
──　じゃあ具体的にどういうふうに為替レートは決まるのですか。

　「例としてはドル建てで貯金する外貨預金のことを考えればいい。資産市場で
は、日本円で預金してもドルで預金しても同じだけ儲からなくてはならない。だ
から左辺は日本での収益率、右辺は米国での収益率になって、

$$\underset{\text{[日本の名目利子率]}}{i_J} = \underset{\text{[米国名目利子率]}}{i_A} - \underset{\text{[(円建て)ドル円予想変化率]}}{\hat{e}}$$

となる。これが**金利平価**と呼ばれる関係だ。米国の資産の収益率と日本の資産の
収益率が『予想為替レート変化率を考慮した上で』同じにならなくてはならな
い、ということだ。」
──　注意点は何ですか。

　「表面的な金利が同じ（$i_J = i_A$）という式ではなく、『予想為替レート変化率を
考慮した上で』収益率が同じにならなくてはならないことだ。今、ドル建て名目

241

第2部　個別需要項目

利子率が円建て名目利子率より高ければ$\hat{e}=i_A-i_J$、予想為替レート変化率はプラス、つまり円建てで考えているから将来の円安傾向がある、という意味になる。」

—— 他の本では上の式で符号が違って書かれているのですが。

　「日本や多くの国では、1ドル100円というように、**自国通貨建て**、つまり自国の通貨を単位として表記される。しかしドルという最強通貨を持った米国では1ユーロを買うのは何ドル、円や人民元のレートは何ドルというように他国通貨建てで表記する。そのため米国製教科書では符号が逆となっている。」

アセット・アプローチで考える為替レートのトレンドと実質金利均等化

—— 為替レートは金利差では説明できるとか、できないとか、言われていますが、本当はどちらなんでしょう。

　「この式を**フィッシャー方程式（名目利子率 ＝ 実質利子率＋予想インフレ率）**で分解すると

$$r_J+\pi_J \qquad = \qquad r_A+\pi_A \qquad - \qquad \hat{e}$$

［日本実質金利＋日本予想インフレ率］ ＝ ［米国実質金利＋米国予想インフレ率］－［ドル円予想変化率］

となる。現在の名目利子率は予想インフレ率の変化を含んだ形で決定されている。この金利平価式は1年先までの為替レートの予想変化と、予想インフレ率の変化を含んだ名目金利との関係を表している。」

—— 為替予想と金利予想の関係がつじつまが合っている、という意味ですね。

　「予想だから2％インフレ目標により、政策変化の予想も含んでいる。しかし予想インフレ率のデータはなかなか得られないから、足元のインフレ率を使う場合が多くこれが問題だ。」

—— まず足元のインフレ率というのは何でしょう。

　「実質金利を計算する場合、本来は1年先までどのくらいインフレが生じるかどうか、予想インフレ率を使わなくてはならない。しかし予想値を得ることが難しいため、足元のインフレ率つまり現在得られる前年同期比で代用されることが多い。これは1年前から現在までのインフレ率だから、現在から1年先までの予想インフレ率とは当然異なる。米国の場合、予想インフレ率のデータがインフレ連動国債の市場と通常国債の金利の比較から直接得られる。」

第Ⅸ章　国際マクロ経済学の基礎

為替レートのトレンドと実質金利均等化

　「ただ予想インフレ率と足元のインフレ率があまり差がないとみると、いろいろなことがわかる。まずバブル崩壊後のトレンド的な日米の変数の動きは、

● 大きく見れば日米の**インフレ率格差**が２～３％
一定のドルで購入できる財サービスが常に減少している、ほぼゼロインフレの日本円の価値が本来は高くならねばならなかったはずだが
● インフレ率格差を受けて**日米名目金利差**もその程度ある（図７(a)）
● 日米のインフレ率の差と名目金利差がほぼ同じなので、両国の**実質金利**はあまり変わらない（図７(b)）。

　この実質金利均等化の傾向は世界各国でも同様だ。この場合日米予想インフレ率格差が名目ドル円を決定する主因となる。」

米国のインフレの影響

── 米国でインフレになるから円高になるのか、米国で名目金利が上がるから円安のなるのか、どちらなんでしょう。

　「それはインフレに金融政策がどう反応するか、によって違う。実はアベノミクス開始後からウクライナ戦争勃発までの資産市場において、ドル円の名目値を支配していた変数は
［a］本来代用であるはずの**足元のインフレ率**を使った、
［b］米国のみの**実質金利**だった。
　日本の金利変数を入れて名目金利差と為替レートの相関係数を見ると、かえって低くなってしまうほどだった。」

── たしかに為替レートは米国の実質金利次第だと、よく言われていましたね。

　「いろいろな解釈ができるが、日本の金融政策は変更されず、名目ゼロ金利は変化しないという前提のもとでの予測だった。2022年のウクライナ侵攻以後、急激なインフレが生じ（足元のインフレ率を使った）ドル実質金利は大きくマイナスであるのに円安に振れた。まとめると

● コロナ禍以前の２％未満時期のインフレ率上昇は政策変化をもたらさない範囲のため、（インフレの意味通りに）**ドルの購買力低下**、ドル安円高をもたらしたが

243

第２部　個別需要項目

図7　金利平価と金融政策

(a) 日米名目金利とインフレ率

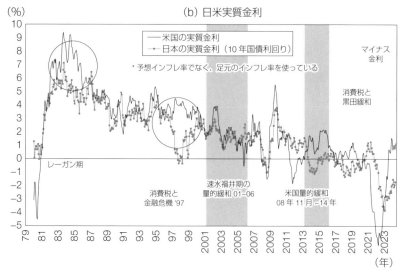

(b) 日米実質金利

（データ出所）総務省・財務省・FRED

第IX章　国際マクロ経済学の基礎

● コロナ禍以後は米国 FRB はインフレ制御に失敗したため、目標値２％を超えたインフレ率上昇はさらなる**政策名目金利利上げのシグナル**となって、ドル高円安をもたらし

$$\bar{e} \;=\; i_A \;=\; r_A + \pi_A$$

[ドル円予想変化率] ＝ [米国名目金利] ＝ [米国実質金利＋米国予想インフレ率]

以上の式を満たすように変化した。」

危機時のレパトリと円安による国内回帰の終焉

── このコロナ禍やウクライナ戦争時の日本から見た為替の特徴は何でしょうか。

「リーマンショック時などには企業は資金繰り不安のため、海外から国内に**資金環流**（レパトリエーション）を行い、円高となった（図６）。ところがコロナショック時においては資金繰り支援など適切な政策で危機を封じ込めた。日銀短観で見る資金繰りや銀行の貸出態度は良好であった。つまり政策の成功が円安をもたらし、それがかえって消費不振をもたらしているのである。

　リーマン以前の2006〜08年の好況期には設備稼働率が上昇し、わずかながらも**製造業の国内回帰**が生じていた（第VI章図４、p.156)）。ところがアベノミクス期にはそうではない。つまり円安の生産面のメリットは消えているのである。」

IX-5　為替レート決定理論（2）：購買力平価説（PPP）

フロー・アプローチ

「次にモノの側面に焦点を当てた為替レート決定理論を考えよう。『米国の財が欲しい』ためドルを需要するというフローの輸出入に関する動機だね。

　昔には輸出と輸入がバランスするように、貿易の数量で為替レートは決まるという考え方があった。これを弾力性アプローチとか、**フロー・アプローチ**とも言うんだね。ただこの考え方は時代遅れだ。」

── なぜ弾力性アプローチって言うんですか。

「注２を見てほしいが、輸入や輸出の価格弾力性を考えるからだね[2]。」

245

第2部　個別需要項目

── どうしてこれじゃいけないんですか。為替レートが価格で、貿易が数量ですよね。だったら、価格と数量の図で分析できて便利じゃないですか。

「他の事情を一定として国際面の数量と価格だけで考える発想は、**部分均衡**的であり、マクロ経済全体の要因を考慮する**一般均衡**状態を考察できない。

そしてこの考え方だと、輸出入が均衡しているところが正常な状態ということになるから、国として借金をしてはいけないということになる。さっき国際収支のところで言ったように、経常黒字はその裏で他国に貯蓄や投資をしているということだ。ところがこの貯蓄がゼロならば、国際間で借金や貸付けは相殺されてゼロということになってしまうが、そんなことはない。」

── それでは輸出と輸入は為替レートに関係ないのですか。

「輸出と輸入が一致するという均衡状態までいたらない、ということであって、もちろん輸出が増えれば外貨を得て円に交換意欲が進めば円高要因、輸入が増加すれば円安要因だ。2022年の超円安とインフレは世界的エネルギー価格上昇がもたらした輸入額増大がきっかけだ。」

購買力平価説（PPP）

── それではモノの側面に着目した均衡状態はどのように考えるのですか。

「それが**購買力平価説**（PPP）と呼ばれる長期に成立する考え方だ。まず日本で貿易財（たとえば自動車）を買っても、米国で買っても同じ値段でないとおかしい、という裁定関係を考えよう。数式で書くと

$$日本の自動車の値段 ＝ 為替レート(e)×米国での自動車の値段 \qquad (4)$$

ここでの為替レート e は自国通貨建てである。日本で200万円の車が米国で2万ドルだとすると、購買力平価は1ドル100円だ。

英国の『エコノミスト』誌は、毎年『ビッグマック指数』を発表している。この指数は、購買力平価に基づいて、各国で販売されるマクドナルドのハンバーガ

2）たとえば、自国通貨が減価（円安）したとき、$\varepsilon_x + \varepsilon_m > 1$ なら、経常収支は改善する。この条件を、**マーシャル＝ラーナーの条件**が成立しているという。ここで ε_x は輸出の価格弾力性であり、ε_m は輸入の価格弾力性である。またマーシャル＝ラーナー条件が、短期的には満たされないが、長期的には成り立っている場合に、経常収支の動きがJの形状を描くことが指摘される。これを**Jカーブ効果**という。

第IX章　国際マクロ経済学の基礎

ーの価格を米国のビッグマックの価格で割ったものだね。」

── ビッグマックの価格を比べるって、具体的にはどうなるんですか。

　「たとえば、米国で4ドルのハンバーガーが日本で500円だとする。ビッグマック指数で言うと1ドル＝125円になり、実際の為替レートが1ドル150円なら、現状は円安となる。」

── なぜ円安なのですか。

　「1ドル125円より円安のとき、4ドルを日本円に取り替えると500円以上となってハンバーガーを買っておつりが出る。つまり米国人なら安い円を買って、日本にハンバーガーを買いに行く方がよい。そこで円安と考えられる。

　これは同じ物の値段はどこで買っても同じ、という**一物一価の法則**を貿易を導入して国際間に拡張したものだ。『日本で買っても米国で買っても、同じ物の値段は同じであるべきだ』という発想で、『**購買力平価**』と呼ばれている。」

── さっきの『平価』は金利平価でしたね。

　「そうだね。両者とも価格差を利用して利益を上げようとする**裁定**の原理に基づいている。アセット・アプローチが資産の収益率が等しいという裁定のモデルだとしたら、購買力平価はモノの値段の裁定だ。」

── でもハンバーガーは貿易されているわけじゃないでしょう。

　「もちろんそうだ。無理があるけれど、それを承知で試算しているわけだね。」

ドル円の推移を3期に区分する

── ポテトは買わないんですか。

　「ポテトやコーラの価格も平均して、比較しなければならない。こういった作業を拡張していくと、さまざまな貿易されている財の価格の平均を取った**価格指数を比較**すればよいことになる。図8を見てごらん。これはいろんな物価指数を使って作ったPPPのグラフだ。」

── 具体的にはどういうふうになりますか。

　「たとえば消費者物価指数の購買力平価とは日米の消費財の価格（指数）が等しくなる為替レートのことになる。国際通貨研究所のPPPデータ（https://www.iima.or.jp/ppp.html）を使って、1974年からの相対的購買力平価がプロットされている。

第 2 部　個別需要項目

図 8　「安い」日本とドル円購買力平価

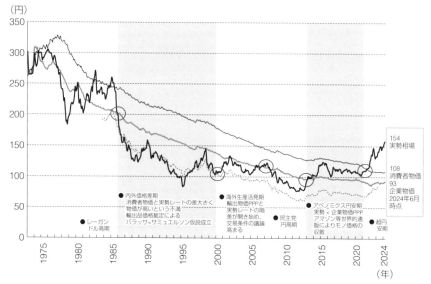

(注)
●ドル円の上限は輸出物価 PPP、下限は消費者物価 PPP と言われてきた
●輸出物価 PPP に実勢が近ければドル換算の GDP は 4 割増で日本は世界の経済大国
●1985年プラザ合意時の実勢レート200円あたりをスタート地点と考えると、その後（原材料を示す）企業物価 PPP と（最終製品価格を示す）輸出物価 PPP は開いてきた
（データ出所）国際通貨研究所

- ① 輸出物価指数の購買力平価が成立する為替レート
- ② 企業物価指数の購買力平価が成立する為替レート
- ③ 消費者物価指数の購買力平価が成立する為替レート

この 3 線を縫って、黒太線で実際のドル円の実勢レートが描かれている。さながら細い黒線と破線で囲まれた川を竜が蛇行していくとみることができ、上限は消費者物価、下限は輸出物価と伝統的に見なされてきた。」
── 2022年から実勢レートは③を突き抜けていますね。
「これは異例の事態だ。以下の 3 つの時期に区分して順に説明しよう。

[1] 内外価格差期

　　　輸出財物価指数による購買力平価に実勢レートがほぼ相関する時期

248

第Ⅸ章　国際マクロ経済学の基礎

[2] 現地生産増加期

　企業物価指数による購買力平価に実勢が近づき、現地生産が盛んになった時期

[3] アベノミクス期

　超金融緩和により消費者物価指数による購買力平価と実勢が近づいてきた時期

　第1の内外価格差期はいわゆる**バラッサ＝サミュエルソン効果**（p.251、上級トピックス参照）で説明可能であり、日本の消費者物価が高いと問題になった時期である。

　第2期は実勢レートが企業物価指数の購買力平価に近づいている、つまり企業が購入する商品バスケット、つまり原材料や中間生産物の物価が日米で等しくなる為替レートに実勢レートも近づいている。この時期は製造業の**現地生産**が盛んになったため、企業が最安地を求めて（あるいは政治圧力から）生産拠点が分散され、その結果新たな生産拠点で好況となって、その地の中間財価格が上昇し、均等化していく時期になる。

　第3期はアベノミクス期の**超金融緩和**の結果、より円安となっている。購買力平価指数よりの説明に徹するという点からすれば、消費者物価指数を用いた購買力平価に近づいているとは言える。この時期は中国製品が世界を席巻し、アマゾンの各国進出により消費財の貿易可能性はかなり高くなったと言える。」

── たしかにアマゾンでは国際ブランドの商品は安く買えますね。でも何でも買えるわけじゃないですよね。

　「それはそうだ。サービスなどすべてネット通販で買えるわけではない。そういった意味で今の円安は行き過ぎだ。」

── この大きな流れをどう考えればよいのでしょう。

　「国際間の商品価格の裁定範囲が拡大していったと考えればよい。最初は限られた輸出品だけで国際的な一物一価が成り立つ時期だが、次に現地生産で企業が移動し、次に国際的にネット通販が盛んになって、消費者物価に裁定が進んだ。そのプロセスの中で、割高だった商品の**内外価格差が**解消された。まとめると

①輸出（店）⇒　②企業（現地生産）⇒　③消費者（モノは通販・サービス裁定なし）

となる。」

249

第2部　個別需要項目

購買力平価説の問題点
── 購買力平価説は現実的なんですか。値段はやっぱり違うんじゃないですか。

「さまざまな問題が指摘されてきた。まず**各国間のライフスタイルの違い**だ。牛肉を考えても、欧米ではローストビーフ用の塊まり肉が主流だが、日本人は割高のしゃぶしゃぶ用の薄切り肉を好む。」

── 薄切り肉と塊まり肉を分けて調べるのはどうでしょう。

「そもそもしゃぶしゃぶ用の薄切り肉は諸外国で売っていない。国際機関の調査で、正確に物価を比較するために同じ国際ブランドのチョコレートが指定されても、日本では売っているのは国内ブランドばかりで日本の価格は反映されない。結局のところ正確な比較はなかなか難しいね。」

── よく『安い日本』と言いませんか。

「昔は『**内外価格差**』と言われて逆に高い日本だったんだよ。購買力平価は長期的にしか妥当しないから、モノの値段もなかなか近づいていかない。そこで同じモノでも日本で買うより外国で買ったほうが安いという内外価格差が大きな問題となったわけだね。当時は非貿易財の存在を考慮すると**バラッサ＝サミュエルソン効果**が働いて、内外価格差はやむを得ないという見方が主流だった。」

商品券とポイントで直観的に理解する為替レート
── ここまでの説明でも、為替レートって、どうもピンとこないんですよね。

「たしかにそう言っている人は多いね。本書の第Ⅲ章では貨幣をデパートの**商品券**と考えればよいと説明してきた。デパートはさまざまな品物を売っているよね。でも六越デパートでも大角デパートでもそれぞれの品物の値段はそんなに変わらないはずだ。」

── 値段が高ければ、別の店で買えばいいわけですよね。

「これが購買力平価説の直観的な意味だけど、じゃあ六越デパートの商品券と大角デパートの商品券が同じ値段か、と言えばそうとは限らない。チケット屋に行けばさまざまな商品券が売っているけれど、老舗や便利な場所、品揃えのいい店の商品券は値段が高いよね。」

── 景気のいい店は商品券の値段が高く、悪い店は低くなるわけですね。

「そうだ。これを一国の通貨に当てはめてみると、もし日本の景気が他国に比べて良ければ、円高だし、米国の景気がもっと良くなればドル高だ。」

第IX章　国際マクロ経済学の基礎

上級トピックス ● バラッサ＝サミュエルソン効果

「購買力平価均等仮説は一物一価を国際間に拡張したものだが、すべての財が貿易されて価格が均等化されるわけではない。仮に

- 長期的に乗用車のような**貿易財**が国際的に一物一価が成り立つとしても、
- 美容業のような**非貿易財**の価格は、通常各国で異なる。

安いからといって外国へ髪を切りに行く人はいない。この場合、貿易財生産の生産性が高い国では非貿易財の美容師の給与や美容料金は高くなり、物価が高い傾向がある。これが**バラッサ＝サミュエルソン効果**である。

式で解説すると、貿易財の一物一価を表す(1)のみならず、一国内で労働市場が競争的ならば

$$\text{日本の自動車産業における賃金} = \text{日本での美容師の賃金} \qquad (2)$$

が成り立つ。日本の自動車産業における賃金が高生産性を反映して、米国より高いのなら

$$\text{日本の自動車産業の賃金} = \text{日本の美容師の賃金} > \text{米国の美容師の賃金} \quad (3)$$

も成り立つ。美容サービスの生産関数が両国で同一で、賃金が美容料金を決定する主因とすると以下が成り立つ。

$$\text{日本での美容料金} > \text{米国での美容料金} \qquad (4)$$

美容料金と自動車の値段の加重平均をとって、物価指数を作成すると、自動車の値段は同じだが美容料金は日本が高い。よって貿易財の生産性が高い国では物価高となる。逆に貿易財の生産性が低い国は物価安となることから「安い日本」の説明が可能ではないか、と考えられたのだろう。

—— でも円高は景気に悪影響を及ぼすと言わないですか。

「円高というのは商品券の値段が高いということだ。額面1万円の商品券は六越なら9,500円だが、大角なら9,000円だとすると、いくら六越が便利がよくて

第2部　個別需要項目

も、大角に客は流れるんじゃないかな。だから自国通貨が高すぎると困ってしまうわけだ。」

── それで円高を防ぐために、政府は為替市場に介入をするわけですね。

「そういうことだ。これを商品券にあてはめるとどうなるかな。」

── チケット屋に商品券をばらまいて、値段を下げるということですね。

「円安にするということは、結局、格安の商品券をばらまくということだね。だから円安には一時的な効果は確かにあるんだけれども、ずっとこの方法に頼るのは限界がある。」

── 日本が衰退して、円が暴落するという意見もありますよね。

「為替レートの水準が『国力』というアバウトな要因に左右されることはここまで説明したとおりだ。しかしそれは物価や金利というファンダメンタルズに加えたプラスアルファ要因という意味だね。日本という大きなデパートの品ぞろえが縮小して、小さな酒屋になっても**円という引換券でビール券としての値打ちは残る**。どんな低開発国でも、通貨や商品がただ同然ということはない。」

── 金利やアセット・アプローチとの関係はどうでしょう。

「今まで説明してきた為替の側面は『モノ』の側面で言えば貨幣の取引動機に対応する。しかし貨幣には資産動機も存在し、海外から金利も受け取ることができる。この点は商品券をずっと持っていれば電子的に**ポイントが付く**として説明できるね。」

── たとえ話がだんだんややこしくなりますね。

「実際、為替は複雑だからね。大角デパートの景気が良ければ、大角のポイントとも言うべき金利は上昇し、そこから通貨価値は上昇する。日本の景気が良ければ、円高になる。ただしポイントが高すぎれば商品券は使ってもらえない。」

── 第Ⅲ章や第Ⅳ章で金利は貨幣需要に負の影響を与えると説明がありませんでしたか。

「これはよく覚えていたね。先の章では金利のつかない現金のように狭い意味で貨幣をとらえていた。国際マクロ経済学ではドル金利が高ければまずドルに交換してそこから株式や債券を購入するように通貨や貨幣を広くとらえている。混乱しやすいところだが、言葉の使い方が違う（p.75も参照）。」

第IX章　国際マクロ経済学の基礎

IX-6　開放体系の政策分析

マンデル＝フレミング・モデル

「さあ、それでは政策分析を考えてみよう。最も代表的なモデルである**マンデル＝フレミング・モデル**とは、1950年代からある海外部門を考慮に入れた *IS-LM* モデルだ。

● カネの動きである資本移動と

● モノの動きである貿易の調整

のどちらが速いかを考えたのが出発点だ。」

── それはもちろん資本移動ですよね。

「そうだね。だから（1）資本移動の速さを前提として、（2）中央銀行の行動と、（3）為替レートの変動と輸出入の影響を中心に *IS-LM* モデルを考えてみるわけだ。

（1）資本移動と小国の仮定

「ここでは『**小国のケース**』を考えよう。つまり、自国が世界経済全体と比べて十分に小さいため、自国の利子率は世界の利子率を変化させることができないという意味だ。そしてもし資本の流出入が自由である場合、自国の利子率は常に世界利子率 $\bar{i}$ に等しくなる。

　ここで大事なことは、資本は『高金利』を求めて移動することだ。同じ貯蓄をするなら、少しでも金利の高い国の方が良い。そして、その貯蓄は、その国における投資へと回される。

　前にマクロ経済には重要な価格水準が3つあると言ったよね。」

──『利子率』と『一般物価水準』と、あと1つは何でしたっけ。

　「もう1つは『為替レート』だ。このモデルでは利子率や物価水準は一定だから、価格調整は為替レートに集中している。そして為替レートの調整が経常収支に与える影響を考えることになる。」

（2）中央銀行の行動

　「まず中央銀行の選択を固定相場制のもとで考えてみよう。この制度のもとで

253

第2部　個別需要項目

は中央銀行は固定相場を維持するため、もち込まれた外国通貨または自国通貨を、すべて自国通貨または外国通貨に交換しなくてはならない。だから中央銀行は金融政策の自由を奪われ、国内のマネーストックを自由にコントロールすることができなくなる。」

── 変動相場制ではどうなんですか。

「次に変動相場制のもとでは、中央銀行は、もち込まれた外国通貨を自国通貨と交換する義務をもたず、その交換は『市場』に任せられている。そのため、中央銀行は基本的には、マネーストックを自由にコントロールすることができることになる。

以上をもう少し一般的に言うと、**国際金融のトリレンマ**と呼ばれて

（ⅰ）国内経済の安定（物価の安定）

（ⅱ）為替レートの安定

（ⅲ）資本移動の自由

という３つをすべて同時に実現することはできないことが知られている。」

なぜ財政政策が無効になり、金融政策が有効になるのか

「今まで（1）資本移動の速さを前提として、（2）中央銀行の行動を考えた。そこでいよいよ最後の問題は

（3）為替レートの変動と輸出入の影響だ。

このマンデル＝フレミング・モデルでは、

- 変動相場制のもとでは財政政策が無効になるが、
- 固定相場制のもとでは財政政策が有効になる。

この変動相場制のもとで財政支出が無効になることは特に**マンデル＝フレミング効果**と言われることが多い。」

── ふーん、そうですか。

「次に金融政策だ。やはり小国開放経済で金融政策は、

- 変動相場制のもとでは有効だが、
- 固定相場制のもとでは無効になる。

ちょうど財政政策と逆だね。」

254

図9 マンデル＝フレミング・モデル

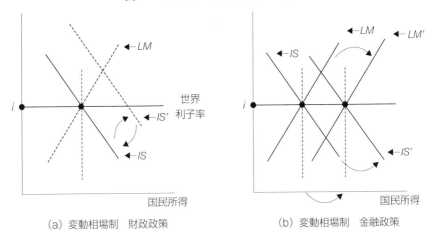

(a) 変動相場制　財政政策　　　　(b) 変動相場制　金融政策

── 結果は覚えやすいけれど、全然ピンとこないですね。IS-LM分析に即して説明してほしいですね。

「いま政府支出Gが増加したとすると、IS曲線は右上方にシフトする（図9ではIS⇒IS'）よね。そこで閉鎖体系なら、国内利子率が上昇するはずだ。」

── それはそうですね。普通のIS-LM分析ではそうなりますね。

「ところが開放体系のもとでの小国で資本移動が完全な状況では、高利子率を求めて、自国への資本の流入が生じることがポイントだ。

この結果、外国為替市場における自国通貨高の圧力が生じるが、ここで通貨制度により政策の効果に違いが生じる。

- 変動相場制の場合、実際に自国通貨高が生じ、その結果、経常収支が悪化する。IS曲線はこのため左方にシフトして戻ってしまう。（図ではIS'⇒IS）こうして当初の財政政策は無効となる。内需と外需が交換するわけだね。
- 固定相場制の場合、自国通貨高の圧力に対し、中央銀行が自国通貨売り介入を行うので、実際には自国通貨高は生じない。しかしマネーストックMが増加し、LM曲線が右方にシフトする。この結果、財政政策は有効となり、産出量Yは大きく増加する。」

── 金融政策はどうなんですか。

第2部　個別需要項目

「やはり *IS-LM* 分析で説明しよう。*M* が増加して、*LM* 曲線が右方にシフトした（図9（b）では $LM \Rightarrow LM'$）とすると、国内利子率が下落したとしよう。

　小国かつ完全資本移動であるため、自国からの資本が流出する。今度は外国為替市場で自国通貨安の圧力が生じる。

● 変動相場制の場合、自国通貨安となり、経常収支は改善する。これは、*IS* 曲線の右方シフトを意味し（図9（a）では $IS \Rightarrow IS'$）、産出量 *Y* は大きく増加する。

● 固定相場制の場合、自国通貨安の圧力に対し、中央銀行が自国通貨買い介入を行うので、*M* は減少するので、当初の金融政策は無効となる。」

数式を使ってマンデル＝フレミング・モデル

　さて数式を使ってマンデル＝フレミング・モデルを説明しておこう。第Ⅳ章で学んだ *IS-LM* 分析は2本の方程式から、産出量 *Y* と利子率 *r* を決めるモデルであった。このモデルに次の仮定を導入しよう。

● 純輸出 *NX*（＝ 輸出－輸入）を総需要に加え、為替レート *e* の関数であるとする。

● **小国の仮定**と**完全資本移動**を仮定し、その結果、利子率は外生的（$r = \bar{r}$）に決まってしまう。そこで以下の3本の方程式が得られる。

（1：*IS* 曲線）　　　　$Y = C(Y) + I(r) + \bar{G} + NX(e)$

（2：*LM* 曲線）　　　$\dfrac{\bar{M}}{\bar{P}} = L(Y, r)$

（3：世界利子率一定）　　　$r = \bar{r}$

● この結果、固定相場制では為替レート *e* は一定なので、1と2の方程式で産出量 *Y* を決めることになる。ここで *IS-LM* 分析では外生的と置かれた政府支出 $\bar{G}$ か貨幣供給 $\bar{M}$ はどちらかが内生変数とならなくてはならない。通常、貨幣供給 $\bar{M}$ が固定為替相場制を維持するために使われる。

● 変動相場制であるが、この場合は *Y* と *e* が内生変数となる。利子率は一定であっても、金融政策は為替レート *e* に影響を与えるため有効となる。

256

第IX章　国際マクロ経済学の基礎

新しい政策分析

「以上がマンデル＝フレミング・モデルの概要だ。このモデルにはさまざまな批判があるが、おおむね標準的な考え方とされている。

またこのモデルを拡張すると一国だけでなく、多数の国で**政策協調**の必要性を考えることにもつながってくる。」

—— でも政策協調はバブルを生んで、結果的に日本の国益にならなかった、と言われているんじゃないですか。

「たしかに80年代にプラザ合意などでもてはやされた**政策協調**の考えは、現在では各国の利害の調整の難しさからうまくいかなかった、と考えられている。もちろん仲良くやろうというアイデア自体はよいかもしれないが、中途半端に国がつながっており、複雑な政治プロセスが政策に影響する現状では仲良くやろうと言っても簡単じゃない。

だからと言って各国がバラバラに政策を動かしているわけでもない。たとえばヨーロッパは共通通貨ユーロの導入をしたが、欧州中央銀行ECBがコントロールする一つの金融政策と11の財政政策（1999年時の参加国数）の状態だ。」

—— マンデル＝フレミング・モデルはケインズ的な考え方ですよね。最初に言っていた新古典派的な考え方はどのようなものですか。

「新古典派的には、貯蓄、投資と輸出入の間に因果関係はないと考える。」

—— どういうことですか。

「経常収支のところで、いろんな因果関係を考えたよね。

● 日本が貯蓄超過であるから黒字が大きいのか、あるいは

● 日本企業の国際競争力が強いから黒字となり、それより貯蓄超過となるのか、とかいうものだね。でも因果関係を考えるのはおかしいよね。」

—— どうしてですか。

「ミクロ経済学では所得が原因で消費が結果とは考えないよね。」

—— それはそうですね。

「ルーカスやストックマン等の主張だと、新古典派均衡において、各国の経済主体は自由に貯蓄をし自由に輸出入を行うのだから、どちらが理由でどちらが結果であると考えるのは間違っている。つまり自国の財も外国の財もいっせいに交換するわけだね。

たとえばクルーソーが借金をして外国産の自動車を買ったとする。この場合、

257

第2部　個別需要項目

ミクロ経済学からの消費者の効用最大化問題からは借金が理由で外車購入が結果とか、外車購入が理由で借金が結果とか、通常は考えない。同時決定だよね。

　だから観察される為替レートの変動や経常黒字・赤字は市場における自由な選択の結果であり、良いとか悪いとか言えないものとされているんだね。」

⦿第X章⦿ マクロ経済学の新展開と日本経済

動学的マクロ経済学学習の難しさ

　「さあ、以上で学部段階のマクロ経済学の学習はだいたい終わりだ。これ以上の上級のマクロ経済学を説明するのはとても難しいから覚悟が必要だね。」
──　どうしてですか。
　「理由は2つある。まず第1に、数学が難しい。上級のマクロ経済学では、数学をふんだんに使う動学的な最適化問題をベースに発展しているから、今までの *IS-LM* 分析みたいに、図を描いてパパッと説明するってわけにはいかないんだよ。」
──　数学を使わずに説明できないのかしら。
　「それは無理だね。もともと必要があるから、数学を使っているわけだからね。」
──　そこを何とか言葉で説明してくださいよ。
　「まあしょうがないか。でも数学を使わないとしても、新しい動学的なマクロ経済学の結論はもともとすっきりしてわかりやすいものじゃないね。これが覚悟が必要だという第2の理由なんだけどね。」
──　結局、新古典派は市場機構を信頼し、ケインズ経済学は不審を持つ、ではい

第3部　マクロ経済学の発展と日本経済

表1　マクロ経済学の現状

	完全競争	市場の失敗・不確実性あり
静学	伝統的モデル	応用ミクロ経済学
動学・決定論的モデル	最適成長理論	内生的成長理論
動学・確率論的モデル	RBCモデル	発展中

けないのかしら。

「うーん、それは必ずしも間違いじゃないけれど、単純すぎるね。」

── じゃあ、ケインジアンは政府の財政金融政策を有効と主張し、新古典派は無効だと主張するというのはどうかしら。

「それもダメだね。特に『市場機構が万能か』という問題と、『政府が財政金融政策を使ってマクロ経済を簡単に左右できるか』という問題は区別しなくてはならないね。何度も言っているけれど、政策は短期的には有効だけれど長期的には弊害をもたらす場合が多いんだ。」

── なんか、はっきりしないなあ。

「現在のマクロ経済学は理論的には次の2つの流れを基礎としているね。

● 第1がベンチマークとしての**最適成長モデル**（第Ⅴ章付論1、p.144）であり

● 第2が**非対称情報**や**市場の失敗**の存在を考える**応用ミクロ経済学**だ（表1）。

これらを統合して、現実的なモデルを作成する方向にあるんだけれど、静学的な応用ミクロ経済学だけでも、いろんな場合を考えなくてはならないよね。だから、なかなか一口で説明できるもんじゃない。」

実務家のマクロ経済学

── でも新聞やテレビでエコノミストが言っていることははっきりしてますよ。それに新聞や政治家は『金融緩和』とか、『財政出動』とか言っていたのは、*IS-LM*分析にそって主張しているわけでしょう。

「うーん、それは難しい問題だなあ。新しいマクロ経済学の動向はあまり政策論議には反映されていないんだね。実務家や政策担当者の頭の中にあるのは昔ながらの処方箋だ。だからパブロフの犬のように**条件反射**で、景気を良くすれば、土地価格も上がる、不良債権も何とかなる、とばかり言っていたんだね。」

── じゃあ今まで勉強してきた*IS-LM*分析は間違っていたのかしら。

260

第Ⅹ章　マクロ経済学の新展開と日本経済

「それはそうじゃないから話は難しい。第Ⅰ章でマクロ経済学には『診断』と『治療』の問題があると言ったとおりだ。まずケインズ的な財政金融政策はとりあえず**短期的には有効**だ、と一般的には考えられている。つまり

● 中央銀行が貨幣供給量を増やせば、貨幣数量説が言うようにすぐインフレになるわけじゃない。だからバブル崩壊後の日本経済の経験はともかく、世界経済では金融政策が利子率に影響を与えてきたのは間違いないことだ。
● 政府が公共投資を増やせば、地域経済は一応は活気づく。

こんなふうに、**カンフル注射**のような短期的な政策効果を否定できないし、リーマンショック後のような世界恐慌目前の場合は杓子定規なことを言っていてもしょうがない。でもその効果の長期的帰結と副作用を考えることがこれからは重要だし、日本経済で金融緩和が投資拡大をもたらさなかったことはこれまで説明してきた通りだ。」

政策の副作用
── じゃあ、どんな副作用があるんですか。
「簡単なものから説明すると
● 財政政策のもたらす**政府赤字**や
● 金融政策は過剰投資から不良債権を増やすし、**インフレーション**も生じる。」
── たしかに2022年のインフレは驚きましたね。
「今までは円安がいいと思っていたら、突然、円安が輸入インフレを増幅した。」
── 予期せざるインフレですね。
「輸入インフレが生じた理由は、ここまでの金融緩和により、企業の資金需要が満たされすぎて、いわゆる**危機の円高**が生じなかったからだ。
　もう少し一般的にインフレの危惧を説明しよう。言ってみれば、貨幣数量説が想定する世界では、貨幣は水のように滑らかに流れるんだね。だから貨幣供給量を増やせば経済全体にスムーズに行き渡って、すぐインフレになる。これに対しケインズ経済学が考える名目価格硬直性とは、ごつごつとした固体の世界だ。」
── しかし現実はその中間だ、ということかしら。
「そう、その通りだ。言ってみれば砂のように摩擦があるというわけだ。砂を

261

第3部　マクロ経済学の発展と日本経済

上から載せていったとしても、当分の間は砂の城は崩れないかもしれない。でも長期的には必ず砂の城は崩れるんだね。

もともと貨幣は第Ⅸ章でも説明したように、万能引換券と解釈するとわかりやすい。その引換券の値打ちを下げろとすることは、早く消費財と交換させて景気を良くするメリットもあるが、一方で引換券の値打ちを下げて信用させなくする『瀬戸際戦略』だ。

だから、インフレになるまで貨幣を増やせ、という意見は、砂の山が崩れるまで、上から砂を載せていけという意味になって、非常に危険だ。短期的にうまくいっていたとしても、長期的に問題があることを考えて、政策の効果を考えなくてはならないね。」

―― でも長い目で見ろって言われても、簡単なことじゃないですよね。

「そうなんだね。だから、長期的な副作用はあまり一般には認識されていないし、議論も噛み合わない。でも近年の日本経済でも問題になった『**長期と短期の矛盾**』には以下の点がある。

- 金融政策についても、金融緩和で短期的には**資産価格バブル**は消費を刺激するが、しかし必ず金融破綻や巨額の不良債権を産んでしまう。
- 財政政策だって同じことだ。政府支出増大は景気を刺激するが、**少子高齢化**する日本経済で、政府債務の積み上がりは必ず大きな問題となる。

新古典派的マクロ経済学が出現した当時は政策が原理的に有効か無効かによって論争が起こったので、そういうふうに説明してある本もあるが、事態はもう少し複雑だね。

繰り返しになるけれど、短期的にはたとえ政策が有効であったとしても、長期的に弊害をもたらさないかどうか、というこの微妙なところと、金融危機や不良債権問題のような特定の事態を組み合わせて考えなくてはならないね。」

Ⅹ-1　動学的モデル：　時間を通じた最適化

新古典派的マクロ経済学と最適成長モデルとその拡張

「それじゃあ、これから上級のマクロ経済学の現状を簡単にたどってみることにしよう。何度も言うけど、本当は数式がないとわからないから、より上級の参

考書を見た方がいいんだけどね。

　まず最初に考えなくてはならないのは**動学的な最適化**と最適成長モデルについてだ。前に説明したように、人々が老後に備えて**貯蓄**をするのも、企業が設備を拡大するために**投資**を行うのも、時間を通じて効用や利潤を最大化している行動だ。このような個別の経済主体の最適化行動については第Ⅴ章や第Ⅵ章で説明した。」

── じゃあ、この動学的最適化問題を経済全体に応用したのが、第Ⅴ章で言っていた**最適成長モデル**なの。

　「そういうことだ。この最適成長モデルをベースとするマクロ経済学は *IS-LM* 分析ベースのマクロ経済学と大幅に違うね。

　一般に新古典派的マクロ経済学といっても、70年代初頭より盛んとなっていたルーカスらの**合理的期待形成**によるマクロ・モデルは、あまりこの本では扱っていないし、学会でも使われていない。もともとこれらは一般均衡的な『背景』を持っていたとはいえ、実は静学的な *IS-LM* 的なケインジアン・モデルに貨幣数量説を接ぎ木したものだったんだね。」

── **新しい新古典派**ともいわれていたんじゃないですか。

　「もう、ぜんぜん新しくないね。ルーカスの『島の寓話』と呼ばれる論文など、1973年に発表されたものだから、50年近くも前だ。

　成長と循環の問題で最も大事な問題は投資と貯蓄決定だけれど、もともとこれらのモデルは、このプロセスをミクロ経済学的にきちんと具体的に考えているものではなかった。」

── どういうことですか。

　「第Ⅳ章で習った**総供給曲線**を覚えているかい。そこでは予想と現実の差が経済を動かすという定式化がされていたね。」

── ちょっと乱暴かな、と思った。

　「でも当時の論文はあれとあまり差がないね。*IS-LM* モデルと同じように、単に消費は所得の増加関数、投資は利子率の減少関数と仮定されているだけで、もっぱら金融政策の失敗によって、景気循環が起きるメカニズムを考察したものにすぎなかった。 だから第Ⅴ章でその初歩を学んだ最適成長モデルをベースに考えることはとても重要だ。」

── じゃあ、最適成長モデルは、どんなふうに拡張されているんですか。

第3部　マクロ経済学の発展と日本経済

「重要なモデルは2つあるね。

- 1つは最適成長モデルに外から加わるショックをもとに景気循環を考察する**リアル・ビジネス・サイクル・モデル**（RBC モデル）から始まった DSGE モデルだ。
- もう1つは最適成長モデルに『市場の失敗』を取り込んで、なぜ世界に『富める国』と『貧しい国』があるのかを研究するもので**内生的成長モデル**だね。

この2つのモデルは第I章で言ったサイクルとトレンドに対応している。」

── なんだか難しそうですね。

「動学モデルだけでも結構、難しいのに、そこに非対称情報や市場の失敗が入ると、とても入り組んだものになるね。でも最適成長モデルを基礎としているから、さまざまな応用ミクロ経済学の成果を盛り込むことが可能なんだね。」

── 他にもいろんな動学的分析がありますよね。

「そうだね。他にも**カオス**や**分岐**と呼ばれる**非線形動学**と呼ばれる手法や、**非定常時系列分析**と呼ばれる計量経済学の手法の発展で、循環も成長も丸ごと経済変動を取り入れようとするモデルの開発が進んでいる。ただ、本書の範囲を大幅に越えているので、ここでは説明はしない。」

X-2　新しい景気循環理論：新古典派とケインジアン論争の現状

リアル・ビジネス・サイクル・モデルから DSGE モデルへ

── じゃあ**リアル・ビジネス・サイクル・モデル（RBC モデル）**はどんなものか説明してもらえますか。

「RBC モデルは80年代初頭に始まる研究であり、

- 1セクター最適成長モデルをもとに
- 経済に加わる実物的ショックから景気が変動し、
- どう代表的経済主体が反応するか

を考察したモデルから始まった。現在では RBC とは言わず、一般的に **DSGE**（Dynamic Stochastic General Equilibrium）モデルや動学的確率的一般均衡モデルと言う場合が多い。また金融政策の効果を考察したニューケインジアンモデルも含まれる。しかしここではプロトタイプである RBC モデルを説明しよう。

第X章　マクロ経済学の新展開と日本経済

その主張をまとめると

（1）それまで盛んだった貨幣的な要因より、実物的な側面を重視するもので、

（2）煎じ詰めると、不況はやむを得ない、という主張になる。」

―― 不況はあきらめろって、どういうことですか。なんかおかしいですよね。

「それはそうとも限らないんだね。じゃあ、もう一度ロビンソン・クルーソーの寓話に即して、RBC を説明しよう。**クルーソーは全部一人で決めるから、マクロ経済はうまくいっていた**よね。ところが、ここで外からのショックとして、クルーソーの畑に来る長雨を考えてみよう。この長雨のときにクルーソーが畑をいつも通りに耕すということは無駄だよね。」

―― もちろんそんなことはしないですよね。

「最適な行動は長雨が通り過ぎるのを待って、そこから耕し直すことだ。このような不利な状況ではタネをまいても芽が出ないかもしれないし、きれいに畑を耕しても無駄だ。そこで長雨つまり外生的なショックのため、労働供給も投資も減ってしまうのである。」

―― つまり『やむを得ない』不利な状況では、自分から労働供給を減少させてしまうということかしら。

「そういうことだね。ショック＝伝達メカニズムという分類があるが、それに即して言えば

● つまりシステムの外部から生じる**ショック**を台風とすれば、
● 働く時間を調整することが、システム内部の**伝達メカニズム**となる。

初期の RBC モデルが考える不況を労働市場に即すと、不況のときには働いても給料が少ないから、労働供給を自発的に減少させ『余暇』を楽しむということになるね。」

―― じゃあ、『働き口』がないから非自発的失業が生じてしまう、というケインジアンの考え方とは違うんですね。

「そうだね。このような RBC モデルの完全競争をもとにした市場のとらえ方には多くの批判があり、また大きな不況を生み出す外生的なショックとは何かがはっきりしないという批判も重要だ。」

265

第3部　マクロ経済学の発展と日本経済

景気変動を生み出す外生的なショック

—— マクロ経済に変動をもたらす**外生的なショック**とは、どのようにモデルに組み込むんですか。

「通常は生産性ショック、**全要素生産性（TFP）成長率**と言われるものを考える。」

—— 労働生産性なんかじゃいけないんですか。

「機械を導入して、生産量が上昇したとする。この場合、労働生産性は上昇するけれど、資本生産性はむしろ下落する場合が多い。逆に労働者を増やせば、資本生産性は上昇するが労働生産性は下落する。こう考えると、生産性は資本の分量からも、労働量からも独立な測定方法が必要だ。」

—— 具体的にはどう計算するんですか。

「TFPにはさまざまな計測方法があるが、初期のRBCモデルでは**ソロー残差**と呼ばれる技術進歩の測定法により、外生的ショックが測定された。まず生産関数 $F(K, N)$ の頭に生産性ショック A をくっつけて $AF(K, N)$ の形を考える。ソロー残差 A の変化率 ΔA は資本集約度が θ である1次同次の生産関数（たとえばコブ・ダグラス型だと $A_t K_t^{\theta} N_t^{1-\theta}$）の場合、対数階差を取り、$\Delta$ を変化率を表す記号として

$$\Delta A = \Delta Y - \theta \Delta K - (1-\theta)\Delta N \tag{1}$$

の計算により求められる。

確かめよう ● $Y_t = A_t K_t^{\theta} N_t^{1-\theta}$ と1期ずらした生産関数の対数階差を取って、(1)式を確かめなさい。

　普通、$(1-\theta)$ を労働分配率から計算し、この θ を用いて資本分配率を計算する。

　生産量の増分 ΔY から資本 K と労働 L の増分（Δ で表す）を資本分配率 θ で加重平均を取ったものを引いたものだ。」

—— 生産量 Y の増加のうち、資本や労働の投入量で説明できないものを技術進歩と考えるということですよね。生産量が上昇しても、労働や資本が増えて寄

266

第Ⅹ章　マクロ経済学の新展開と日本経済

与した分を引いて、純粋な生産性の増加分を求めるわけですね。

　「そういうことだ。このような TFP は経済成長をもたらす究極の源泉と考えられてきた。元米国 FRB 議長のグリーンスパンは米国の TFP 成長率は３％が上限であるということをその回顧録で何度も強調している。」

―― ３％成長はなかなか大きいですよね。

　「ところがこのソロー残差はある程度まで経済システムの内部で内生的に変動したり、需要と相関を持つことが明らかになっている。だからソロー残差が需要と相関を持つか持たないかが、ケインジアン・新古典派を分かつポイントであると考えられてきたこともあった。しかし近年ではケインジアンのみならず新古典派の立場からも余剰労働力を解雇せずに企業内に抱え込む行動、**労働保蔵**を強調する意見が多い（図１）。」

―― 第Ⅱ章や第Ⅳ章でも出てきましたね。じゃあ、ソロー残差はマクロ変動の理解にはあまりつながらないんですね。

　「いやいや、そんなことはないね。このような研究の意義は、ソロー残差と呼ばれる生産関数で測定できないものが、景気循環を生み出すもととなることを認めた上で、ソロー残差の詳しい内容についてのさらなる研究を触発した点にある。

　ミクロ経済学の枠組では企業は生産関数に集約される存在であるけれど、景気循環の研究においては**生産関数から乖離した行動**がより重要なことがわかったんだね。普通、景気が良くなるとか生産が活発になるとかは雇用が増えたり、残業が増えたりと思いがちなんだけど、それは違う。労働の強度や密度が変化することが先なんだね。」

考えよう　　X-1 ●　有効でない資本（不良債権）を含んだ TFP の動きはどうなるか、日本の80年代と90年代に即して考えてみよう。

RBC モデルの意義

―― 結局、RBC モデルにはどういう意味があるんですか。

　「その含意が正しいかどうかというより、マクロ経済の研究『方法』への貢献が大きい。

● 景気循環に対して、動学的な一般均衡理論モデルを示した点、

267

第3部　マクロ経済学の発展と日本経済

図1　全要素生産性と労働保蔵判断指数

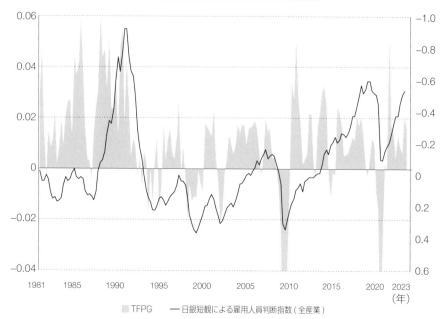

（出所）内閣府・日本銀行

● なかでも景気循環の最も大きな特徴である投資の動きを厳密に考えた点の両方でRBCモデルは大きな意味があると、現在では考えられている。」
── 理論的な利点はわかったけれど、これは経済学の研究者の立場からの発想で、実際の問題への応用には遠いんじゃないですか。
「そうだね。RBCモデルや他の新古典派モデルは動学的最適化問題に基づいてマクロ経済を考えていこうとするフォーマリズムの立場が強いかもしれない。だから最初に言った『不況はやむを得ない』というRBCモデルの政策提言を、そのまま鵜呑みにするわけにはいかないね。」
── じゃあ、やっぱり現実的にはあまり意味がないんじゃないかなあ。
「でも1970年代には石油危機のように外からの大きなサプライ・ショックを受けて、日本経済は大きな不況に陥った。このような原因から生ずる不況はケインジアンが想定する需要不足から生じる景気停滞とは異なり、政府による財政金融政策などの対応は違うはずだ。実際、時の政権は日本経済を全治3年と診断し、

第X章　マクロ経済学の新展開と日本経済

引き締め政策をとって、インフレを防いだ。」

—— 謙虚な対応ですよね。

「不良債権はたいしたことがない、といって、ずるずる金利を引き下げ、財政出動を繰り返したバブル崩壊後の日本の経済政策とは大違いだ。

マクロ経済には一国内の経済で処理できない**拡散不可能なショック**が存在し、これらにどう対応するかを考えることが重要だが、RBC モデルのようにマクロ経済全体をコンパクトに把握し、限界を認識する方法は有益だね。」

—— バブルの産んだ不良債権問題と石油危機は違う問題じゃないですか。

「たしかに問題そのものは違う。しかし解決法として、ケインズ的な総需要管理政策だけでは充分じゃない、ということだけでも認識しておいた方がいい。

とにかく日本では政策発動により景気が上昇すると、問題は自然になんでも解決するという『分析』というより『応援団』のような議論が多い。しかし、景気が良くなれば三方円くおさまる、という考え方はモノとり主義を誘発しやすいし、そこではマクロ経済学の『限界』とか『制約』とかを忘れがちだ。何度も言うが新古典派的なマクロ経済学が大事なのは、マクロ経済全体には制約があるということを意識させるからだね。」

X-3　新ケインジアン経済学：名目価格硬直性と協調の失敗

新ケインジアン経済学

—— 最先端のマクロ経済学は新古典派的な分析が独占しているんですね。

「いやいや、そういうわけじゃない。新古典派の発展の結果、実はケインズ経済学が考察してきた状況を新古典派の分析手法で考察することも可能となってきた。これらは**新ケインジアン経済学**と呼ばれる研究で

- **名目価格硬直性**を説明する研究と
- **外部性**や**収穫逓増**を重視する『**協調の失敗**』と呼ばれる研究

との２つに分かれるね。前者については第Ⅳ章上級トピックス p.95 を見てもらうとわかるが、いろんな説明があるんだね。」

—— たくさんの理由があるんですね。

「ここでは、後者の協調の失敗から説明しよう。この例は前にも言ったけれど、

269

第3部　マクロ経済学の発展と日本経済

たとえばスタジアムで立ち上がった最初の1人には野球の試合はよく見えるよね。」

── うん、そうですけれど。

「しかし、われもわれもとみんなが立ち上がれば、結局、試合はよく見えなくなってしまう。しかも立ち上がって疲れても、1人だけ座ってしまえば何も見えなくなってしまう。こういうふうにわれさきに行動することによって、皆の効用が下がってしまう場合がある。これは『協調の失敗』と呼ばれる現象だ。

アメリカは銃社会だけど、安全のためには銃を持つのを禁止すればいいと思わないかい。」

── 当然そう思いますよね。だって過剰防衛でどんどん人が死ぬわけでしょ。

「ところが、これはいっせいに皆で止める必要がある。でないと銃を捨てた人がより危険にさらされるわけだから、やっぱりこれも協調の失敗になってしまう。

マクロ経済でも、

- 企業すべてがいっせいに値段を据置けば、金融政策が有効となって、景気はよくなるという**独占的競争下の名目価格設定**における外部性
- みんなが市場にでかけて、よりよい交換相手を見つければ、経済が活発となることを示したダイアモンド教授のサーチモデルにおける**取引外部性**

など、さまざまに分析されている。たいていの新ケインジアン経済学モデルはこのような外部性の原理に基づいていると考えればいい。」

── みんながいっせいに、というところがポイントなんですね。

「そうだ。たとえば中古マンションの販売は売りたい人、買いたい人が両方ともたくさんいて始めて、取引が成立するものだ。ところが、どうせ不況だから、と売買をあきらめる人が多いと、取引は成立せず、加速度的に景気は悪くなってしまうんだね。

つまり新古典派の一般均衡は皆が市場に参加することを前提として、分析を行っているが、取引外部性のモデルは市場取引に参加するか、しないかから問題にしている。言い換えれば、麻雀をするために雀卓に座ったあとの状況を分析するか、どうやって雀卓の前に座らせるかを分析するかの違いだ。」

270

第Ｘ章　マクロ経済学の新展開と日本経済

新ケインジアン経済学の限界

「新ケインジアン経済学のストーリーはたいへん面白いし、伝統的なケインジアンの考える不況を説明しているかもしれない。ところがこのようなモデルが作れるということと、実際のデータを説明できるということは別問題だ。」

── データに合わないのは困りますね。どういうふうに合わないんですか。

「たしかにスタジアムで立ち上がったままの非効率な状況をモデル化することはできた。しかし立ち上がったり座ったりする行動をモデル化するのはあまりに複雑だし、このようなことが起こるためには、市場において価格や賃金が激しく動かねばならない。」

── どうして価格や賃金が激しく動かねばならないのですか。

「それは価格メカニズムの基本だからだ。賃金が上がるから、労働者は働く気になるわけだよね。ところが先節で説明した RBC モデルの分析が明らかにしたのは、外部性を導入すると、ますます現実の動きから乖離してしまうし、もともと設備や労働者の固定性が存在するので、新ケインジアンの主張が正しいように見えるだけだということだ。」

遊休設備があればケインズ政策は必要か：財政政策

「ここで１つのポイントは**収穫逓増**は短期的なものか、あるいは長期的なものなのか、という問題だ。」

── どういうことですか。

「マクロ経済が本来、作れば作るほどコストが低下する世界となっているならば、どんどん政策を打てばいい。この場合は長期的に収穫逓増だ。しかし、高価な機械が遊んでいるので、そのまま生産増加につれてコストが安くなる場合は、収穫逓増は短期的なものだ。

この場合、高価な機械をなぜ購入したのか、なぜ過剰投資の追認をしなければならないのか、という問題になる。第Ⅳ章で考えたタクシー運転手過剰の例を考えてごらん。」

── つまり資源の有効活用といっても、もともとタクシーの運転手さんが過剰なんじゃないか、ということですか。

「そうだね。真冬の海岸のホテルがガラガラだから、といって政策課題にはならない、と思うんだよね。」

271

第3部 マクロ経済学の発展と日本経済

価格変更費用があれば金融政策は有効か

「次に金融政策の効果を考えよう。」

—— 第Ⅳ章の上級トピックス（p.95）では、いろんな名目価格の硬直性の理由を学びましたね。

「たしかにいろんな説明があるんだけれど、新ケインジアン経済学では、企業側にメニュー・コストと呼ばれるようなメニューを書き換えるための、価格改訂の固定費用があると考えて、モデルを作るのが主流だ。」

—— でもメニュー・コストってたいしたコストじゃないと思うんですけれど。

「そうだね。ところが個別の企業にとって小さなコストでも、大きなマクロ経済効果をもたらすというのが外部性の議論のポイントだ。

しかしもっと重要なのは**価格変更のタイミング**の問題だ。ここで政府が貨幣を増発すれば、企業は値上げをするという貨幣中立性が本来は成り立つ経済に、メニュー・コストを導入して考えてみよう。この経済にはトヨタとニッサンというシェア50％の自動車会社2社しかないと考え、両社がどのように価格を変更するかを考える。貨幣供給量が1％ずつ増加したとする。貨幣数量説に従えば名目需要は1％ずつ高まり、企業は1％ずつ値上げをする。ところがメニュー・コストがあるので毎月1％ずつ値上げをすると費用がかさんでしまう。そこで両社は2カ月ごとに2％ずつ値上げをすると考える。ここでパターンが2つあるけれどわかるかい。」

—— そりゃあ、互い違いに値上げするか、同時に値上げかどちらかですよね。

「そうだね。ここで両社の値上げのタイミングのパターンは2つだ。

(1)　互い違いに値上げをするケース（戦略的代替性という）
(2)　両者、いっせいに値上げするケース（戦略的補完性）

第一のケースはニッサンがたとえば奇数の月に値上げし、トヨタが偶数の月に値上げをするという意味だが、経済全体としては1％ずつインフレが起っていることになる。つまり、個別の企業では貨幣供給の増加にもかかわらず、名目価格を一定のルールに従って据え置くものの、集計された結果は貨幣の中立性が成り立っている。

逆に第二のケースではトヨタもニッサンも同時に値上げするので、代表的な企業で考察されたモデルの結果がそのまま成立する。このようなタイミングの分析

272

第Ⅹ章　マクロ経済学の新展開と日本経済

は非常に複雑となってしまうが重要な論点だね。」

Ⅹ-4　内生的成長理論

成長モデルの限界

　「第Ⅰ章でトレンドとサイクルの説明をしたけれど、今まではサイクルの議論が中心だった。ここで話題を変えて、トレンドの議論である内生的成長理論の説明をしよう。

　もともと動学的最適化の諸モデルの基礎となっているのが、**1 セクター最適成長モデル**であることは今までも強調してきた。成長理論自体はハロッド＝ドーマー・モデルやソローの（非最適化）新古典派成長理論に始まるけれど、現在ではカルドアが1961年にまとめた、以下の先進資本主義国の経済成長に関する『**定型化された事実**』、つまり

[1]　総生産 Y も労働生産性 Y/L も長期間に渡って成長し続けてきた。
[2]　労働一人当たりの資本ストック K/L も長期間に渡って成長し続けてきた。
[3]　資本利潤率 r はほぼ一定に保たれている。
[4]　総生産 Y も労働生産性 Y/L も各国の経済の間で成長率は大きく異なる。

などの性質を基礎として、さまざまな特徴を取り込んだ最適成長モデルが発展してきたんだ。」
── なんだか当たり前の話じゃないですか。

　「いや、そんなことはないね。労働者は資本主義が発達するにつれ、窮乏化しないかという問題はマルクス経済学の主要問題だ。

　成長理論の復活は80年代後半当時の当時の米国経済の混迷と切り離せない。米国の生産性上昇率の低下や貧富の差の拡大は、短期的な景気循環の問題を超えて、長期的・構造的な問題を内生的成長理論の名のもとで考え直すきっかけとなったんだね。」

ソローの非最適化成長理論と定常均衡の安定性

　「まず一番簡単な形の成長モデルを考えてみよう。新古典派的な成長理論はソローの非最適化成長理論に始まる。ここで

273

図2 ソローの成長理論

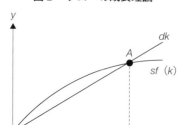

- f は一人当たりの一次同次な生産関数（$f(k_t) \equiv F(K/L, 1)$）、k_t は t 期の一人当たりの資本ストック（$k \equiv K/L$）、I_t は投資、δ は減価償却率としよう。
- 貯蓄率は一定 s であり、その結果、平均消費性向一定の消費関数 $c = (1-s)y$ と仮定する。

これらより、一人当たりの資本ストックの動学方程式は以下のようになる。

$$k_{t+1} - k_t = sf(k_t) - \delta k_t \tag{2}$$

つまり貯蓄率 s が高まると投資（$k_{t+1} - k_t$）が高まって、経済はそれだけ速く成長することになる。

　しかし次第に成長は減速する。そこで次に $k_{t+1} = k_t$ の状態を考えよう。これを定常状態といって、図2の点Aのような状態だ。(2)式の左辺がゼロだね。でもここでも s が大きければ、一人当たりの資本ストック k は大きくなる。」

── なんだかややこしいですね。でも貯蓄が高ければいいって当たり前じゃないですか。

　「そうだね。それに現在では貯蓄率 s がどのように決まるか自体を最適化問題で考えるから、このモデルはあまり他のモデルにつながらないんだね。ただ貯蓄の重要性を示したモデルとして、今でも意義がある。」

考えよう　X-2 ● $F(zK, zN) = zF(K, N)$ が成立するとき、$f(k_t) \equiv F(K/L, 1)$ が成立することを確かめなさい。

上級トピックス ◆ ハロッド＝ドーマーの成長理論

　理論的に経済成長の分析を始めたのは、英国のハロッド（1900-78）です。彼はまず生産物市場の投資と貯蓄について、以下のように想定しました。

- ［投資］資本ストック K と産出量 Y の関係は $K=vY$ という加速度原理の投資関数で表され、ここで v は資本係数 (K/Y) です。投資は $I=\Delta K=v\Delta Y$ と表されます。

- ［貯蓄］消費関数は最も簡単なケインズ型で s を貯蓄率、c を限界消費性向として $C=cY=(1-s)Y$ と仮定すると、有効需要原理から $Y=I/s$ が成立します。

　この両者から、需要と供給が等しく、資本が完全利用されている状態の成長率、つまり**保証成長率**は以下のように表されます。

$$G_w = \frac{\Delta Y}{Y} = \frac{s}{v}$$

　一方、n を労働人口の増加率、λ を技術進歩率として、労働が完全利用されている状態の成長率、つまり**自然成長率**も以下で導入しました。

$$G_n = \frac{\Delta Y}{Y} = n+\lambda$$

　均衡成長は $G_w=G_n$ つまり $\frac{s}{v}=n+\lambda$ の時に成立しますが、ハロッドのモデルではこの等式が成立する調整メカニズムが欠けています。そのため偶然以外にこの式は成り立ちません。それどころか、**ナイフ・エッジ定理**と呼ばれるように現実の経済成長率 G が保証成長率 G_w からいったん離れると、ますます離れてしまうことを示しています。

　$G=\frac{\Delta Y}{Y} > \frac{s}{v}=G_w$ の場合、現実の成長率は保証成長率より高いわけですが、このとき企業は今期の投資が過小と判断してさらに投資を拡大させ、この行動は現実の成長率をさらに高くさせてしまいます。逆に $G<G_w$ の場合、企業は今期の投資が過大と判断してさらに投資を減少させてしまいます。このようにハロッドそして同様のモデルを展開したドーマーの成長理論は資本主義社会の累積的な不安定性を強調するものでした。

第3部　マクロ経済学の発展と日本経済

内生的成長理論の出現

「最適成長モデルでは、各国の効用関数や生産関数に大きな違いがないかぎり、どの国も同じような経済成長を達成するはずだ。ところが現実には明らかに『貧しい国』と『富める国』が存在する。これにはいったいどのような理由があるのか、考えなくてはならない。

　この疑問に答えるのが1980年代後半から盛んに分析されている**内生的成長理論**だ。ここではまず内生的成長理論の創始者であるポール・ローマーの外部性モデルを紹介しよう。」

── まず、直観的に説明してほしいんですけど。

「1セクター最適成長モデルのロビンソン・クルーソーの寓話に即して考えてみよう。第1に考えられるのはそれぞれの孤島にいるクルーソーは『賢い』クルーソーと『賢くない』クルーソーがいることだね。」

── これは生産関数や人的資本の違いと考えればいいのかしら。

「まあそうだね。ここで問題となるのは、たとえ『賢い』クルーソーがよりよい『小麦の蒔き方』や『肥料』を考えたとしても、情報の発達している現在では、『賢くない』クルーソーは真似をすることができるので、さまざまな『**知識**』はすぐに広まる。」

── 知識が独占されないで、広まればいいことじゃないですか。

「たしかに、よりよい知識や方法が広がることは、世界全体にとって、生産が増大していいことだけど、『賢い』けれども『自分さえよければいい』クルーソーにとっては、よりよい生産技術が広がることにはもちろん無関心だ。」

── そりゃあそうですね。

「これでは技術進歩や『知識』への過小投資となってしまう。つまり、人々が最適化を行う際には些細なことであるので考慮に入れないけれど、実は全体としては大きな影響をもたらす外部性の問題だね。そしてその外部性の大きさが『貧しい国』と『富める国』を生むと説明しているわけだ。」

── どうして内生的と名前がついているんですか。

「それは、モデルの中で技術進歩率は内生的に決定されるからだね。もし技術進歩を促進するうまい方法が見つかれば、成長は促進される。逆に言えば、政府には税制などを使って、成長促進政策の余地が生じることになる。」

── でも最適成長モデルとはどう違うんですか。

276

図3　成長理論

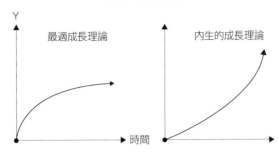

「最適成長モデルでは、実は技術進歩率は外から与えられている。だから、図3の右の図のような累積的に成長していく経済であっても、実はモデル上では技術進歩の効果を除去して、左の図のような成長過程を考察していることになる。またモデルの前提から諸国の経済成長率はいずれ同じ水準に収束してしまうので、どのような政府の政策であっても成長率に影響を与えないことになる。」
── それじゃあ、いろんな分析ができませんね。
「そうなんだね。ところが、これに対し、内生的成長理論では技術進歩率を内

上級トピックス ◆ 内生的成長理論の AK モデル

　内生的成長理論で最もシンプルなモデルは AK モデルと呼ばれるモデルです。名前の由来は、以下の生産関数です。

$$Y = AK$$

　資本 K の限界生産性は常に A です。資本ストックの増分 $\dot{K}(\equiv dK/dt)$ は、δ を減価償却率、s を貯蓄率として

$$\dot{K} = sY - \delta K$$

と表されますが、この両辺を K で割って、以下となります。

$$\frac{\dot{K}}{K} = sA - \delta$$

　また生産関数より $\frac{\dot{K}}{K} = \frac{\dot{Y}}{Y} = sA - \delta$ となり、永久に成長しつづけることになります。

第3部　マクロ経済学の発展と日本経済

生的に扱っているから、わずかな政府の政策の違いによっても、累積的に成長率に影響を与えることが分析できる。

　このような内生的成長理論の大きな意義は、標準的な新古典派経済学の分析手法により、動学的な非最適性の分析を行うことを当たり前にしたことだ。」

── そんなに大きな意味があるんですか。

　「今まではケインジアンによる短期的な循環の分析や、応用ミクロ経済学による静学的な『市場の失敗』の分析があったとしても、長期の分析においては市場が決める配分が正しいという**新古典派総合**の考え方が主流だった。しかし、長期的に非最適な状況が継続するという考え方に大きく変化したんだね。」

非対称情報と動学モデル

── 最初に表1（p.260）でまとめたようにいろんなケースがあると言っていましたよね。確率的最適成長モデルで市場の失敗や情報の非対称性を分析したモデルとはどんなものですか。

　「うーん、それは簡単に説明するのはちょっと難しいなあ。ただ完全情報の世界と非対称情報の世界では、経済観というか、世界観がかなり異なるんだね。じゃあこういうふうに考えたらどうだろう。

　資本と労働という2つの生産要素でもって、生産を行うと考えるわけだが、資本市場や労働市場を整備すれば、自然に生産が活発になると考えるのは、完全情報の世界だね。」

── それはそうじゃないんですか。

　「ところが労働については、まじめに働いてくれないかもしれないとか、資本については、借金を返してくれないとか心配するのは非対称情報の世界だね。」

── なんだか大変な世界ですね。

　「● 　放任すればうまくいくと考えるのが、完全情報の世界で、

　　　● 　放っておけば人はインチキをすると考えるのが非対称情報の世界だ。

だから、こういった非対称情報の世界では、わかりやすい規範や組織を作るのが大事となってくるね。たとえば、『まじめに働く』とか、『借りたものは返す』という規範は重要だね。よく『働かざるもの食うべからず』とか、現場・現物・現金の三現主義とかいって、貸し借りをしないことが推奨されたりするだろう。」

── でもまじめに働くとか、当たり前の話ですよね。

第X章　マクロ経済学の新展開と日本経済

「いやいや、それは目に見えない罰則のメカニズムがあるから、なんとかうまくいっているわけだね。借金を返さないと人間関係が破壊されて村八分にされるとか、法で罰せられるとか、こういった罰則のメカニズムが大事となってくる。案外、単純な市場主義者はこういったことを忘れがちで、何でも自由にすればいいとか言うけれど、それでは借金を返さない自由を認めてしまうことになりかねない。

　よくグローバル化はすばらしいと言うが、一面で借金の自由が増して、国際金融危機が生じやすくなったことも事実だ。両側面あることを忘れてはならないね。」

日本経済とマクロ経済学

「本書ではマクロ経済の基礎を解説することに主眼を置き、日本のマクロ経済の理解を進めることは、他の書で補うことを前提としている。」

―― 景気循環ならば輸出や在庫が始めに動くんでしょう。

「その通りだが、マクロ経済の教科書としては開放マクロ体系のモデルから説明するわけにも行かない。しかし日本のマクロ経済を理解するための特徴は、随所でしっかりと説明したつもりだ。」

―― フィリップス曲線とか、労働保蔵による景気循環の特性とかですね。

「こういったことを無視して、日本経済を理解しようとしても、なんだかおかしなことになってしまう。

　さらに不良債権処理のコストを家計にしわよせしているうちに、日本経済は『失われた30年』に陥ってしまったこと、その結果、『診断』や理解はケインズ的な特徴が強まってきたことも述べた。」

―― 一方で『治療』は限界なんですよね。

「財政政策はある程度、効果はあるのだから、国の借金の防衛ラインを見極めたうえで、危機時にはしっかり使っていかなくてはならない。金融政策は非伝統的金融政策のテクニカルな議論よりも、国際化と企業の黒字化の影響から、効果はほとんどないと考えるべきだ。むしろ円安の悪影響が大きいことはこれまでも述べた。」

―― でもどうしたら日本経済は復活できるんでしょう。

「マクロ経済学は資源の有効活用を目的とするが、企業・家計・政府の３部門

第3部　マクロ経済学の発展と日本経済

とも貯蓄について問題がある。」

── 企業は企業貯蓄、家計は高齢者の貯蓄、政府は政府資産ですか。

「そうだ。この三者とも貯蓄を積み増しているが、それは将来不安であったり、互いに疑心暗鬼であるから、資金を貯め込んでしまうんだね。」

── なぜうまく貯蓄を活用できないんでしょう。

「企業貯蓄については、賃上げ・株式配当・円安是正からなる処方箋の内容の脇田［2024］を参照してほしい。この企業貯蓄が金融政策無効の主因だ。高齢者の貯蓄については年金繰り下げに誘導したりして、高齢者が使い切れるよう制度改革を進めるべきだと思う。3番目の政府の資産についてはさらなる情報開示と検討が必要だ。」

── 今さら日銀も政府も失敗は認められないんじゃないですか。

「それでは本当は日本経済にポテンシャルがあったはずなのに、エスタブリッシュメントの見て見ぬ振りで日本経済は滅びることになる。

そもそも今の苦境だってそうだ。日本銀行が効果がないどころか副作用ばかりの金融緩和をエスカレートさせ、それが招いた円安により予期しないインフレが大きくなった。これに財務省は対応できず、このダブルエラーが、現状の大混乱をもたらしている。」

── でも政府の采配ミスなんて誰も言ってませんよ。

「そこが問題だ。大本営発表とも言うべき糊塗策をアカデミズムは提供し、マスコミは鵜呑みにして宣伝している。」

── たしかに納得できないんですよね。でもマクロ経済学は難しいから、自信はないですけれど。

「この難しいという点が問題なんだ。一つ一つ順を追っていけば多くの人が理解できるのに、海外製の政策パッケージを鵜呑みにして、説明をはぐらかしてしまう。政府やアカデミズムは人々を納得させるのではなく、煙に巻こうとしているんだ。私に言わせればまず物価と生産性の問題から離れるべきだね。そして今までの失政をきちんと認めるべきだ。そうでないとますます泥沼にはまってしまう。」

マクロ経済学と日本経済：10のポイント ―あとがきに代えて―

　本書ではマクロ経済学の2つの学派を大きく概観した後に、消費や投資など需要項目別にそれぞれ再検討しました。この順が勉強しやすいと思うからですが、現実の日本経済の理解のためにはふさわしくないところもあります。またマクロ経済学はいくつもの要因がからみあう連立方程式体系で表されますが、連立方程式は同時に変数間の関係を決定するものなので、どこから理解するか、道に迷いやすいところでもあります。そこで以下では「10のポイント」を考え、どこに何を書いておいたかを説明することとしました。

　また本書で引用した拙著は以下の通りです。下記の「10のポイント」と合わせて、適宜参照いただけると幸いです。

脇田成［1998］『マクロ経済学のパースペクティブ』日本経済新聞社。
脇田成［2008］『日本経済のパースペクティブ：構造と変動のメカニズム』有斐閣。
脇田成［2010］『ナビゲート！　日本経済』ちくま新書。
脇田成［2014］『賃上げはなぜ必要か：日本経済の誤謬』筑摩選書。
脇田成［2019］『日本経済論15講』新世社。
脇田成［2024］『日本経済の故障箇所』日本評論社。

ポイント① マクロ経済学とはどのような学問なのか
- 集計変数の相互連関とそれらの動きを知ることです。（第Ⅰ章）

ポイント② マクロ経済をどのように理解すればよいか
- 5つの構成要素（労働・生産物（消費財・資本財）・債券・貨幣）に分類し
- 体系ごとの相互連関の区別に留意し、（特に第Ⅲ章表1、p.52）
- 時系列変動（サイクルとトレンド、そして失われた「30年」）のパターンを知ることです。

ポイント③ 新古典派の体系をどのように理解すればよいか

- 実物と名目の古典派的2分法を理解し、
- 実物体系では、労働市場は実質賃金が、資本財市場では実質利子率が中心になって、価格調整が円滑に行われることを理解すること、
- 名目体系では、貨幣の導入により名目価格が現れることを理解することです。(第Ⅲ章)

ポイント④ ケインズ体系をどのように理解すればよいか

- 所得と消費が相互依存関係にあるとするケインズ型消費関数が最重要な前提であり、それをもとに45°線分析を理解すること。
- 名目賃金調整はなく、労働需要中心に労働量が決定され、
- 投資への貨幣市場の制約から、IS-LM分析が導入され、
- 垂直（水平）なフィリップス曲線に応じて垂直（水平）な総供給曲線が導入されるように、フィリップス曲線の傾きに対応して総供給曲線の傾きが決定されます。総供給曲線とIS-LM分析から導出された総需要曲線からなるAD-AS分析では名目賃金の硬直性のもと、名目価格が内生化されています。

ポイント⑤ 日本経済にケインズ体系の前提は当てはまるのか

- GDPと失業率の間にはオークンの法則が成立（生産物需要中心に労働量決定）。
- フィリップス曲線はフラット化の期間が長く（名目賃金の硬直性）、
- 労働保蔵が強く、輸出（需要）主導の不況脱出が観察され、
- 貯蓄率低下により、ケインズ型消費関数が成立することから、45°線分析は成立すると思われます。ただし投資の利子変動への低反応やフラット化した貨幣需要曲線から考えてIS-LM分析やAD-AS分析への拡張には疑問です。

ポイント⑥ マクロ経済政策の有効性はどう理解すればよいか

- サイクルに応じた景気対策と、トレンドに応じた成長戦略を区別し、
- マクロ的財政金融政策により、直接トレンドを持ち上げることは難しく、
- 金融政策は国際化により、一国内では限界があること（第Ⅸ章図7、p. 244）を、
- 財政政策は短期的には有効だが、債務を解消する力はない（第Ⅵ章）こと

マクロ経済学と日本経済：10のポイント―あとがきに代えて―

を、理解する必要があります。

ポイント⑦ 経済成長の促進策は有効か

- 生産物需要の伸びない中で、供給側に資本と労働を投入「量」を増加させようとしても無理があり、
- 物的資本を無理に増やしてもハコモノ（建物）が増えるだけであり、（第Ⅵ章図3（b）、p.155）
- 非正規雇用化で失業率は低下したものの、マクロの家計消費増加という意味で疑問があることを理解する必要があります。

ポイント⑧ 日本経済の「失われた30年」をどう理解すればよいか

- 金融緩和が足らないというデフレ仮説（第Ⅷ章図2、p.204）と
- TFP上昇が足らないという構造改革仮説（第Ⅹ章図1、p.268）は共に疑問で、
- 不良債権が銀行貸出を阻害したという仮説も企業貯蓄の増大から事実に反しますが、
- 不良債権が企業防衛意識を高め（第Ⅵ章図8、p.171）、家計所得低下から消費のルートを阻害した（脇田［2010］参照）と考えています。

ポイント⑨ アベノミクスをどう理解するか

- 総花的に政策を行ったため、すべてを否定することは適当でありません。しかし総花的であるが故に、企業に海外進出を促すのか、国内に呼び戻すのか、いくつかの政策が矛盾しています。
- 日本の家計は外国人より株式保有が少ないのに、この時期は株価は上昇したが賃金は上がらず、企業の利益・内部留保のみが上昇しました。
- 中核をなす一連の超金融緩和政策は望ましくありません。これを始めた安倍政権の責任は大きいし、岸田内閣はその是正が遅れ、超円安からインフレを招いて政権の命取りになったと考えています。

ポイント⑩ 日本経済の今後のためにはどうすればよいか

- サイクル面では企業貯蓄を家計に返す機能的分配促進策が必要であり、
- トレンド面では本書ではさほど触れていませんが、少子化対策が必要と考えています。

考えよう　略解

Ⅱ-1 ● 埼玉県は東京都で働く人の多いベッドタウンです。県民所得には東京で働く人の所得が含まれますが、県内総生産には含まれません。逆に県内総生産には大宮にやって来て働く人の生産物が含まれますが、そういった人の所得は県民所得には含まれません。

Ⅱ-2 ● 為替レートが円高に振れると、ドルで計算する GDP は上昇します。

Ⅲ-3 ● まず利子率の上昇をもたらし、それは現在消費に正の所得効果と負の代替効果をもたらすので、影響の正負はわかりません。

Ⅲ-4 ● T は中間財の取引も含んだグロス（粗）の取引の増加をもたらしますが、Y はネット（純）の概念であるので変化しません。結果的に流通速度が低下します。

Ⅲ-5 ● インフレ予想がマイナス、つまりデフレ予想があれば実質利子率は高くなります。

Ⅳ-1 ● 運転手がある程度、歩合給であれば、名目賃金は固定されていると考えられます。運転手は需要がないと働くことができないから、短期間でも非自発的失業にあると、考えることができます。

Ⅳ-3 ● 貨幣の流通速度は利子率に依存する場合、$V = V(r)$ とかけ、$MV(r) = PY$ を書き換えると、実質貨幣需要 M/P は $\dfrac{M}{P} = \dfrac{Y}{V(r)}$ となり、やはり $L(\underset{-}{r}, \underset{+}{Y})$ となります。

Ⅳ-4 ● IS 曲線と LM 曲線を式で書くと

- IS :　$Y = \bar{C} + c_m(Y - \bar{T}) + I(r) + \bar{G}$

- LM :　$\dfrac{\bar{M}}{P} = L(r, Y)$

考えよう　略解

となり、ここでは r、Y、P の3つの未知数があります。

- ケインズ体系では第3の方程式を $P = \bar{P}$ と考えればよく、一方、
- 新古典派体系の第3の方程式は $Y = \bar{Y}$ と考えればよい。

  Y が一定とは、新古典派の体系では労働市場の均衡条件が第3の条件として、$IS\text{-}LM$ 図に垂直に立っており、この条件が $Y = \bar{Y}$ と考えてもよい。またこのとき貨幣数量説から導出された LM 曲線は常に後から均衡点を満たすように動くと考えるとよい。

V-1 ● IS 曲線の傾きが水平に近くなります。

V-4 ● (b)消費税増税、(c)年金保険料増額、(d)年金支給年齢繰り下げ、(a)年金給付削減の順に負担が生じます。

VI-2 ● $\bar{P}(\alpha F(N, K)) - \bar{W}(\alpha N) - \bar{r}(\alpha K) = \alpha(\bar{P}F(N, K)) - \bar{W}N - \bar{r}K)$

IX-1 ● 米国の主張は二国間の関係しか考えておらず、日本の黒字は米国の赤字と直接的に考えていますが、他国も存在しますから、それは正しくありません。借金している人とお金を貸している人がいたとしても、その2人が直接貸し借りをしているとは限りません。実際にも1996年には米国の赤字は増加しましたが、日本の黒字は減少しています。

IX-2 ● 自国通貨安は輸出に有利だが、ドルなど外国通貨建ての債務が増えてしまうから。

X-1 ● 見かけの TFP の変動をなだらかにします。なぜなら、

- 1980年代には $\Delta A = \Delta X - (1-\theta)\Delta N - \theta\Delta K$ の式に即すと過剰投資により ΔK を上昇させ、見かけの TFP 成長率を下げる要因となりますが、
- 1990年代における過剰ストック要因：1990年代の設備過剰は、過少な ΔK をもたらし TFP 成長率を上昇させる要因となるからです。

索　引

あ　行

アービング・フィッシャーの交換方程式　76
アセット・アプローチ　241
アブソープション　235
アベノミクス　36
暗黙の契約理論　137

イールドカーブ・コントロール　215, 217
遺産動機　135
異次元緩和　215
一般均衡　52, 69, 76, 246
一般的受容性　70
因果関係　41
インプリシット・デフレーター　38
インフレ目標　215

ウクライナ　82, 197, 218, 243

エージェンシー・コスト　173

オイラーの定理　67
オイラー方程式　65, 146, 147, 223
オークンの法則　34, 35, 45, 92, 113
オプション　164
　──価値　165

か　行

海外現地生産　225
開放度　229
家計調査　123
加工統計　18
貸出限度額規制　207
課税平準化のモデル　192
加速度原理　158

価値尺度（機能）　70, 71, 75
価値の保蔵手段　72
貨幣ヴェール観　54, 76
貨幣乗数　206
貨幣数量説　69
貨幣の社会的機能　68
貨幣の需要動機　68, 73
貨幣発行特権　87
換金性　73, 138
完全失業率　30

企業貯蓄　15, 172
企業統治　173
企業物価指数　37
危険資産プレミアムパズル　139
基軸通貨　71
基準割引率操作　207
帰属計算　21
キャッシュレス決済　73, 201, 202
協調の失敗　118, 119, 269, 270
居住者　23
銀行主義　206
銀行の銀行　204
均衡予算乗数　100
金融資本　6, 53
金利平価　241

空洞化　156
偶発的遺産動機　135
靴底コスト　81
クラウディングアウト　109, 181

計画経済　177
景気動向指数　44
経済成長に関する「定型化された事実」　273
ケインジアンの交差図　94
ケインズ型消費関数　90, 96

索　引

k 次同次関数　67
限界 q　163
限界条件　57
減価償却（費）　24, 153, 154
現在価値　62
県内総生産　23
ケンブリッジ方程式　78
県民所得　23

交易条件　228
公開市場操作　206
交換手段　70, 71, 72
合計特殊出生率　139
鉱工業生産指数　10
鉱工業生産・出荷・在庫指数　45
恒常所得仮説　128, 130
合成の誤謬　170, 172
公定歩合　207
合理的期待形成　263
合理的予想経済学派　9
コーポレート・ガバナンス　173
コール市場　209
国際収支　226
国富　29
国民資産　29
国民生活基礎調査　123
国民総所得　22, 229
コストプッシュ・インフレーション　83
固定資本減耗　24, 154
雇用の流動性　33
混合経済　177
コンソル債　62

さ　行

サーチ・モデル　93
在庫循環図　167
在庫投資　26
最終生産物　19
財政支出乗数　98
財政投融資　179
最適成長モデル　147, 148, 260, 273
三面等価　19, 51

GDP デフレーター　37, 38
J カーブ効果　246
自営業者　36
時間軸効果　213
自己規律の結果　134
資産選択　105
資産倍増計画　152
市場経済　177
市場の失敗　178, 260
失業率
　自然──　41
　標準化された──　32
自動安定化装置（機能）　178, 193
シニョレッジ　87
自発的失業　60
資本減耗　4
資本コスト　153
資本財　3
資本の固定性　166
資本の使用者費用　153
習慣形成仮説　128, 130
出荷・在庫バランス　168
純投資　24
少子高齢化　262
乗数　97
　──理論　94
消費財　3
消費者金融　134
消費者物価指数　37
消費の呼び水効果　101
所有と経営の分離　173
新ケインジアン経済学　10
新古典派総合　9, 278
新古典派投資理論　161
新古典派の二分法　54
新卒一括採用　32
人的資本　6
信用創造　205

水平な LM 曲線　112
スキマバイト　36
スタグフレーション　39, 41
ステーク・ホルダー　174

287

ストック　28
　　——調整原理　158

セイの法則　119
世代間の不公平　142
世代重複モデル　147
ゼロ金利政策　210
全要素生産性　266
戦略的遺産動機　135

相関関係　41
相対所得仮説　127
相対賃金仮説　118
粗投資　24
ソロー残差　266

た　行

逐次決定　144
中間生産物　20
調整費用　162
調整費用投資理論　165
長短金利調整付き量的質的金融緩和　208
直接投資　156

通貨主義　206
積立方式　141

テイラー展開　65
デノミネーション　88
デマンドプル・インフレーション　86
デリバティブ　164

投機的動機　73
投資の調整費用　163
道徳的説得　207
等比級数　98
トービンの q　157, 159
特別会計　179
富の貯蔵手段　70
取引からの利益　237
取引動機　73
トレードオフ　4

な　行

内生的成長モデル　264
内生的成長理論　276
NAFTA　230

二重負担　143
日銀短観　18, 45
日銀当座預金　204
日銀輪転機モデル　78, 201
二分法　76
日本的雇用慣行　33

は　行

パーシェ型　38
ハイパーインフレーション　86
バラッサ＝サミュエルソン効果　249, 250, 251
ハロッド＝ドーマーの成長理論　275

東日本大震災　17, 30
非自発的失業　61, 92
非線形動学　264
非対称情報　260
「標準化された」失業率　32
ビルト・イン・スタビライザー　178, 193

フィッシャー方程式　80
フィリップス曲線　35, 40, 90, 92, 113, 116, 117
付加価値　20
賦課方式　141
複式簿記　226
双子の赤字　236
物的資本　6, 53
部分均衡　52, 53
プライマリーバランス　181, 182, 183, 198
ブレグジット　230
フロー　28
　　——・アプローチ　245
文化資本　6

索　引

法貨　70
法定準備率　207
ポートフォリオ・リバランス効果　213
北海道拓殖銀行　18

ま　行

マーシャルの k　79
マーシャル＝ラーナーの条件　246
マイナス金利　215, 216
埋没費用　165
マクロ経済スライド　198
窓口規制　207
窓口指導　207
マネーストック（MS）　202, 203, 210
マネタリーベース（MB）　203, 210
マネタリスト　9, 10
マンデル＝フレミング効果　254
マンデル＝フレミング・モデル　253, 256, 257
万年筆マネー　205

ミクロ経済学的基礎　9

名目金利のゼロ制約　209
メツラー・モデル　95
メニュー・コスト　81

ものづくり大国　225
モラルハザード　72, 178

や　行

山一證券　18

唯一の発券銀行　202
輸入物価指数　84

要素費用表示の国民所得　25
予期した在庫　166
予期せざる在庫　166
予想されたインフレ　81
予備的貯蓄　137
予備的動機　73

ら　行

ライオネル・ロビンズ　8
ライフサイクル貯蓄　129
ラスパイレス型　38

リアル・ビジネス・サイクル・モデル　9, 264
リーマンショック　17, 29, 214
利益剰余金　172
リカード＝バローの等価定理　186
利他的遺産動機　135
リバース・モーゲージ　136
流動性　73, 138
　　——危機　214
　　——制約　164
　　——のわな　112, 113, 200, 209

レパトリエーション（レパトリ）　47, 221, 245

労働分配率　36
労働保蔵　34, 35, 131, 267
ロシア危機　138
ロビンソン・クルーソー　265

289

●著者紹介

脇田 成（わきた・しげる）

1961年京都府生まれ。東京大学経済学部卒。東京大学助手等を経て、現在東京都立大学教授。博士（経済学）。主著に『マクロ経済学のパースペクティブ』(1998) 日本経済新聞社、『日本の労働経済システム：成功から閉塞へ』(2003) 東洋経済新報社、『エコナビ経済学入門』(2006) 日本評論社、『日本経済のパースペクティブ：構造と変動のメカニズム』(2008) 有斐閣、『ナビゲート！ 日本経済』(2010) ちくま新書、『賃上げはなぜ必要か』(2014) 筑摩選書、『日本経済論15講』(2019) 新世社、『日本経済の故障箇所』(2024) 日本評論社ほか。

マクロ経済学のナビゲーター（第4版）

2000年 6 月30日　第 1 版第 1 刷発行
2004年12月10日　第 2 版第 1 刷発行
2012年 2 月20日　第 3 版第 1 刷発行
2024年12月30日　第 4 版第 1 刷発行

著　者──脇田　成
発行所──株式会社日本評論社
〒170-8474　東京都豊島区南大塚3-12-4　電話 03-3987-8621（販売）、8595（編集）
　　　　　　　振替　00100-3-16
印　刷──精文堂印刷株式会社
製　本──株式会社難波製本
装　幀──図工ファイブ
本文イラスト──前岡伸英
検印省略 © S. Wakita 2024
Printed in Japan
ISBN 978-4-535-54086-6

JCOPY 〈(社)出版者著作権管理機構　委託出版物〉
本書の無断複写は著作権法上での例外を除き禁じられています。複写される場合は、そのつど事前に、(社)出版者著作権管理機構（電話 03-5244-5088、FAX 03-5244-5089、e-mail：info@jcopy.or.jp）の許諾を得てください。また、本書を代行業者等の第三者に依頼してスキャニング等の行為によりデジタル化することは、個人の家庭内の利用であっても、一切認められておりません。